江淮学苑经典文库 | 汪先平 主编

新时代
绿色生活方式
建构研究

RESEARCH ON
THE CONSTRUCTION OF
GREEN LIFESTYLE
IN NEW ERA

潘喜莲 著

社会科学文献出版社
SOCIAL SCIENCES ACADEMIC PRESS (CHINA)

江淮学苑经典文库编委会

主　任　汪先平　张　斌

编　委（按姓氏笔画排序）

　　　　王　程　付冬梅　邢广桥　吕　杰　张晓婧

　　　　陈　杰　周　宁　胡秀杰　钱和辉　徐　伟

　　　　曹　勇　曾　娟

总　序

　　中国特色社会主义新时代是文化大繁荣、大发展的时代。新时代要"满足人民过上美好生活的新期待，必须提供丰富的精神食粮"。这就要求新时代的马克思主义理论工作者，既要顾及经典，又要熟悉前沿，既要积极弘扬中华民族优秀传统文化，也要深入探究革命文化和新文化，做好经典与前沿的融合。

　　多年来，安徽财经大学马克思主义理论工作者漫步书林，遨游学海，辛勤耕耘，不断探索，进行了若干研究，汇集了诸多成果。在改革开放四十年之际，我们将其出版为"江淮学苑经典文库"，以积极响应改革开放、拥护改革开放。

　　"江淮学苑经典文库"秉持着江淮学者特有的文化传承、理论视角、报国情怀，探究了新时代中国面临的一些问题，力图以总结过去和建构未来相结合的方式彰显江淮学者对理论的思考，通过跨地域和跨专业的探讨呈现江淮学者对新时代的追问。

　　这套丛书既是我们对中国社会发展的理性反思，

也是对未来马克思主义理论研究的展望；既凸显了理论本身的历史逻辑，又进行了批判性思考，是对学界多年来关心我们建设和发展的人士的成果汇报。

我们出版这套丛书，希望架起江淮学者与国内外学者之间的桥梁，促进学术交流、学术碰撞，推动学科融合；希望引起学界的广泛关注，激发学者的思考；也希望广大读者批评、指正，推进我们研究的深入、观点的完善。

社会科学文献出版社一向秉持"创社科经典、出传世文献"的学术精神，着力打造学术成果出版与传播平台。借助该社的平台，这套丛书必定能够发挥文献价值，形成社会影响，达到预期冀望。

汪先平

2018年9月于蚌埠龙子湖畔

目 录

导 论 / 1

第一章 绿色生活方式的思想渊源与理论借鉴 / 28

第一节 马克思恩格斯生活方式理论的论域与审视 / 29
第二节 中华优秀传统文化中的绿色生活智慧 / 43
第三节 西方马克思主义对生活方式的理性批判与现代反思 / 54

第二章 新时代绿色生活方式的内涵、目标与功能 / 64

第一节 新时代绿色生活方式的科学内涵 / 65
第二节 新时代绿色生活方式的发展目标 / 77
第三节 新时代绿色生活方式的现实功能 / 86

第三章 新时代"生态、生产、生活"的逻辑解析与澄清 / 95

第一节 新时代绿色生活方式与生态问题的澄清 / 96
第二节 绿色生产方式与绿色生活方式的逻辑解析 / 101
第三节 新时代"生产、生活、生态"的辩证统一 / 107

第四章　新时代绿色生活方式的表现形式 / 114

第一节　绿色化的劳动生活方式与闲暇生活方式 / 115

第二节　绿色消费方式 / 121

第三节　全面介入与合理化的交往生活方式 / 128

第四节　绿色化与多样化的家庭生活方式 / 134

第五章　新时代绿色生活方式的建构原则与逻辑 / 140

第一节　新时代绿色生活方式的建构原则 / 140

第二节　新时代绿色生活方式的建构逻辑 / 145

第六章　新时代绿色生活方式的建构路径 / 150

第一节　有效供给："生态、生产、生活"的现代化 / 151

第二节　培育绿色主体：过程式与"符号式"的双重建构 / 159

第三节　制度保障：规范有序的引导机制与价值体系的统一 / 164

结　语 / 172

参考文献 / 176

导 论

　　生活于人是再熟悉不过的事情，但人们对它却不一定有"真知"。黑格尔认为，对于这样的熟知"既不知道它是怎么来的，因而无论怎样说来说去，都不能离开原地而前进一步"①。因此，哲学家们很早就有对于生活的审视和反思，用于辨别"生存"和"活着"，进而激发出一种更高的追求，"无时不在丰富多彩地梦想着更美好的、可能的生活"②。马克思认为："全部社会生活在本质上是实践的。"③人的生活的基本特性也就是作为主体的"人"的实践，具有属人性，是人怎样生活和生活是怎样的统一体，是个人怎样表现自己的生命。而生活方式是回答人应该怎样生活的问题，是建立在人"生活怎样"的

---

① 〔德〕黑格尔：《精神现象学》（上卷），贺麟、王玖兴译，上海人民出版社，2013，第70页。
② 〔德〕恩斯特·布洛赫：《希望的原理》（第一卷），梦海译，上海译文出版社，2012，第1页。
③ 《马克思恩格斯文集》（第1卷），人民出版社，2009，第501页。

现实基础上的,最终目的是将目前的"实然"变成"应然",继而成为新的"实然",进而实现马克思恩格斯对人的终极追求——人自由而全面的发展。伴随人类实践,人的生活方式不是固定不变的,而是在一定条件下由人自己不断地建构着或者重构着。20世纪90年代就在我国出场的绿色生活方式是对生态危机与生存危机的现实关注与回应,其出发点表面上看起来是环境或生态保护,但实际上是人性关怀,不仅是生态价值观与更好生活的选择,更是通过其表征探究人自身的价值与追求。从根本上说,新时代绿色生活方式建立在新时代的基础上,最终指向的是一个在时间、空间、人类与其他物种间协调平衡的生活共同体,这个生活共同体既是生命共同体,也是命运共同体。而从人的追求来看,这种"生活共同体"的属人性归根结底还是为了实现人的发展。在我国社会主义现代化建设中,生态危机和生活方式的问题依靠原有的狭义的绿色生活方式的概念和内容已无法解释清楚,加之人们对狭义绿色生活方式也存在误解,这就需要根据新的实际创造出新的概念,或者说需要在原有绿色生活方式概念基础上对新时代绿色生活方式重新界定,重新探寻对当下甚至是未来人类的存在、生活和发展更为适合的新途径。

一 研究缘起

习近平总书记指出:"问题是创新的起点,也是创新的动力源。"[①]新时代绿色生活方式的建构既是对现实问题所做的回答,又是对新时代发展诉求的回应,更是全面建设社会主义现代化国家的必然要求。作为一种新的生活方式,新时代绿色生活方式是在反思生态问题和生活方式危机的基础上,真正认识到人与自然的辩证关系,创造一种既无须消耗大量资源、无须污染环境,又能让人们过上美好生活的生活方式。可以这么说,新时代绿色生活方式的基本形成、总体形成和全面形成是与我国建设社会主义现代化强国的战略部署相一致的。

(一)现实问题的倒逼:解决生态问题与生活方式危机的出路

英国学者卡琳·克里斯坦森在阐述绿色生活时提到:"几乎所有大名鼎鼎

---

① 习近平:《在哲学社会科学工作座谈会上的讲话》,《人民日报》2016年5月19日,第2版。

的环境保护书的作者都不了解绝大多数人有多少烦心事儿：日间托儿所、公司人员调动、找约会对象、交税。他们用烦琐的统计资料和难懂的忠告一览表对我们进行狂轰滥炸，并且把好的实际建议同愚蠢透顶的主张混在一起。"①把20多年前的描述放到今天我们的生活中依然适用。面对由来已久的生态问题，人们听了太多的"黄牌警告"与"生存危机"，结果忧患意识"有余"的依然是那些环境保护者，公众已经从最初的对环境保护的急切到惶恐，再到如今的"高认知度、低践行度"②，他们关注的首先是自身的生存。正如对于绿色生活方式持悲观态度的学者所言，绿色生活方式的形成有两大前提：基本生活问题的解决和绿色意识的觉醒。③其中有个先后的问题，需要我们更深入地思考：在解决了大部分人的基本生活问题后的今天，我们在环境保护理念的培育和传播上是否出现了问题？先不提随处可见的宣传壁画、文明标语，还有各类读本，如2013年武汉市环境宣教中心主编的《绿色生活知识市民读本》、2015年北京市朝阳区"绿色生活"系列丛书等，即使是能引起社会各界较多关注的纪录片、动画电影、各类演讲等，如2020年上映的《妙先生》讲述了因人们采掘藏在寒水中的冰纨玉卖钱而得了苦寒症→捕捉火蝉缓解病痛→火蝉蜕变少，导致人从善变恶的彼岸花滋生→需要更多钱从而更加肆无忌惮地去采掘冰纨玉→生态恶性循环，人类自食恶果的故事，为何都依然没有将大众的"认知"很好地转化为实践？到底是哪个环节出现了问题还是说这本身就是一个很难摆脱的困境？

使大众真正践行绿色生活方式还是要回到我们最初对于大众生态学的意识形成和良知唤醒的教育与宣传上。美国"环境保护之父利"奥波德（又译作李奥波）早在1949年就给出了部分答案，以往加强资源保护的教育"没有区分正误，没有指明义务，不号召人们付出，也不主张改变当前的价值哲学"④，即使是在政府政策的引导下，制定者视角的决策效用与目标群体视角的体验效用之间也出现了错位现象⑤，而剩余的答案还需要我们进一步探

---

① 〔英〕卡琳·克里斯坦森：《绿色生活：21世纪生活生态手册》，朱曾汶译，安徽文艺出版社，2002，第1页。
② 此说法来自2019年和2020年的《公民生态环境行为调查报告》，主要表现在公众践行绿色消费理念、分类投放垃圾、参加环保实践和参与监督举报等行为上。
③ 洪大用：《绿色生活：冬天里的畅想》，《绿叶》2009年第2期，第73页。
④ 〔美〕利奥波德：《沙郡年记》，李静滢译，汕头大学出版社，2010，第213页。
⑤ 程秀：《效用错位视角下城市居民绿色生活方式引导政策及仿真研究》，博士学位论文，中国矿业大学，2020。

索。"当代生态学是作为问题学出现的"①，但对于生态的真正意义却始终不被大众所掌握。在关于生态问题的研究中，有很多词是经常混用的，如自然、环境、生态，甚至是"生态环境"这样语法与逻辑不通却被高频使用的组合词②，即使这些年国内学者对于"生态环境"的提法有所纠正，包括首创者黄秉维院士自己也想改变他的这个错误提法③，仍未能从根本上解决这一问题，这就容易使大众对于相关词产生认识困惑。对于自然、环境的内涵与外延学界早已界定，在这里需要再次说明的是生态。ecology（生态学）一词的词根"oikos"是指家和住所，也就是说在生态学中"家"是指自然界，而这个人类赖以生存的家园却成为人的对立面，成了奴役的对象，以至于忘却了"我们连同我们的肉、血和头脑都是属于自然界和存在于自然界之中的"④，不管是利奥波德在土地伦理中提醒过的"生命共同体"，还是如今党的十九大、二十大报告指出的"人与自然是生命共同体"⑤，都在告诉我们共同体是个体的存在条件。

生态问题是生命问题、生存问题，也是安全问题，相比其他社会问题，其在空间和时间上都具有超越性，所关切的是更长远的代际公平问题。1962年，蕾切尔·卡逊的《寂静的春天》就告诉了我们"生态学"一词来源于对于人与自然关系的思考，以及资本主义国家的生产生活方式对环境的破坏。然而，58年后（2020年）的春天也成了"寂静的春天"，人们因为来势汹汹的疫情只能活跃于互联网上，大自然恢复了不平常的"寂静"。这次疫情不仅折射出人与自然关系的现代性困境，也反证了马克思恩格斯生态思想的科学性，让人们一再想起恩格斯的警示："我们不要过分陶醉于我们人类对自然界的胜利。对于每一次这样的胜利，自然界都对我们进行报复。"⑥哪怕2002~2003年的"非典"早已对人们提出严重警告，但人们依然没有抵挡住"野味消费"的诱惑，随后2009年的甲型H1N1流感、2013年的人感染

---

① 张一兵：《马克思历史辩证法的主体向度：似自然性、物役性批判理论研究》，北京师范大学出版社，2017，第459页。
② 黎祖交：《建议用"生态建设和环境保护"替代"生态环境建设"》，《科技术语研究》2005年第2期。
③ 《陆地系统科学与地理综合研究——黄秉维院士学术思想研讨会论文集》，科学出版社，1999，第13页。
④ 《马克思恩格斯文集》（第9卷），人民出版社，2009，第560页。
⑤ 习近平：《高举中国特色社会主义伟大旗帜 为全面建设社会主义现代化国家而团结奋斗——在中国共产党第二十次全国代表大会上的报告》，人民出版社，2022，第23页。
⑥ 《马克思恩格斯文集》（第9卷），人民出版社，2009，第559~560页。

H7N9禽流感等将这一问题一次又一次地摆在人们面前。鉴于此，习近平总书记明确指出"生态环境问题归根结底是发展方式和生活方式问题"①，"这场疫情启示我们，人类需要一场自我革命，加快形成绿色发展方式和生活方式，建设生态文明和美丽地球"②，"要坚决杜绝食用野生动物的陋习，提倡文明健康、绿色环保的生活方式"③，我们必须"站在人与自然和谐共生的高度谋划发展"④，可见绿色生活方式构建的迫切性，没有对生活方式的自觉谋划是不可能实现可持续发展的。

在现实生活中，我们的生活方式也确实出现了危机，这个可以从我们的日常行为本身开启审视：人与人、人与社会、人与自然以及人自己的身心似乎都失去了平衡。尤其是物质生活和精神生活的不平衡，"物支配人"成了主导人们的生活方式，价值迷失、消费主义充斥于社会，如登上网络热搜的"上海名媛事件"，人与人之间交往的标准变成了是否身着奢侈大牌，而通过消费符号建立身份认同注定是一场悲剧，再加上交往方式和社会关系的不合理，大量生产—大量消费—大量废弃的生活方式的恶性循环对环境（人的生存）和人的生活造成了危机。生活方式背后隐含着人对生命、生存状态、生活意义、生活价值与生活方式等方面的反思，这涉及人是否拥有反思的能力、反思的时间以及反思本身是否具有科学性与实践的可能性。尽管太多学者说现实生活中的人处于一种"疲于奔命，无暇思考"甚至"失去思考的能力"的状态，却很少有人去探究背后的复杂原因、找到根源和解决之道。新时代绿色生活方式的建构既基于对这些问题的回答，也基于历史逻辑和时代选择。新时代绿色生活方式无论是在逻辑起点、思想基础、现实依据上还是在演进机制上都有着区别于资本主义社会生活方式的本质特征，是解决生态问题与生活方式危机的出路。

我们已经没有必要一而再再而三地将我们生活方式的问题罗列出来，即使很多人身处其中而不自知，甚至对绿色生活方式有所误解、抵触甚至反对，问

---

① 习近平：《坚决打好污染防治攻坚战 推动生态文明建设迈上新台阶》，《人民日报》2018年5月20日，第1版。
② 《习近平在第七十五届联合国大会一般性辩论上发表重要讲话》，《人民日报》2020年9月23日，第2版。
③ 《协同推进新冠肺炎防控科研攻关 为打赢疫情防控阻击战提供科技支撑》，《人民日报》2020年3月3日，第3版。
④ 习近平：《高举中国特色社会主义伟大旗帜 为全面建设社会主义现代化国家而团结奋斗——在中国共产党第二十次全国代表大会上的报告》，人民出版社，2022，第50页。

题的关键是我们面对这样一种新的生活方式时,应该如何从认识到熟知、从熟知到真知,在反思后付诸行动。这中间既牵扯到个人、家庭、社会、国家(在空间上),又涉及从进入新时代以来人类代际(在时间上)及类间(人类与非人类物种之间)。应该如何解读并阐释新时代绿色生活方式,即在新时代这个特定条件下倡导什么样的价值理念来引导生活方式,又将以怎样合理而有效的行动来实践是本书尝试回答的问题。

(二)新时代的发展诉求:人民对美好生活的向往

习近平总书记在党的十九大报告中指出:"经过长期努力,中国特色社会主义进入了新时代,这是我国发展新的历史方位。"[1]这个新时代是明确了我国已经进入"强起来"的时代,明确了我国社会主要矛盾已经转化为人民日益增长的美好生活需要和不平衡不充分的发展之间的矛盾,也就是说这个新时代是我国"经济社会发展到一定阶段发生的必然历史飞跃"[2]。这一重大判断表明了中国人民的生存状态、生活方式进入了一个更高层次的崭新阶段,这个崭新阶段是社会生产和社会需求方面的根本性变化,无论是在技术层面还是在公众思维层面都与以往有所不同,在此背景下人们对美好生活的需求更加强烈。因此,新时代不仅要成为我们把握中国社会发展的客观依据,也应该成为我们创造未来生活、改变传统生活方式的现实立足点。

"以满足人民日益增长的美好生活需要为根本目的"是"十四五"时期经济社会发展指导思想和必须遵循的原则。[3]在新时代的时空背景下,美好生活有一个重要的前提和不可缺少的部分,即物质基础满足的前提和继而产生的优美环境需要,有学者将美好生活称为"美生活"和"好生活"。而美好生活需要通过美好的生活方式来展开和促进,我国必须创造一种既无须消耗大量资源、无须污染环境又能让人们过上美好生活的生活方式,这是新时代的发展诉求。绿色生活方式就是一种有利于人们创造美好生活的生活方式:其一,作为自然基础,人与自然的和谐是生存前提和必要条件,也是绿色生活的基本底线,要

---

[1] 习近平:《决胜全面建成小康社会 夺取新时代中国特色社会主义伟大胜利——在中国共产党第十九次全国代表大会上的报告》,人民出版社,2017,第13页。
[2] 《习近平新时代中国特色社会主义思想三十讲》,学习出版社,2018,第55页。
[3] 《中共十九届五中全会在京举行——中央政治局主持会议 中央委员会总书记习近平作重要讲话》,《中国组织人事报》2020年10月30日,第1版。

推动绿色生活，"让良好的生态环境成为人们生活的增长点……让老百姓呼吸上新鲜的空气、喝上干净的水、吃上放心的食物、生活在宜居的环境中……走向生态文明新时代"[①]；其二，作为社会基础，生产力水平在新时代"质"的飞跃奠定了美好生活和绿色生活方式的物质根基，生产方式和生活方式想要做到协同发展，消除异化消费并使劳动成为现实生活的手段而不是本身需要，就必须保证自身没有成为自然、自己以及他人的对立面，这就需要推动新时代绿色生活方式建构，回应人民对美好生活的时代诉求。

（三）道路战略层面的科学应对：全面建设社会主义现代化国家的必然要求

我们在探讨如何建构新时代绿色生活方式时，不能就生活方式而谈生活方式，必须把它放在中国式现代化发展的宏观背景下加以考察。正如邓小平所说："我们搞的现代化，是中国式的现代化。"[②]我国社会主义现代化建设，既是社会的现代化，也是作为现代化主体的人的现代化，人的现代化与生活方式的现代化正是一个过程的两个方面。因此，党的十九届五中全会不仅用"全面建设社会主义现代化国家"代替"全面建成小康社会"，更是提出了到2035年基本实现社会主义现代化的远景目标，这一远景目标中便包括"广泛形成绿色生产生活方式"[③]。习近平总书记在党的二十大报告中明确指出中国式现代化的其中一个特征就是人与自然和谐共生，且对中国式现代化的本质要求做了重要论述，其中包含了"促进人与自然和谐共生，推动构建人类命运共同体，创造人类文明新形态"[④]。那么如何走好人与自然和谐共生的现代化新道路呢？倡导和践行绿色生活方式是重要举措，我国作为拥有14亿多人口的大国，生活方式的变革对于走好人与自然和谐共生的中国式现代化道路意义重大。可见新时代绿色生活方式的建构是中国社会主义现代化建设内容的一部分。

从我国现代化的进程来看，1978~1992年，基于对资本的反思性与开放

---

① 习近平：《在省部级主要领导干部学习贯彻党的十八届五中全会精神专题研讨班上的讲话》，人民出版社，2016，第20页。
② 《邓小平文选》（第3卷），人民出版社，1993，第29页。
③ 《中共十九届五中全会在京举行——中央政治局主持会议 中央委员会总书记习近平作重要讲话》，《中国组织人事报》2020年10月30日，第1版。
④ 习近平：《高举中国特色社会主义伟大旗帜 为全面建设社会主义现代化国家而团结奋斗——在中国共产党第二十次全国代表大会上的报告》，人民出版社，2022，第24页。

性理解，我们开始在社会主义本质中辩证把握资本，"社会主义资本"作为一个全新的经济范畴，由卓炯于1983年提出来，①市场经济建设破除了集体对个人的束缚，生产力的发展促使自然被纳入现代化的进程，物质生活变得丰富起来，消费观念和人的个性也随之解放，新的生活方式的大门被打开，由此我国学者开启了对于生活方式的第一个阶段的研究。1984年党的十二届三中全会通过的《中共中央关于经济体制改革的决定》明确提出，"经济体制的改革，不仅会引起人们经济生活的重大变化，而且会引起人们生活方式和精神状态的重大变化。……要努力在全社会形成适应现代生产力发展和社会进步要求的，文明的、健康的、科学的生活方式"。这被认为是我们党的文件首次从正面提出了生活方式的概念。②

1992年社会主义市场经济确立，其对于资本的态度主要是扬弃，此后，生产力得到了极大解放和发展，中国现代性发育的三个向度——工业化、市场化和货币化，对人的生活方式产生了巨大影响③，此时的人从"政治人"向"经济人"转变，资本逻辑进入人的生活，自然也被放进"资源—货币—财富—资本"的运转系统④，人的消费观念也变得多元化，全新的生活方式被提出并朝着生态、低碳、绿色的方向发展，追求简朴、适度消费、生态安全的生态主义生活方式出现⑤，绿色生活方式也随之进入人们的视野。

党的十八大以来，以习近平同志为核心的党中央经过再反思与新抉择，提出全面深化改革是决定当代中国命运的关键一招，为社会的公平、正义与个人的自主、自由，绿色发展和追求理性消费指明了方向。绿色生活也作为美好生活的一部分，成为美好生活的具体形态，它不仅是生活理念逻辑演进的必然结果，是超越消费主义的必经之路，更是化解社会主要矛盾的有效方法，它是全方位的，是人之生存发展层次的提升。因此，"生活方式绿色化"近年来得到了党中央、国务院的高度重视，在各种重要会议和文件中频频强调要"实现生活

---

① 李炳炎：《略论"社本"型市场经济的性质与形成》，《南京经济学院学报》1999年第3期，第1~7页。
② 王雅林：《重提生活方式研究的重大现实意义——当下中国人生活方式的构建》，载冯长根主编《中国休闲研究学术报告2012》，旅游教育出版社，2013，第21~39页。
③ 张雄等：《改变中国人的十四个观念——改革开放40年经济哲学范畴诠释》，上海财经大学出版社，2018，第14~18页。
④ 张雄等：《改变中国人的十四个观念——改革开放40年经济哲学范畴诠释》，上海财经大学出版社，2018，第150页。
⑤ 王锐生编著《人类的绿色家园》，中国大百科全书出版社，1996，第142页。

方式绿色化","推动形成绿色生活方式"。2013年,习近平总书记在十八届中央政治局常委会会议上关于第一季度经济形势的讲话指出:"我们不能把加强生态文明建设、加强生态环境保护、提倡绿色低碳生活方式等仅仅作为经济问题,这里面有很大的政治。"① 从此以后几乎每年都可以看到习近平总书记的讲话中出现"绿色生活方式"。2015年,环境保护部还专门出台了《关于加快推进生活方式绿色化的实施意见》,强调力争到2020年公众绿色生活方式的习惯基本养成。2017年5月,习近平总书记在中共中央政治局第四十一次集体学习时强调指出,"把推动形成绿色发展方式和生活方式摆在更加突出的位置"②。2018年,习近平总书记更是在全国生态环境保护大会上明确了绿色生活方式形成的时间总路线:到2020年,公众绿色生活方式的习惯基本养成,绿色低碳的生活方式基本形成;确保到2035年,节约资源和保护生态环境的生活方式总体形成;到本世纪中叶,绿色发展方式和生活方式全面形成。

由此可以看出,绿色生活方式的基本形成、总体形成和全面形成是与我国建设社会主义现代化强国的战略部署相一致的。党的十九大报告还强调"我们要建设的现代化是人与自然和谐共生的现代化,既要创造更多物质财富和精神财富以满足人民日益增长的美好生活需要,也要提供更多优质生态产品以满足人民日益增长的优美生态环境需要"③。因此,必须从现代化的视角出发建构新时代绿色生活方式,这不仅是对现实问题的关注与回应,也是我们的主动抉择和理论自觉。

二 研究目的与意义

(一)研究目的

黑格尔认为:"界限就是事情终止的地方,或者说界限就是那种不复是这个事情的东西。"④ 究竟何为绿色生活方式?其与其他生活方式的界限是什

---

① 《习近平关于社会主义生态文明建设论述摘编》,中央文献出版社,2017,第5页。
② 《习近平谈治国理政》(第2卷),外文出版社,2017,第395页。
③ 习近平:《决胜全面建成小康社会 夺取新时代中国特色社会主义伟大胜利——在中国共产党第十九次全国代表大会上的报告》,《人民日报》2017年10月28日,第5版。
④ 〔德〕黑格尔:《精神现象学》(上卷),贺麟、王玖兴译,上海人民出版社,2013,第53页。

么？学界与现实生活中大众所理解的内涵目前仍没有一个确定的界限或者统一的界定，这导致在绿色生活方式的实践中出现并非绿色生活方式外化呈现的表现形式，甚至是虚假的绿色生活方式，抑或是"绿色+生活方式"这种朴素的认知，但至少其中体现的生态价值观是值得肯定的。本书将从其争议中去解读马克思主义以及西方马克思主义对新时代绿色生活方式的影响，进而追寻新时代绿色生活方式的生存空间和发展向度，探索其未完成性，最终找到新时代绿色生活方式的建构之路。具体来说，这主要体现在以下三个方面。

一是对新时代绿色生活方式的辨析、澄清与新阐释，从理论上挖掘新时代绿色生活方式建构的基础与逻辑，进而批判虚假的、资本逻辑驾驭的绿色生活方式，让人们真正认识到绿色生活方式的本质，揭掉其遮蔽的面纱。正如钻木取火不是烛光晚餐般的浪漫，衣不蔽体不是回归自然的时尚，真正的绿色生活方式也不是让人们放弃工业文明所取得的成果直接"回归"田园过"原始的生活"，更不是强行地遏制人的欲望和选择权去过"苦行僧"般的日子。绿色生活方式是"随着社会经济的发展、生活水平的提高、生活观念的改变、社会可持续发展以及保护生态环境的发展而产生的"[①]，并不仅仅是因为生态问题产生的，而是多方面因素综合作用的结果。生活方式这些要素的变化并不是同步的，而有其自身的演变规律。而且在生活方式问题的研究上，长期以来都存在着分歧，尤其是对于绿色生活方式的研究也存在着认识态度和认识方法上的偏差。到底何为真正的绿色生活方式？何为新时代的绿色生活方式？其形成条件与发展空间的依据是什么？又与其他生活方式有何不同？新时代绿色生活方式又是如何破除对传统生活方式、虚假的和资本逻辑驾驭的绿色生活方式的认识的？其外化呈现的表现形式具体为何？……这些问题的解决可以帮助人们真正认识新时代绿色生活方式以及更好地推动其全面形成。

二是阐明新时代绿色生活方式与生态、生产方式的关系和逻辑。学术界对于绿色生活方式内涵的研究主要出发点和起始点都是生态问题，随后又将绿色生活方式概念的内涵和外延扩大，但二者的关系究竟如何有待进一步说明。除此之外，绿色生活方式和绿色生产方式的关系和逻辑是目前亟待研究和解读

---

① 黄平、莫少群主编《迈向和谐——当代中国人生活方式的反思与重构》，天津科学技术出版社，2004，第202页。

的。因此,只有将新时代"生活、生态、生产"的"三生"融合相关问题解决好了,才能真正推动新时代绿色生活方式的建构。

三是探索新时代绿色生活方式的建构逻辑与路径。这是本书的一个研究重点,也是难点,涉及建构路径如何实现,其中具体要求与方法是否具有科学性与可操作性,更重要的是在新时代绿色生活方式发展目标的前两个目标解决后人们对新时代绿色生活方式的认同感,这不仅要符合绿色生活方式的发展要求,使"以发展生产力为基础"和"以人为发展中心"两个尺度相统一,还要使推进速度与人们社会心理承受能力的相适应。具体而言,在社会供给和需求方面除了要注重生活资料的有效供给和合理化配置,优化社会结构外,还要注重生活质量;在制度保障方面,要坚持规范有序的引导机制与价值体系的统一;在培育绿色主体方面,要推动生活主体的创造性转化,使生活主体树立绿色生活理念并且从理念走向行动,做到真正践行绿色生活方式。

(二)研究意义

1. 理论意义

新时代绿色生活方式的建构研究必须从新中国成立70多年的实践和新时代绿色生活方式的形成逻辑出发,建立科学的评判标准与实践的平台。我国作为当前最大的发展中国家,也是社会主义国家,未来将有更广阔的发展空间。因此,我们必须站在当代中国马克思主义的理论平台上来检视绿色生活方式的理论与实践,用科学的发展观确立正确的立场、观点和方法。由此,我们才不会因对其严厉的批判而担心再一次遮蔽了它的价值,也不会因为对其实事求是的肯定而害怕找到与资本主义的绿色生活方式的共同点。我们要想真正理解新时代绿色生活方式必然要对其进行批判性思考,必须使资本成为绿色生活方式形成的推动助力,以马克思主义理论、中华优秀传统文化、西方马克思主义对生活方式的理性批判与现代反思,以及中国共产党对美好生活的实践探索与理论自觉为思想基础,以澄清和阐明新时代绿色生活方式的内涵、目标和社会功能为核心,明确其主要表现形式,围绕"以人民为中心",使"美好生活逻辑"成为实现新时代绿色生活方式的价值归宿,这将为探索实现美好生活和人的自由而全面发展的现代化新道路提供理论指导和思想引领。

2. 现实意义

本书结合文献研究和一些社会学学者的社会调查数据,全面、深入地阐述了新时代绿色生活方式内涵的革命性意义，主要表现在：首先，明确了建立的基础是新时代；其次，厘清了"绿色"主体是一个全民参与的生活共同体，明晰其生活目标的层次性和最高价值追求，并从外化的表现形式解析其衡量标准，凸显其社会价值和与其他类型生活方式的不同；最后，从外部着手，阐明生产、生活、生态之间的逻辑关系。由此，为大众澄清了何为新时代绿色生活方式，而最终提出的建构路径为加快形成绿色生活方式提供了参考，对深入贯彻《环境保护部关于加快推动生活方式绿色化的实施意见》和有效落实《绿色生活创建行动总体方案》具有重要的借鉴意义。

从根本上说，新时代绿色生活方式最终指向的是一个在时间、空间和类间上都协调平衡的生活共同体，这个生活共同体既是生命共同体，也是安全共同体，而从人的本质理论来看，这种"生活共同体"归根结底还是为了实现人的发展。因此，新时代绿色生活方式的建构不仅是人解决生态危机与生活方式问题的实现路径，使人更加自觉的一个表征，也是人逐步摆脱被必然性所左右的状态进而实现人自由而全面发展的价值追求。新时代绿色生活方式本身所具备的社会功能可以发挥其最大的效益，整合我们生活的价值层面和行动层面，培养我们每一个人美好生活的能力，调适和提升人的生活态度和行为，进而促进与美好生活相一致的美好社会的发展，形成良性的生活生态循环。

三　文献研究述评

在内容覆盖范围广泛、主题细化多变、涉及学科众多的绿色生活方式的研究中始终贯穿着一条逻辑主线：绿色生活方式的出现—绿色生活方式的内涵—出现的原因与争议—主要特征与衡量标准—倡导与践行绿色生活方式—效果评估—发展与实践中问题的反思。其中最为核心且最具争议的问题是"绿色生活方式的内涵"，这是研究的"入口"，学界对其积累多年需要澄清的问题及公众的认识误区，也非常有必要进行学理澄明。

（一）国外绿色生活方式的内涵研究

国外很多学者对于绿色生活方式的研究尝试从"生态村"着眼，如美国的绮色佳生态村以及世界上其他国家的生态村，都为居民提供了集体体验社区，提供了家庭生活、休闲与自然的结合的机会,实行的是梭罗所提倡的"简化",摒弃注重消费的社会,过有道德的生活,尽量减少对环境的影响。而至于国外学者对于绿色生活方式的内涵研究是否在时间上有继承性,由于本人外文功底有限,没有找到确切的证据,以致于不能按照时间进行排列,只能借助关键词和核心内容进行解读。

首先要阐明如下问题:绿色生活方式何以会被称为绿色生活方式,而不是可持续生活方式、生态生活方式、极简主义生活方式或低碳生活方式等?这些概念是否等同?如果不等同,那么是否有统一的概念?目前这些问题的答案还有待探寻。

Janet A. Lorenzen使用的是绿色生活方式而不是可持续生活方式,因为在他的研究中很多受访者提出生活方式是否可持续本身就是一个问题,用可持续生活方式易造成名称上的混淆。他认为绿色生活方式是一种生活模式,它涉及人们的日常行为对环境的不确定影响的思考,以及使这一过程具有个人意义的指导性叙述。[1] Tendai Chitewere也是直接用的绿色生活方式而不是其他的名称,他在以绮色佳生态村为居住地建构一种可持续的绿色生活方式时提出,绿色生活方式不仅仅涉及环境保护和社区意识的创造,使居民拥有一个可持续性的绿色身份,还涉及过一种美好的生活——吃健康的食物,生活有安全感,不会受到陌生人的伤害,以及有机会进入城市,这是一种舒适的、开拓性的生活方式,[2]其关键词为绿色、健康、公平、舒适、有个人选择权。Martin Binder与Ann-Kathrin Blankenberg直接将绿色生活方式与人们的主观幸福感联系起来,认为绿色生活方式是绿色经济的一部分,是在重新思考人们应如何生活以避免破坏自然的情况下出现的,其目的是使人们过一种自愿简单、充足且可持续消费的生活。[3] Agnieszka Chwialkowska在绿色营销的基础上,将绿色生活方式定义为旨在尽量减少或消除人们对环境有负面影响的行为,使用可再生能源、购买环境友好的产品,尽可能减少对有害物质的使用,避免产生废物,主张回收再

---

[1] Janet A. Lorenzen, "Going Green: The Process of Lifestyle Change," *Sociological Forum* 27 (2012): 95.

[2] Tendai Chitewere, Constructing a Green Lifestyle: Consumption and Environmentalism in an Ecovillage (Ph. D. diss., State University of New York at Binghamton, 2006).

[3] Martin Binder, Ann-Kathrin Blankenberg, "Green Lifestyles and Subjective Well-Being: More about Self-Image than Actual Behavior?," *Journal of Economic Behavior & Organization* 137 (2017): 305.

利用的日常活动。①可以看出，以上学者将可持续生活、可持续消费等作为绿色生活方式的一部分。

Iain R. Black 和 Helene Cherrier 通过研究瑞典一种超越生态效率的可持续生活方式，将绿色生活方式与可持续生活方式等同，推翻了预先做出的绿色生活方式的假设，认为绿色生活方式是在自给自足的基础上，重新建立与自然的联系，采取自主和自我管理的方式，自愿降低消费采取绿色消费，过简单和危害环境小的生活。②Amanda L. Popken 通过研究绿色建筑与人们行为之间的关系阐述了可持续生活方式，但是在其表述中绿色生活方式与可持续生活方式是等同的。③而有些学者直接使用可持续生活方式这一名称，如 Glory George-Ufot、Ying Qu 与 Ifeyinwa Juliet Orji 在考察可持续生活方式的概念时，侧重于研究人们生活方式中的行为或者生活模式，认为其是一种能够最大限度地减少自然资源浪费，为人们提供更好的生活质量并且最终不危及后代需要的行动和选择的生活模式。④

当然，还有很多国外的学者也将自愿简单的生活方式归为绿色生活方式的一种，但是究竟区别在哪里？是否可以等同？有没有必要将其区分开来或者定义为一个明确且统一的内涵？……这些问题都还需要学界做出进一步探讨。

（二）国内绿色生活方式内涵与外延的拓展脉络

学界对于绿色生活方式内涵与外延的研究，从发展脉络来讲都是起源于生态问题，但又不仅仅局限于对于环境问题的关心和改善，对绿色生活方式的具体内涵目前学界仍没有达成统一的共识，因此，在绿色生活方式建构方面因概念的不同而出现了不同形式的绿色生活方式。

为全面分析国内的绿色生活方式，本书对所选择的文本有如下考虑。

---

① Agnieszka Chwialkowska, "How Sustainability Influencers Drive Green Lifestyle Adoption on Social Media: The Process of Green Lifestyle Adoption Explained Through the Lenses of the Minority Influence Model and Social Learning Theory," *Management of Sustainable Development* 13 (2019): 34.

② Iain R. Black, Helene Cherrier, "Anti-Consumption as Part of Living a Sustainable Lifestyle: Daily Practices, Contextual Motivations and Subjective Values," *Journal of Consumer Behaviour* 9 (2010): 437–453.

③ Amanda L. Popken, Do Green Buildings Influence People's Lifestyle Decisions and Support for Environmental Policy? (Ph. D. diss., The University of Texas at Arlington, 2007).

④ Glory George-Ufot, Ying Qu, Ifeyinwa Juliet Orji, "Sustainable Lifestyle Factors Influencing Industries' Electric Consumption Patterns Using Fuzzy Logic and DEMATEL: The Nigerian Perspective," *Journal of Cleaner Production* 162 (2017): 624.

①考察关键词每年变化趋势的中文数据来源于 CNKI，检索词为"绿色生活方式""可持续生活方式""生态生活方式""低碳生活方式""生活方式绿色化""绿色生活""低碳生活"，截至 2021 年 12 月共检索到 3645 篇文献；为保证入选论文的合理性和研究意义，笔者采取人工方式剔除不相关文献和重复文献，并对最终适用于本研究的 563 篇文献进行内容核实，且在最后生成变化趋势图表时删除与合并同义词。②在考察绿色生活方式的内涵与外延拓展脉络时，本书采取CNKI文献检索与图书查阅相结合的方式，以免漏掉重要内容。根据政报公报、国内学者的论文、出版图书的对比参照分析结果，本书将绿色生活方式内涵与外延的研究脉络划分为以下三个阶段。

第一阶段（2000年之前）：从保护环境的角度进行定义。有学者认为"绿色生活"一词最早出现在 1999 年的政报公报中。①莽萍对绿色生活方式进行了定义，她认为绿色生活方式是一种体贴自然、善用自然的生活方式，人们已经意识到，只有生活方式的转变才有可能对支离破碎的地球环境有所帮助。②由此，学界开启了研究绿色生活方式之路。

第二阶段（2000～2012年）：绿色生活方式的内涵从环境保护拓展到以适度消费、绿色消费为主要特征，注重生活质量和自我心理满足，适当节制物质欲望，期望公平的分配模式，以人的自由全面发展为旨归，追求人与人的和谐、诗意存在和创意存在（见表1-1）。2000年起，很多学者沿袭了莽萍的定义，认为绿色生活方式是一种与自然承载力相适应的生活方式，是一种环境友好、善待地球的生活方式。③章海荣④、孙洪斌⑤还指出绿色生活方式的本质是"节约能源，反对浪费"，甚至认为其关系着环境问题的彻底解决，这是最初学者为解决生态问题，围绕绿色生活方式的底色"绿色"所下的定义，被认为是狭义的绿色生活方式。随后，石军⑥及叶南客等⑦将适度消费、绿色消费融入

---

① 田华文、崔岩：《何为绿色生活？——基于多个政策文本的扎根理论研究》，《干旱区资源与环境》2020年第1期，第12～18页。
② 莽萍：《绿色生活手记》，青岛出版社，1999，第1页。
③ 陈鹤森：《绿色生活》，羊城晚报出版社，2002，第6页。
④ 章海荣编著《生态伦理与生态美学》，复旦大学出版社，2006。
⑤ 孙洪斌主编《文化全球化研究》，四川大学出版社，2009，第318页。
⑥ 石军主编《世纪抉择——黄河三角洲高效生态经济理论与实践》，山东大学出版社，2002，第256页。
⑦ 叶南客、李芸、匡强等：《社会和谐可持续发展的新型态——循环·节约·环境友好型社会建设论》，东南大学出版社，2006，第224页。

绿色生活方式,并作为其主要特征。霍功认为节制物质欲望的"生活质量"和公平的分配模式也是绿色生活方式的一部分[①],巩英洲也认为绿色生活方式应该侧重生活的质量和自我心理的满足[②]。在此基础上,王治河继续拓展,将绿色生活方式的内涵上升为"以人的自由全面发展为旨归、追求诗意存在和创意存在"[③]。

表1-1　学界对绿色生活方式的内涵与外延的拓展内容

年份	内涵与外延的拓展内容
1999	保护环境、体贴自然、善用自然
2000	节约能源,反对浪费
2002	适度消费、绿色消费
2004	和谐、健康
2005	健康的价值观、积极的生活态度和正确的处世原则
2007	侧重生活的质量和自我心理的满足
2009	节制物质欲望、公平的分配模式
2010	人与人和谐、以人的自由全面发展为旨归、追求诗意与创意的存在
2015	合理限度内的自我选择、良好的生活习惯
2016	闲暇的时间
2017	尊崇内心,追求精神的提升和真实自我价值的实现

注:本表中学界对绿色生活方式的内涵与外延的拓展内容只标注到2017年,并非学界或者本书只研究到2017年,而是本书在整理中并未发现2017年后有新的内容。

资料来源:根据资料整理自行绘制。

从绿色生活方式领域关键词变化趋势中可以看出,这一阶段以"低碳生活""低碳经济""绿色生活方式"为关键词的研究有所增加,2010年、2011年、2012年的相关文献数量尤其多(见图1-1)。

第三阶段(2013年至今):学界将绿色生活方式的内涵延伸至人的精神生

---

① 霍功:《中国生态伦理思想研究》,新华出版社,2009,第215页。
② 巩英洲:《生态文明与可持续发展对人类现在到未来文明的哲学探讨》,兰州大学出版社,2007,第159页。
③ 王治河:《后现代生态文明与现代生活方式的转变》,《岭南学刊》2010年第3期,第112~117页。

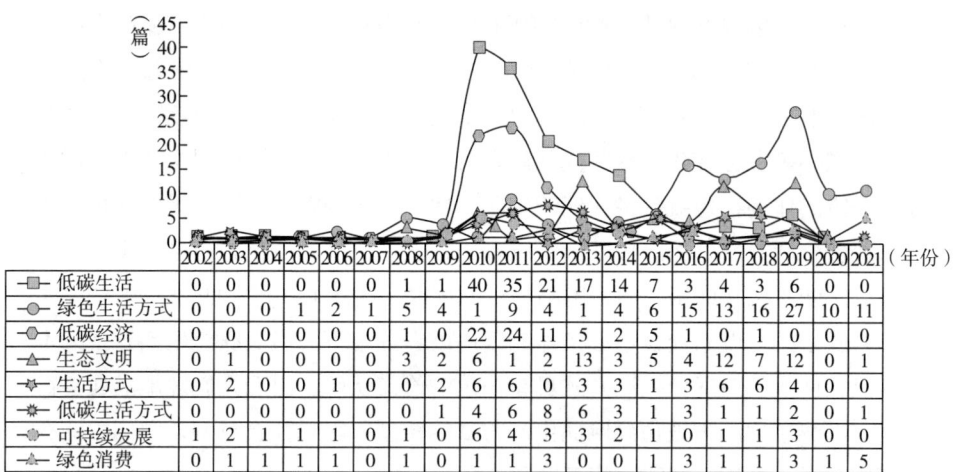

图 1-1 绿色生活方式领域关键词变化趋势

资料来源：根据资料整理自行绘制。

活和自我价值的实现层面，并结合新的内容——闲暇时间的拥有。郭正礼和李文庆指出绿色生活方式是人们在合理限度内的自我选择，还包括养成良好的生活习惯。①徐根兴也提出，开启绿色生活方式要使需求在合理限度里，遵从自己的内心，不攀比。②杨昌军认为绿色生活方式不仅包括适度的物质消费，还要不断丰富精神消费，拥有充裕的时间。③除此之外，程秀指出绿色生活方式主要的三个特点，"以和谐共生为价值理念，以环境保护为行为准则，形成的自然、节约、环保、健康、可持续的日常实践和生活模式"④。而随着时间的推移，由于社会经济的发展、国家层面的倡导、物质生活和精神生活的丰富，到21世纪中叶绿色生活方式全面形成时，完全有可能出现新的内涵。

（三）绿色生活方式的主要表现形式、面临的困境与实践路径

生活方式根植于我们的整个环境中，由社会、文化、技术、经济、政治、

---

① 郭正礼、李文庆主编《2016宁夏生态文明蓝皮书》，宁夏人民出版社，2016，第15页。
② 徐根兴：《以人文觉悟开启绿色生活方式》，《学习时报》2017年8月21日，第4版。
③ 杨昌军：《生活理念的历史演进与绿色生活》，中国林业出版社，2019。
④ 程秀：《效用错位视角下城市居民绿色生活方式引导政策及仿真研究》，博士学位论文，中国矿业大学，2020，第12页。

体制和地理环境以及这些环境中的所有行为者共同塑造。①因此，绿色生活方式也不例外，其形成过程为：外部客观条件如生产方式、社会形态、经济状况、政治制度、社会环境等先发生变化，进而与其相适应的社会意识如政策、法律、道德等发生变化，这些变化都会对生活方式的主体——现实的人或群体起到一定的作用，也就是说人们的生活习惯、世界观等也会发生相应变化，由此，绿色生活方式才得以形成。可以看出，三者之间的变化并不是同步的，也不是单一变量在起作用，而是遵循一定的规律（见图1-2）。因此推动形成绿色生活方式必须在现有社会生活条件的促进或者约束下，澄清绿色生活方式的本质内涵，使人们对绿色生活方式具有一定的价值认可，进而人们才能落实在行为上。而绿色生活方式也会倒逼生产方式的转型，影响社会意识，它们之间有着密切的联系、相互制约、相互推动。

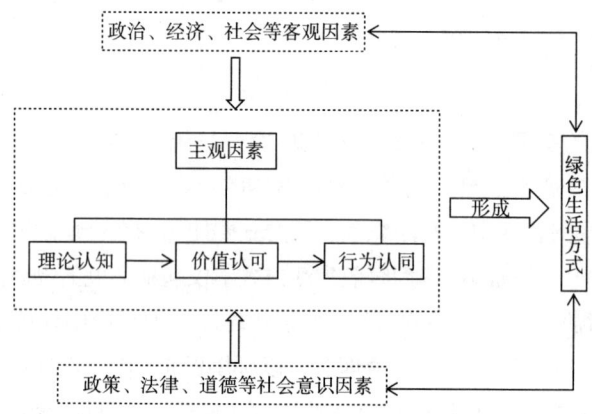

图1-2　绿色生活方式的形成路径

资料来源：根据资料整理自行绘制。

绿色生活方式作为一种新的生活方式出现就意味着其有自己的表现形式，其主要表现形式之一是绿色消费，这是毫无争议的，其他的表现形式还包括休闲时间与劳动形式、家庭生活以及国外很多学者非常关注的社会关系的合理化

---

① Glory George-Ufot, Ying Qu, Ifeyinwa Juliet Orji, "Sustainable Lifestyle Factors Influencing Industries' Electric Consumption Patterns Using Fuzzy Logic and DEMATEL: The Nigerian Perspective," *Journal of Cleaner Production* 162（2017）: 625.

和邻居之间的和谐关系等。[①]而就目前而言,国内外学者关注最多的反而不是其表现形式,而是其面临的困境与实践路径。

绿色生活方式面临的困境主要可以分为三种。一是就客观生活条件而言:① 受资本主义主导的全球化经济体系的影响,生产方式没有绿色化;② 目前我国仍处于社会主义初级阶段,社会结构不均衡问题依然存在,没有全面形成(2020年只是基本形成)绿色生活方式的良好社会基础[②];③利用、驾驭资本和限制资本的矛盾[③],资本逻辑的驾驭使人与自然关系的异化、社会关系的异化、人的自由的本质异化,人与自然关系的异化导致现代生活方式失去物质基础,生产方式等社会关系的异化导致现代生活方式高度物化,人的自由本质异化导致现代生活方式失去价值观基础,如何超越资本逻辑实现"人的逻辑"是一个漫长的过程。二是就主观因素而言:①选择绿色生活方式的人还是少数[④],几乎只有环境保护者、居住在城市中具有闲暇时间持续学习者倾向选择绿色生活方式[⑤];② 认同绿色观念与实践绿色生活的两难[⑥],目前我国公众绿色生活意识不足,公共精神传统和关注自然细节的传统不足,受消费主义的影响,真实需要被市场的虚假需要所取代,城市与农村在绿色生活方式的践行中区别较大,内生动力不足,一些学者通过实证分析得出我国居民在拥有了好的环境意识之后,会比较积极地行动且社会身份对其环境行为的影响显著。[⑦]三是就社会意识而言:政治、道德、法律等方面的约束不强,促进形成绿色生活方式的体制机制等还不完善。

绿色生活方式的实践路径或者是建构之路是国内学者探讨最多的,却也存在过多相似之处且研究相对分散。国内学者多数认为应该从生产方式、消费理

[①] Tendai Chitewere, Constructing a Green Lifestyle: Consumption and Environmentalism in an Ecovillage (Ph. D. diss., State University of New York at Binghamton, 2006).
[②] 洪大用:《绿色生活:冬天里的畅想》,《绿叶》2009年第2期,第78页。
[③] 邓翠华、张伟娟:《生活方式绿色化及其推进机制论析》,《福建师范大学学报》(哲学社会科学版)2017年第4期,第65~71页。
[④] 刘兵:《绿色生活方式近中期难成社会主流》,《绿叶》2009年第2期,第78页。
[⑤] 赵万里、朱婷钰:《绿色生活方式中的现代性隐喻——基于CGSS2010数据的实证研究》,《广东社会科学》2017年第1期,第195~203、256页。
[⑥] 江晓原:《选择绿色生活方式的两难》,《绿叶》2009年第2期,第61页。
[⑦] 黄立萍:《基于可持续生活方式的居民环境行为实现过程研究》,博士学位论文,上海师范大学,2020,第102页。

念、个人的自律能力、政策导向以及法律制度等方面推进绿色生活方式。[1]这些路径要素缺一不可,且它们在形成过程中有可能出现不同步的情况,从国家政策层面所做的规划时间中也能看出这一点。一是在生态文化方面:2018年,覆盖全社会的生态文化体系基本建立;到2020年,生态文明价值理念在全社会得到推行,全民生活方式绿色化的理念明显加强,绿色消费理念成为社会共识。二是在法律法规、政策方面:2018年,最严格的耕地保护制度、水资源管理制度、环境保护制度得到有效落实;到2020年,生活方式绿色化的政策法规体系初步建立,长效机制基本建立。三是在个人层面:到2020年,公众践行绿色生活的内在动力不断增强,认识到"绿色生活方式既是个人选择,也是法律义务"。而国外学者的研究大多非常聚焦,从一个生态村、一个工厂、一个绿色建筑领域或者消费领域甚至一个家庭开始研究其建构路径,提出的实践方式也多有不同,比如可以通过社会创新来形成绿色生活方式,即这种创新旨在更有效地满足社会需求,凭借社会行为者的力量与合作关系,使整个建构过程充满活力[2];从个人方面发掘其绿色身份[3],通过改变其饮食习惯和政治行为建构出更可持续的生活方式,以及支持建立可持续建筑环境甚至实行更严格环境保护的政策[4]。

(四)研究动态评析

绿色生活方式是在西方马克思主义对传统生活方式的批判与实践探索的基础上,结合中国特色社会主义制度的优越性并回到马克思那里找答案,走出传统生活方式的出路,从"见物不见人"回归现实生活世界。然而,绿色生活方式一出场就遭到了指责和否定,尤其是其实现样态、实现程度和实现方式等并未达到理想的状态,出现了名称、内涵和目标等各方面需要澄清的问题与认识误区。

---

[1] 何娟:《社会主义生态文明视域下的绿色生活方式》,《哈尔滨工业大学学报》(社会科学版)2019年第4期,第119~125页。

[2] Glory George-Ufot, Ying Qu, Ifeyinwa Juliet Orji, "Sustainable Lifestyle Factors Influencing Industries' Electric Consumption Patterns Using Fuzzy Logic and DEMATEL: The Nigerian Perspective," *Journal of Cleaner Production* 162 (2017): 625.

[3] Tendai Chitewere, Constructing a Green Lifestyle: Consumption and Environmentalism in an Ecovillage (Ph. D. diss., State University of New York at Binghamton, 2006).

[4] Amanda L. Popken, Do Green Buildings Influence People's Lifestyle Decisions and Support for Environmental Policy? (Ph. D. diss., The University of Texas at Arlington, 2007).

1. 需要澄清的问题：绿色生活方式的名称、内涵与目标

对于绿色生活方式，国内外学界至今都没有一个统一且被广泛接受的定义，却有一个共同的趋势，即概念的覆盖范围越来越广。在诸多争议中，绿色生活方式何以被称为绿色生活方式，其内涵界定与最终目标等还需要学界进一步澄清并继续寻找答案。

对于绿色生活方式的名称、内涵与目标的界定。我们需要澄清的第一个问题是绿色生活方式何以会被称为绿色生活方式而不是其他生活方式。国内学者并未给出答案，国外学界也有诸多争议，如 Janet A. Lorenzen 在绿色生活方式研究中指出，很多受访者认为生活方式是否可持续本身就是一个问题，因此不可将其称为可持续生活方式。[1]"绿色"作为绿色生活方式的底色、自然和生命的代表、ecology 的象征与"生态""低碳"等有很大的区别，"绿色"伴随生命的起始与发展，在满足赖以生存的自然到生命的需要，以及在生命的"两种生产"过程中所引起的新的需要方面，绿色生活方式是与其他生活方式有所不同的。

在明确绿色生活方式名称的基础上，需要澄清的第二个问题是其主要内涵。随着生活方式的变革，绿色生活方式的概念从最初的环保领域扩展到人的全面发展以及人生活领域的各个方面，其拓展依据是什么？所形成的新的内涵是否符合当时的生活？形成背后的普遍逻辑是什么？又该从何种角度去看待它的形成？是否属于新的建构？……这些学界都没有说清楚，以致于提升了人们对绿色生活方式的践行难度。

第三个需要澄清的问题是绿色生活方式的目的。究竟是要继续一种可持续的生活方式还是要过更好的生活？还是两者兼得？根据马克思对"生活""生活方式"以及人的本质阐述，人类社会发展的最终目的是要实现人的自由而全面发展，而绿色生活方式作为一种扬弃现代性的生活方式，其最高价值目标亦应如此。换言之，新时代绿色生活方式的目的应该既是一种可持续的生活方式又是一种过更好生活的选择。

2. 关于绿色生活方式的研究方式与建构路径

近年来，国外的学者对于绿色生活方式的研究大都是运用实证分析或者现场调研的方式，在政府已经建立的生态村或者建构的绿色生活方式的社区中进

---

[1] Janet A. Lorenzen, "Going Green: The Process of Lifestyle Change," *Sociological Forum* 27 (2012): 95.

行切实的、具体的调研，从个体到整体的生活方式感受，从个人收入、学历、家庭结构、环保意识到房价、消费等方方面面进行深入探究，并开启建构之路，但是仍像国内外专家的预测一样，这种生活方式无论是在国内，还是在国外，到目前为止都很难成为一种主流或者可以被广泛推行的生活方式。当然这里所指的绿色生活方式是一种真正的绿色生活方式，而不是虚假的或者不完全意义上的绿色生活方式。从国外学者对绿色生活方式的研究以及对相应传统资本主义发展的资本逻辑进行批判中可以看出，一些绿色资本主义学者对于消费异化、消费符号及资本逻辑导致生态问题的内涵或进行直接的否定或有意做出部分的遮掩，并未触及问题的根本，也并未辩证地看待资本逻辑。国外的马克思主义学派，如法兰克福学派、生态马克思主义学派等更多的是从资本角度出发对生态环境问题、消费异化和"单向度的人"进行分析，大都沿用了马克思的资本理论，也为新的生活方式的形成提供了一种新的思路。但是，各学派对于资本的理解、资本逻辑的运用、生产方式和生活方式的关系、资本主义生活方式和社会主义方式的区别、绿色生活方式与资本逻辑的关系等尚存争论。而国内学者对于绿色生活方式的建构多停留于理论层面，缺乏足够的数据和实证支撑，存在理论与实践相背离的问题。因此，关于绿色生活方式建构路径的研究非常必要。

四 研究内容与架构

（一）研究内容

本书除导论以外，共有六章，总体的逻辑架构可以分为四个部分：一是为什么要研究这个问题——这个问题因何而来；二是这个问题从何而来——其思想渊源与理论借鉴有哪些；三是这个问题到底是什么，内在的逻辑关系与外化表现如何；四是如何实现绿色生活方式，即建构原则、逻辑与路径如何。

第一部分，即在导论中，本书着重阐明了两个问题，即为什么要研究这个问题和目前国内外研究者对这个问题的看法，明确本书要解决的主要问题是什么。首先，本部分从我们现实生活中的实际问题出发，提出生态危机和生活问题的出现促使我们反思人们究竟应该怎样生活，加之人民对美好生活的向往成了新时代的发展诉求，尤其是绿色生活方式成了我国社会主义现代化建设的远景目标之一，而且绿色生活方式的基本形成、总体形成和全面形成是与建设社会主义现代化强国的战略部署相一致的。由此，建构新时代绿色生活方式不仅是现实要求，也是我们的主动抉择和理论自觉，这也构成了本书研究绿色生活方式的宏观背景。其次，基于主题研究的相关性，在国内外学者对绿色生活方式研究的基础上，为澄清其概念、内涵和目标等各方面的认识误区并解决在新时代原有的关于绿色生活方式的概念与内容已无法解释清楚其现象和背后产生问题的原因，本部分提出我们需要根据新的实际创造出新的概念，探索其建构是思维模式创新的现实诉求与范式转换，即在前人研究的基础上本书明确了要解决的问题——如何建构新时代绿色生活方式。

第二部分系统地阐述了绿色生活方式是在马克思恩格斯对生活方式的审视，在西方马克思主义者对传统生活方式的批判与实践探索的基础上，结合中华优秀传统文化生态思想和生活智慧，从"见物不见人"向现实世界的回归，是解决生活方式危机的出路。这一部分以一种追本溯源的方式对绿色生活方式思想渊源与理论基础进行深入探索，尤其需要说明的是关于马克思恩格斯生活方式理论的论域与审视，在这里着重考察的不是其生态思想，而是生活方式理论。既然本书探讨的绿色生活方式是我国新时代的生活方式，其必然与我国优秀传统文化中的生态思想与生活智慧相关，且其文化的独特性彰显了与国外绿色生活方式的不同。而将西方马克思主义对生活方式的批判与反思作为理论借鉴，更有助于本书对绿色生活方式进行从表象到本质的深入解析。

第三部分全面、深入地阐述了新时代绿色生活方式内涵的革命性意义。首先明确了新时代绿色生活方式是建立在新时代的基础上的，这个新时代是"全国各族人民团结奋斗、不断创造美好生活、逐步实现全体人民共同富裕的时代"[①]，是处于马克思所说的从"物的依赖"走向"自由个性"阶段的可能性的时代，是新一代技术实现各种共享的时代，其主体是"全国各族人民"。其次对新时代绿色生活方式的主要内容进行了深度解读，厘清了"绿色"主体是一个全民参与的生活共同体，既是生命共同体，也是命运共同体，明晰了新时代绿色生活方式的目标层次和最高价值追求，并从外化的表现形式解析其衡量标准，凸显其社会价值及与其他类型生活方式的不同。除此之外，本部分更从外部着手，探究生态、生产方式之间的逻辑关系，以便更好地澄清新时代绿色生

[①] 习近平：《决胜全面建成小康社会 夺取新时代中国特色社会主义伟大胜利——在中国共产党第十九次全国代表大会上的报告》，《人民日报》2017年10月28日，第5版。

活方式的基本内涵。

第四部分在明确了何为新时代绿色生活方式的基础上，探究如何实现它，即探究新时代绿色生活方式的建构逻辑与路径。首先，阐明了对新时代绿色生活方式的建构必须先明确绿色生活方式的发展要求与方向，即发展目标要与我国社会主义现代化建设的目标一致，实现以发展生产力为基础和以人为发展中心两个尺度相统一，推进速度要与人们社会心理承受能力相适应。其次，明确了新时代绿色生活方式的建构逻辑——以生活的物质基础为逻辑起点，发挥主体的创造性，并以中国特色社会主义制度为科学基础保障。最后，提出了建构新时代绿色生活方式的现实方案，要从物质供给、价值理念、社会关系、政策和法制保障、宣传机制等多维度协同推进。

（二）研究方法

本书运用文献分析法、逻辑与历史相统一的方法、比较分析法对新时代绿色生活方式的建构进行了综合分析。

一是文献分析法。文献的研读与分析是重要的研究基础，本书主要基于文本文献与研究文献进行研究，从三个方面进行尽可能全面的把握：其一，对马克思恩格斯经典著作文献的研究，尤其在对生活方式问题的分析上，重点关注了这些著作关于人与人、人与自然、人与自身的发展等方面的论述；其二，对中华优秀传统文化和西方马克思主义代表人物关于绿色生活方式相关的重要文献进行历史梳理和深入探究；其三，对国内学者对于绿色生活方式相关文献的挖掘分析，总结了有关绿色生活方式的内涵与外延、绿色生活方式的概念史。已有研究为本书提供了理论渊源、思想基础与文本依据，体现了新时代建构绿色生活方式的科学性和历史厚重感。文献研究主要基于主题相关性，通过对国内外有关绿色生活方式的研究进行整理分析，全面客观地了解当前相关研究的现状、成绩与不足，在参照借鉴的基础上找到本书研究的发力点。

二是逻辑与历史相统一的方法。历史方法是依照研究对象发展的自然进程揭示其规律，属于描述性的方法；逻辑方法则是用概念、范畴、理论等概括反映对象发展的规律，属于理论思维的方法。本书在分析生活方式阶段论和绿色生活方式自身的历史发展过程时，论述了学界以及现实中20多年来公众对绿色生活方式的认识，将生活方式的变革与人类社会的发展结合在一起，进而探讨新时代绿色生活方式的建构路径。毕竟新时代绿色生活方式不是胡思乱想的结果或者无中生有，也不是标新立异，而是有其历史渊源与发展脉络的。作为动态发展的历史过程，本书将新时代绿色生活方式研究放在马克思主义中国化的发展历程中加以思索，放在中国特色社会主义现代化建设进程中加以考察，在分析现实问题的基础上与多学科进行融合，如生态学、心理学、社会学、传播学等，不仅对新时代绿色生活方式的主要内涵、发展目标、现实功能以及与生态、生产方式的逻辑关系进行深入解读与辨析，而且针对其外在的表现形式，结合我国的现代化目标进行多维探讨。

三是比较分析法。本书在已有对绿色生活方式相关研究成果的基础上，采用比较分析法，一方面通过比较分析国内外、马克思主义经典作家，发达国家与发展中国家对于绿色生活方式认识的异同，为新时代绿色生活方式的建构提供借鉴参考；另一方面本书对传统绿色生活方式与新时代绿色生活方式进行了比较分析。

（三）技术路线

依据本书的总体逻辑架构，笔者设计了本书研究的技术路线（见图1-3）。

（四）创新与不足

1. 创新之处

一是概念术语的新阐释。在我国社会主义现代化进程中，尤其是在新时代，原有的狭义的绿色生活方式概念和内容已无法解释清楚生态危机和生活方式的问题，而且人们对狭义的绿色生活方式也存在着误解，这就需要我们根据新的实际需求创造出新的概念，或者说是在原有绿色生活方式概念的基础上对"绿色"和"绿色生活方式"进行重新解读与界定。从"绿色"所承载的内容来看，我们有权利也有可能选择一种既能解决代际问题，又能使自身过上美好生活的生活方式，这种生活方式已经有了一定的物质基础，不再是"并非这里，并非现在，并非我"。因此，"新时代"+"绿色"+"生活方式"所组成的新概念——新时代绿色生活方式所代表的并不是三者相加所组成的一种新的生活方式，而是有其独特的内涵，其是在新时代基础上尽量满足人民的生活需求，真正认识到人与自然的辩证关系，遵循"生态价值优先，生活价值为主"

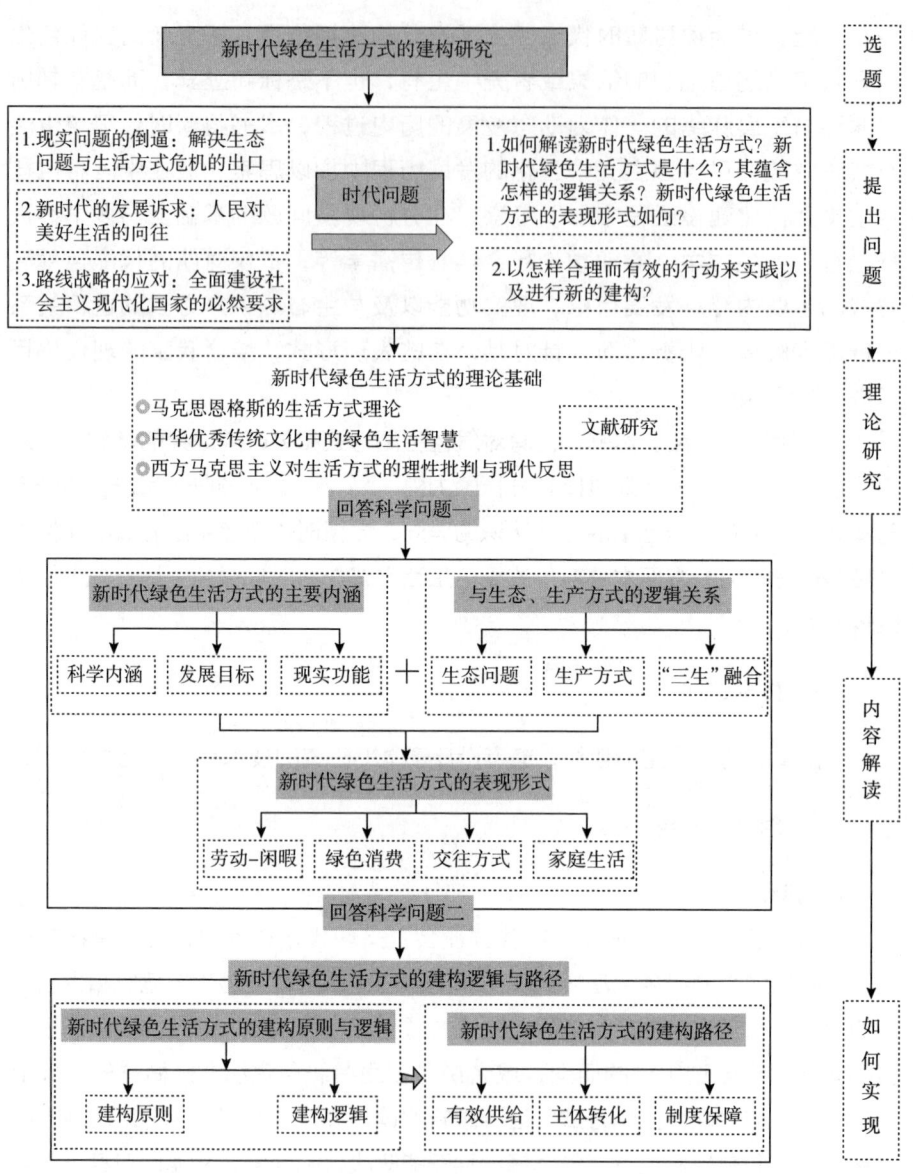

图 1-3 技术路线

的价值逻辑、"社会主义属性与民族性相统一"的社会逻辑,以个性与社会性相统一、实践性与渐进性相统一为特征,表现出不同群体和社会结构间的差异性,其主体既是生活共同体,也是命运共同体。除此之外,新时代绿色生活方式以劳动生活方式与闲暇生活、绿色消费、社会关系合理化和家庭生活为主要表现形式，以实现美好生活为社会发展目标，以实现人的自由而全面发展为最终目标，区别于传统的生活方式与以往被误解的绿色生活方式。

二是新时代绿色生活方式的建构逻辑与路径结合了马克思主义中国化、时代化最新成果，它破除了资本逻辑驾驭的、虚假的绿色生活方式，赋予绿色生活方式新的价值与意义。

2. 不足之处

一是本书对新时代绿色生活方式理论的拓展与现实应用还存在较大差距。首先，在理论方面，无论是绿色生活方式理论还是新时代绿色生活方式理论最终都需要回归现实，在现实应用的基础上不断丰富与完善，进而得出解决当前生活方式问题的答案。本书虽标注"新时代"，但眼光具有历史局限性，未来还需要基于马克思关于社会发展规律以及生活思想的论述进一步拓展绿色生活方式。其次，对于现实的关注虽有问题意识但缺少大量的一手数据，未进行扎实的实践调研，只能借助社会学、心理学、管理学、生态学等学科的实证分析完善理论架构，加之现实生活的日新月异，新的困境与危机随时可能会产生，这会导致理论与实践的些许错位，影响建构路径的具体性和普遍性。

二是新时代绿色生活方式的主体既是生活共同体也是命运共同体，而如何将两者更好地融合，并走向全球共识是本书尚未挖掘到的一个重要内容。虽然国内外学者对于绿色生活方式的概念、内容与外化形式的界定有所差异，但是他们对于绿色生活方式主体的属人性与对美好生活的向往则是相通的，即如何实现马克思所提倡的每一个现实的人在绿色生活方式中作为生活共同体"占有自己的全面的本质"，以及在不同社会制度下践行绿色生活方式时如何理解"命运共同体"。

第一章

绿色生活方式的思想渊源与理论借鉴

"研究任何问题，首先要搞清楚所论述问题中所涉及的基本概念和基本理论关系"[①]，建构新时代绿色生活方式，则更要搞清楚其科学内涵与思想渊源，尤其是其概念与基本理论的关系，对于新时代绿色生活方式思想渊源与理论基础的阐述尤为重要。尤其需要说明的是关于马克思恩格斯生活方式理论的论域与审视，本书重点考察的是生活方式理论（当然，其中包含人与自然的关系），而不是像其他学者在探究绿色生活方式时主要探讨的是马克思恩格斯的生态思想。既然探讨的绿色生活方式是处于我国新时代的绿色生活方式，那么其社会生活、文化基因就与我国优秀传统文化中的生态思想与生活智慧相关，表面上看这似乎是把生态思想与生活智慧分开了，实则两者从未分离过。我国绿色生活方式的出现主要是因为环境问

---

① 王雅林：《人类生活方式的前景》，中国社会科学出版社，1997，"前言"第5页。

题，且以文化的独特性彰显了与国外绿色生活方式的不同。以西方马克思主义对生活方式的批判与反思作为理论借鉴，更有助于我们对其进行从表象到本质的深入解析。

第一节 马克思恩格斯生活方式理论的论域与审视

马克思恩格斯对"生活方式"的论述散落于他们的著作中，虽说由于受历史环境影响未将其具体范畴一一展开说明，但对于人类"怎样生活"、"生活怎样"以及未来的生活都有阐述，归根到底还是以人的自由而全面发展和创造美好生活为旨归的。然而，国内多数学者对于绿色生活方式的研究，只是将马克思恩格斯的生态思想放入我们现代的生活方式中予以考察，对生活方式是什么、生活方式中是否包含生态思想以及其理论基础是什么并未深究，这不得不说是一种对理论基础的忽视，而单方面研究马克思恩格斯生活方式理论的学者也忽略了一个重要前提，即人与自然界的共生关系，忽略了这个前提，便很难对人与自身、人与人的关系有一个正确的定位。还有很多研究生活方式的学者从马克思恩格斯那里得到启发，把社会主义生活方式的许多方面写成"单方面地解释社会关系各方面及其相适应的生活方式特点之间的相互依赖关系，而没有考察这种或那种社会关系的内部联系。结果，由生活方式特点无系统选择所提供的生活方式内容，看来不是生活现实的全部场景"[①]。因此，本书将全面地考察马克思恩格斯关于生活方式的论述，以便科学建构新时代绿色生活方式。

一 人与自然的关系：被忽视的前提及其与生活的渐行渐远

对于马克思恩格斯生活方式理论的研究，多数研究者将其研究基础放在了现实的个人上[②]，忽略了"人与自然是生命共同体"[③]，将自然排除在生活方式之

[①] 〔苏联〕勃·斯·利索维克：《马克思〈资本论〉对研究社会主义生活方式的方法论意义》，翁甲子译，《经济学译丛》1984年第5期，第3页。

[②] 栾广君：《唯物史观视域下的生活方式理论研究》，博士学位论文，黑龙江大学，2016。

[③] 习近平：《决胜全面建成小康社会 夺取新时代中国特色社会主义伟大胜利——在中国共产党第十九次全国代表大会上的报告》，人民出版社，2017，第50页。

外，不知道是否与最初生态问题还没有恶化成生态危机相关。但是，作为绿色生活方式理论基础的研究，不应该只将重点放在"绿色"这一限定词上，只讲生态保护而不涉及我们美好生活中的优美环境的需要和生存的前提，而是应该更加全面地考察生活方式，毕竟"生态环境问题归根结底是发展方式和生活方式问题"①。于是本书在生活方式研究中将"人与自然的关系"这个被忽略的前提放在了首位。

（一）认清马克思关于"自然"的概念与人的关系

在马克思恩格斯的哲学理论中，"自然"这个概念主要包含了两层含义，这两层含义也是就其历史意义上而言的。一是自在的自然，这是人类生存的前提，是"预先存在的"②，即外部环境的自然，其先于人类而存在，对于人有先在性，人是后来者并作为自然界的一部分而存在，一旦离开了自然界便无法生存，无法生存就谈不上发展以及通过实践改造世界获得更美好的生活。无论是劳动的主体还是生活的主体，都是自然的个人，存在于自然中，这个自然指的是最初的自然。

二是人化的自然，即现实的自然，这是人类生存的基础，人通过劳动与其建立联系，并对其加以改造。人类需要从自然中提取"自然产品"才能够维持肉体的生存，如空气、水等，"不管这些产品是以食物、燃料、衣着的形式还是以住房等等的形式表现出来"③，都直接体现了人与自然相关联。因此马克思指出"人的肉体生活和精神生活同自然界相联系，不外是说自然界同自身相联系"④。自然是人类生命活动的材料与工具，人凭借自然发展自身。而劳动作为人类与自然界物质交换的中介，也是人类自身能量的承担者，"人以自身的活动来中介、调整和控制人和自然之间的物质变换的过程"⑤，在改造自然的同时赋予自然以人的尺度和生活的目的性。这个自然相对于自在的自然是后来产生的，是"通过工业——尽管以异化的形式——形成的自然界，是真正的、人本

---

① 习近平：《坚决打好污染防治攻坚战　推动生态文明建设迈上新台阶》，《人民日报》2018年5月20日，第1版。
② 《马克思恩格斯文集》（第8卷），人民出版社，2009，第138页。
③ 《马克思恩格斯文集》（第1卷），人民出版社，2009，第161页。
④ 《马克思恩格斯文集》（第1卷），人民出版社，2009，第161页。
⑤ 《马克思恩格斯文集》（第5卷），人民出版社，2009，第207～208页。

学的自然界"①，是被打上了人的印记——人化的自然，而我们时时刻刻都生活在这个自然中。

（二）人类生活与自然的关系与距离：对立统一与渐行渐远

从某种意义上而言，人类的发展在依托于自然的同时也改造着自然，并直接表现为人与自然的关系。远古时代人与自然的关系是人依附于自然、服从于自然，且相对而言是一种"狭隘的关系"。马克思认为"自然界起初是作为一种完全异己的、有无限威力的和不可制服的力量与人们对立的"②，这时的人类无法与自然抗衡。

到了农耕文明时期，人类对自然进行了开发，人同土地、自然以及牲畜类动物保持着直接的关系。在马克思恩格斯看来，虽然此时的生产力落后，农民是"日趋没落的"③，他们在自己的小块儿土地上生产，没有多种多样的发展，也没有丰富的社会关系，过着"农民式的孤陋寡闻的生活"④，他们生产的产品大部分也是自给自足的消费品。也就说，他们取得的生活资料多半是靠与自然交换，这时他们并未远离自然。只不过此时的人还未形成自身的丰富的关系，"单个人显得比较全面"⑤，跟现代的农民对自然的意识和观念有些许差别，却依然有相似性。大多数农民仍然热爱那片土地，可以随意地安排自己的工作和闲暇时间，贴近自然、直面生命的价值，直至完全的机械化大生产打破这一"个人的全面"。此时人类很自然地把自然界看成一个有机整体，人类与自然还是相对和谐的关系。

工业革命的巨大威力打破了人类与自然的这种直接接触，资本家为了摆脱大自然变化莫测的天气的束缚，改变不能大规模生产的状况，不仅将农业土地变成工业用地、住宅用地以及其他商业用地，更是使农业逐渐脱离自然，与自然直接接触的农业生产过程不得不经历"人工化"的重构。尤其在高科技的推动下，人类在大自然中制造出机车、铁路等，这些"是人的产业劳动的产物，是转化为人的意志驾驭自然界的器官或者说在自然界实现人的意志的器官的自

---

① 《马克思恩格斯文集》（第1卷），人民出版社，2009，第193页。
② 《马克思恩格斯文集》（第1卷），人民出版社，2009，第534页。
③ 《马克思恩格斯文集》（第7卷），人民出版社，2009，第47页。
④ 《马克思恩格斯文集》（第4卷），人民出版社，2009，第284页。
⑤ 《马克思恩格斯文集》（第8卷），人民出版社，2009，第56页。

然物质"①。这种巨大的变化直接体现在人类的日常生活中，同时人与自然的关系也出现了异化，而劳动的异化更是使人类与自然的关系走向了对立。工业的发展使人口聚集、逐渐城市化，被占用的原本"养活"人类的土地不再具备其原本的功能，人与土地之间的关系被破坏，"同时就破坏城市工人的身体健康和农村工人的精神生活"②，使无数的劳动力在强大的资本面前沦为"废弃的生命"。

总而言之，从马克思恩格斯的观点来看，人类来自自然界又是自然界的一部分，这是无可争辩的事实，人类在多大程度上利用自然规律或者科学技术改造了自然界，也就意味着在多大程度上改造了自身，而且朝着与大自然渐行渐远的方向走去，越来越远离那个"自在的自然"与"感性的自然"，误以为在人化的自然中作为主体的人可以为所欲为。这也是为什么人类发展到现在一谈生活方式好像就跟自然没什么关系似的，这个前提基础已被忽略。

二 生活方式的基本论域：研究基础、制约因素与表现形式

马克思恩格斯在《德意志意识形态》中对生活方式作了唯物主义阐释："人们用以生产自己的生活资料的方式，首先取决于他们已有的和需要再生产的生活资料本身的特性。这种生产方式不应当只从它是个人肉体存在的再生产这方面加以考察。更确切地说，它是这些个人的一定的活动方式，是他们表现自己生命的一定方式、他们的一定的生活方式。个人怎样表现自己的生命，他们自己就是怎样。因此，他们是什么样的，这同他们的生产是一致的——既和他们生产什么一致，又和他们怎样生产一致。因而，个人是什么样的，这取决于他们进行生产的物质条件。"③这段话明确指出生活方式是指人们是怎么表现自己生活的，生活方式范畴是对社会生活现象的反映，是对人类生活活动形式的概括。因为每个人表现自己生命的方式是不一样的，他们的生活方式也就不一样，并且还受很多主客观因素的制约。要考察马克思恩格斯关于生活方式理论的论域，除了要弄清楚生活方式的范畴、变迁规律、分类、主要表现形式等，还必须要先厘清马克思恩格斯对于生产方式和生活方式关系的论述，具体可以做如下解读。

---

① 《马克思恩格斯文集》（第8卷），人民出版社，2009，第198页。
② 《马克思恩格斯文集》（第5卷），人民出版社，2009，第579页。
③ 《马克思恩格斯文集》（第1卷），人民出版社，2009，第519~520页。

（一）明确马克思恩格斯关于生活方式要考察的内容

马克思恩格斯在分析生活方式时多是将其与生产方式、工人阶级或者劳动相结合，有些学者就认为在马克思恩格斯的著作中把生活方式作为衡量社会定位或阶级的标志，严格来说这种说法不够严谨，只能说在社会地位或者阶级区分的表现上，资产阶级与工人阶级、无产阶级在生活方式方面差别确实很大，这种差别更多表现在他们的消费行为与身份塑造上，毕竟即使处于同一个社会发展阶段，由于社会财富、家庭地位以及社会分工的不同，不同阶级的生活方式必然不同，可以从生活方式上区分出是资产阶级还是工人阶级，但即使是处于同一个社会发展阶段同一个阶级的人他们的生活方式也会有所不同。这种说法产生的原因可能更多的是马克思恩格斯之后的学者仅看到马克思恩格斯关于生活方式论述的表象而未触及本质，随后被沿袭下来的一种解读，这种解读并不是本书要重点考察的内容。

除此之外，在马克思的日常用语中"生活方式"更多的是表示生活习惯，如他说自己女儿杜西"由于任性的生活方式，胃功能完全遭到破坏，神经系统极度衰弱"[1]，描述自己的状态"我过去那种非常好动的整个生活方式完全被剥夺了，动笔写字尤其困难"[2]，他在1886年2月9日写给劳·拉法格的信中祝杰维尔新婚幸福时说，"他一旦按新的生活方式安顿了下来，他会成为一个最好的和最幸福的丈夫"[3]……当然，这个范畴很明显也不是本书所要考察的。

马克思恩格斯所阐述的生活方式最终回答的问题是人们"怎样生活"的问题，是人们表现自己生命的一种方式，其主体具有属人性，既指现实的个人，也包含了生活的共同体。很多学者试图将生活方式的表现形式进行分类，如从生活活动的主体角度出发进行分类、依据生活活动领域进行分类、依据行为特点进行分类等，这里并不是否定这些分类，而是认为这些分类忽略了马克思恩格斯关于人的本质的论述和"生命的生产"。本书所要整体考察的是关于生活方式的范畴，生活方式是受什么制约的，其形成因素是什么，与生产方式又是什么关系，其演变有何规律，而最终的目标是什么，以及这表象背后的本质是什么，等等。

---

[1] 《马克思恩格斯全集》（第35卷），人民出版社，1971，第209页。
[2] 《马克思恩格斯全集》（第36卷），人民出版社，1975，第214页。
[3] 《马克思恩格斯全集》（第36卷），人民出版社，1975，第434页。

（二）生活方式的研究基础

从前文对于马克思恩格斯生活方式范畴的阐释中可以得知，既然广义的生活方式是对人类生活活动形式的概括，那么要想了解人类生活活动形式就必须先弄清楚人类社会的历史过程。

除去先于人类存在的大自然，"全部人类历史的第一个前提无疑是有生命的个人的存在"①，而维持人类生命的存在和延续必须能够生活，就需要生产满足人类"吃喝住穿以及其他一些东西"，也就是"生产物质生活本身"②，这似乎是一个不证自明的问题，为了能够生活我们首先要生产满足自身生存所需的资料，然后才能从事其他事情，但是在如今的现实中这一问题很容易被忽略。

物质生产是一个复杂的过程，在满足人类生存所需的一切后人类又会产生新的需要，新的需要推动着生产系统的发展。由此进入人类历史发展过程的第三种关系——"两种生产"，一是生活资料的生产，二是人自身的生产，包括生产自己的生命和繁殖。起初人自身的生产所形成的家庭是"唯一的社会关系，后来，当需要的增长产生了新的社会关系而人口的增多又产生了新的需要的时候，这种家庭便成为从属的关系了"③，新的社会关系的全面性是随着全面生产而发展的。虽然对于家庭在人类历史的发展阶段从支配地位到从属关系已经说得很明确，但是也不能就此忽略家庭在生活中的地位和作用，它作为人们生活方式的外化表现，可从中看到人的生活样式以及价值观念，如我们现代的"丁克家庭""两头婚"等新型家庭形式。这种外化还呈现两重关系"一方面是自然关系，另一方面是社会关系"④，其中的社会关系是指一种共同体生活的共同劳动，它超越了社会条件、生活形式和生活目的，形成了一个十分复杂的社会关系系统。虽说如此，但是什么样的社会关系可以反映人的现实生活？这种社会关系是否合理？我们是否可以从中获得生活方式从"实然"走向"应然"的途径？这就需要进一步深入探讨了。

我们再回过头来看马克思恩格斯对生活方式的论述，虽然在他们的著作中

---

① 《马克思恩格斯文集》（第1卷），人民出版社，2009，第519页。
② 《马克思恩格斯文集》（第1卷），人民出版社，2009，第531页。
③ 《马克思恩格斯文集》（第1卷），人民出版社，2009，第532页。
④ 《马克思恩格斯文集》（第1卷），人民出版社，2009，第532页。

并没有给生活方式下一个明确、直接的定义,却深刻地说明了其内容、影响因素与变迁规律。既然生活方式回答的是人"怎样生活"这个大问题,那么其主体自然是现实中的人,而生活的前提是生存,这自然就少不了生存环境与生活资料。人获得生活资料的程度和形式,以及在此过程中所产生的新的需要和社会关系,也就是说,生产力的发展是使社会发生各种变化的推动因素,可以引起生产关系的变化,而通过生产关系,又可以引起其他社会关系的变革,并导致人类的生活活动发生相应的变化。

(三)生活方式的制约因素

如果从绿色生活方式的理论基础探寻其形成,就要追溯到马克思恩格斯对于生活方式的论述。马克思恩格斯的相关理论从一开始关注的核心就是人的问题,而生活方式是反映人以什么方式生活、以什么形式表现生活的一个综合性范畴。要了解生活方式的形成,必须深究以下三个问题。一是生活方式的内在要素,即人生存的自然环境、作为生活主体的人(包含人的意识和各种社会关系)、满足人生存和生活的生活资料,以及促进以上要素的渗透性要素。其中生活主体是指"现实的人",可以是个人也可以是群体,更可以是一个生活共同体;生活资料是指主体生活中一切物质资料和精神资料的总和,是生活方式的基础,也是衡量生活方式的标准,也在一定程度上表现为生活方式的外化形式,用于衡量某种生活方式的属性或者主要内涵的形成的时代基础;渗透性要素是指影响生活方式各种要素的总和,比如时间(时代)、空间、社会条件等。马克思曾明确阐述不同社会条件下的生活方式也各不相同。

二是生活方式的变革与制约因素,作为生活主体的人的生活需要促进了生产力的发展,生产力的发展引起了生产关系的变化,两者的变化导致了生产方式的变化,这种生产方式决定着人们的生活方式,毕竟"一定的生产方式或一定的工业阶段始终是与一定的共同活动方式或一定的社会阶段联系着的"[1]。不仅如此,人们的生活方式还跟当时的社会制度有着很大的关系,"一方面受劳动的发展阶段的制约,另一方面受家庭的发展阶段的制约"[2],两者共同起作用,使同处于一个时代一个社会制度下的人们的生活方式也会有所不同,尤其是作

---

[1] 《马克思恩格斯文集》(第1卷),人民出版社,2009,第532页。
[2] 《马克思恩格斯文集》(第4卷),人民出版社,2009,第16页。

为人类生存和发展基础的物质生活，其生产方式会"制约着整个社会生活、政治生活和精神生活的过程"①。由此可以看出，生活方式的制约因素与每个历史时代的生产方式、社会制度以及社会发展阶段有关，除此之外，还有一个特别重要的因素，即科学技术的发展，因为"科学的应用、机器的发明必然引起生产方式的改变，从而引起生产关系和社会关系的改变，最终会引起工人生活方式的改变"②。归根到底，生活方式的性质是由生产方式所决定，并受到社会发展阶段的影响和经济条件的制约。

三是生活方式的核心问题是对人与自然、人与人、人与社会之间关系的处理。由此我们便可以打开研究生活方式的内涵和形成规律的大门。

（四）生活方式的主要表现形式

如果说将人生存的自然环境和生活资料作为生活活动条件，将人作为生活活动主体，那么还需要说明作为生活活动条件和生活活动主体相互作用所呈现的形式和结果，也就是生活活动形式，即生活方式的表现形式。具体而言，生活方式的主要表现形式可以分为劳动与闲暇生活、消费生活、交往方式、家庭生活等。

恩格斯早就言明："劳动是整个人类生活的第一个基本条件……劳动创造了人本身。"③因此，劳动作为人与自然的能量交换，两者"在一起才是一切财富的源泉，自然界为劳动提供材料，劳动把材料转变为财富"④，其如何劳动、劳动成果的价值如何衡量又如何分配等一系列问题都反映人们的生活，是生活方式最直接的表现形式之一，而劳动本身的意义并非限于谋生，而是"本身成了生活的第一需要"⑤。最重要的是这个转变的过程还需要一个关键因素，即时间，"时间实际上是人的积极存在，它不仅是人的生命的尺度，而且是人的发展的空间"⑥。其中包含了两层含义：一是作为主体的人的生命时间；二是时间不仅是人类凭借劳动创造生活资料的保障，还是人类实现自由而全

---

① 《马克思恩格斯文集》（第2卷），人民出版社，2009，第591页。
② 《马克思恩格斯文集》（第8卷），人民出版社，2009，第3页。
③ 《马克思恩格斯文集》（第9卷），人民出版社，2009，第550页。
④ 《马克思恩格斯文集》（第9卷），人民出版社，2009，第550页。
⑤ 《马克思恩格斯文集》（第3卷），人民出版社，2009，第435页。
⑥ 《马克思恩格斯全集》（第37卷）（第2版），人民出版社，2019，第161页。

面发展的空间。也有学者直接将这个时间分为维生时间和闲暇时间,[1]即大众所理解的工作时间和闲暇时间。因此,无论是延长劳动时间还是剥夺人类的闲暇时间都不能使人类更好生活,尤其是复杂的劳动更需要时间进行知识的积累,毕竟很多复杂的劳动以及使人更好生活的技能都需要耗费时间去学习,而享受生活的闲暇时间就意味着减少劳动时间,反之亦然,两者不能分开论述。

对于生产和消费的关系,马克思已经说得很清楚,"生产直接是消费,消费直接是生产"[2],然而,"这种直接统一,并不排斥它们直接是两个东西"[3],但从另一个方面再次说明生产的重要性,两者最终都指向人的生活。生产方式和生活方式有诸多不同,但是生活方式的很多方面还是由生产方式决定的,比较显著的表现就是消费,因为"生产为消费创造的不只是对象"[4],还"创造消费者"[5],并"给予消费以消费的规定性、消费的性质,使消费得以完成"[6]。这就给本书此后的章节批判大量生产—大量消费—大量废弃的生活方式打下了基础。

"在再生产的行为本身中,不但客观条件改变着,例如乡村变为城市,荒野变为开垦地等等,而且生产者也改变着,他炼出新的品质,通过生产而发展和改造着自身,造成新的力量和新的观念,造成新的交往方式,新的需要和新的语言"[7]。所以,依据马克思恩格斯对生活方式的论述,在社会关系中,交往方式最能体现出人与人的关系是否和谐以及个人是什么样的。

家庭,即以生产为目的的社会结合的最简单和最初的形式,即使退居二线依然在我们生活中占据很重要的位置,是除了个人以外最能表现生活方式的一个单位了。不仅是自身的生活消费,社会的发展也使整个家庭原本没有的消费也变多了,如马克思曾经谈到家庭本身的自由劳动因资本的逐利性变成了强制性的劳动,被延长的劳动时间使人们无法继续从事家庭劳动,主要体现在一是

---

[1] 吴文新:《闲暇、自由和休闲——从马克思"工作日"理论看休闲的内容和必然性》,《毛泽东邓小平理论研究》2005年第9期,第76页。
[2] 《马克思恩格斯文集》(第8卷),人民出版社,2009,第15页。
[3] 《马克思恩格斯文集》(第8卷),人民出版社,2009,第15页。
[4] 《马克思恩格斯文集》(第8卷),人民出版社,2009,第16页。
[5] 《马克思恩格斯文集》(第8卷),人民出版社,2009,第16页。
[6] 《马克思恩格斯文集》(第8卷),人民出版社,2009,第16页。
[7] 《马克思恩格斯文集》(第8卷),人民出版社,2009,第145页。

家庭产品的修复变成了"必须由购买现成商品来代替"①，从产品到商品的变化，除了促进生产进而促进消费外，更说明了资本的逐利性以及后期家庭走向裂变的原因之一，即从最初产品被商品所替代，到家庭中人与人之间关系被资本所裹挟，人们也变得不愿意再修复感情。二是照顾婴儿和老人等家务事儿也变成了要付给他人工资的活动，不再属于自身的劳动，最终的结果是"工人家庭的生产费用增加了，并且抵消了收入的增加"②，然而延长的劳动的时间占用了闲暇时间，由此，失去了提高自身的可能性，"节省地合理地利用和配制生活资料也不可能了"③。这种替代在一定程度上使人与人之间的关系出现疏离，所谓的"劳动"变得复杂，劳动时间与闲暇时间的分工界限变得模糊，人作为人自身的本质和劳动作为人自身的需要在某些方面被遮掩了。这就是本书要把家庭生活作为生活方式的表现形式之一的原因了。

三 马克思恩格斯对资本主义生活方式的现实考察与批判

对于生活方式的考察，恩格斯在《英国工人阶级状况》的序言中就已详细地说明了他的考察方法和直接考察对象，因为"只有在英国，才能把无产阶级放在它的一切关系中并从各个方面来加以研究"④，而且对于其中的数据他"同时又以必要的可靠材料补充自己的观察"⑤，毕竟"如果没有工业革命，他们是永远不会脱离这种生活方式的"⑥。因此，这场现实考察的背景不言而喻，考察的主要对象也是工人阶级，当然，也涉及其他阶层，只不过以这个阶层为例来解读工业革命前后人们生活方式的变迁与建构，以此为进路对资本主义生活方式进行批判。

（一）马克思恩格斯对生活方式的现实考察

我们先来看一下工业革命前恩格斯为我们详细描述的那些还没有变成无

---

① 《马克思恩格斯文集》（第5卷），人民出版社，2009，第455页。
② 《马克思恩格斯文集》（第5卷），人民出版社，2009，第455页。
③ 《马克思恩格斯文集》（第5卷），人民出版社，2009，第455页。
④ 《马克思恩格斯文集》（第1卷），人民出版社，2009，第388页。
⑤ 《马克思恩格斯文集》（第1卷），人民出版社，2009，第385页。
⑥ 《马克思恩格斯文集》（第1卷），人民出版社，2009，第390页。

产阶级的人们的生活状况吧。他们那时定居在近郊的农村，呼吸着新鲜的空气，居住环境很"绿色"（这个"绿色"仅代表居住环境，与本书所阐述的新时代绿色生活方式中的"绿色"有所不同），使用的生产工具还不是机器，"纺纱和织布都是在工人家里进行的"[1]，"靠自己挣的钱能生活得不错"[2]，市场就在本地，由于工人之间住得比较分散，竞争也不激烈。他们还有空闲的时间种地，即使种地可能只有很少收益，但是他们的"空闲的时间，他们愿意有多少就有多少"[3]，有闲暇的时间不仅可以参加娱乐活动，还可以在自己的土地上做一些有益的工作，"这种工作本身对他们就是一种休息"[4]，至于他们的社会地位，也要"比现在的英国工人要高一等"，"他们极其虔诚、受人尊敬"[5]。这一切看上去是很美好的，却只是他们生活中看上去的那一面，一旦与外界产生联系，他们的"生活方式和思想方法与现在德国某些地方的工人是一样的，闭关自守，与世隔绝，没有精神活动，在他们的生活环境中没有激烈的波动……他们的精神生活是死气沉沉的……对外面席卷了全人类的强大运动一无所知"[6]。直到1764年詹姆斯·哈格里沃斯发明了珍妮纺纱机，工人的状况发生了根本变化，机器劳动在英国工业的各主要部门战胜了手工劳动，由此，"'机械发明'，它引起'生产方式上的改变'，并且由此引起生产关系上的改变，因而引起社会关系上的改变，'并且归根到底'引起'工人的生活方式上'的改变"[7]。

　　具体而言，工人阶级的生活方式变成了什么样子呢？除去衣食住行的变化，工人不仅被机器生产排挤，还被工厂主排挤。他们的住所也开始从农村换到方便工作的地方，"人口也像资本一样集中起来"，因为"大工业企业要求许多工人在一个建筑物里共同劳动"[8]，而最终连最基本的生活资料都缺乏，这被恩格斯称为"隐蔽的、阴险的谋杀"[9]，也就是工人连最基本的生存权也被剥夺

---

[1]《马克思恩格斯文集》（第1卷），人民出版社，2009，第388页。
[2]《马克思恩格斯文集》（第1卷），人民出版社，2009，第388页。
[3]《马克思恩格斯文集》（第1卷），人民出版社，2009，第389页。
[4]《马克思恩格斯文集》（第1卷），人民出版社，2009，第389页。
[5]《马克思恩格斯文集》（第1卷），人民出版社，2009，第389页。
[6]《马克思恩格斯文集》（第1卷），人民出版社，2009，第390页。
[7]《马克思恩格斯文集》（第8卷），人民出版社，2009，第343页。
[8]《马克思恩格斯文集》（第1卷），人民出版社，2009，第406页。
[9]《马克思恩格斯文集》（第1卷），人民出版社，2009，第409页。

了,一个人连生命都无法留住,不能生存在这个世上又何谈生活呢?我们看看这样一个阶级的生活方式吧。一是从居住的环境上,对于赖以生存的大自然的破坏使农民变成工人,失去了原本与自然联系最密切的土地,他们生活在"一切能污染空气的东西都聚集"①的地方,"居民的肺得不到足够的氧气,结果肢体疲劳,精神委靡,生命力减退"②,再加上衣不蔽体和不新鲜、劣质的食物,"肺病是这种生活条件的必然结果"③,除此之外,还有猩红热、伤寒等病,而这种病态还蔓延到了孩子。最后"霍乱、伤寒、天花以及其他流行病的一再发生,使英国资产者懂得了,如果他想使自己以及自己的家人不致成为这些流行病的牺牲品,就必须立即着手改善自己城市的卫生状况"④,资本家想起来人与人之间的关系,意识到他们生活在同一个空间里,共同活动在同一片区域。二是失去了生存保障的工人对自身的生活无法随意支配,从精神上和肉体上的需要来说,他们不得不沉湎酒色。这就是他们唯一的休闲方式,因为"除了纵欲和酗酒,他们的一切享乐都被剥夺了"⑤。他们的劳动更不必说了,"随着资本侵入这里,剩余劳动时间成了对工人精神生活和肉体生活的侵占"⑥,从此"这种生活方式比别的任何生活方式都更使人堕落"⑦。他们的社会地位更是一落千丈,沦落到非人的地步,因为"每一个人都是人,而在资产者的眼中,工人却不完全是人"⑧,丧失了作为人发展的可能性。

恩格斯对导致这种堕落生活方式的诱因进行了分析,"工人颓废堕落的另一个根源是他们的劳动的强制性"⑨,这种强制性成了对工人自身的侮辱,还把妇女与儿童卷了进去。加之还有另外一个原因使"这种颓废堕落现象更加严重,达到无以复加的程度,这就是人口的集中"⑩。这就更不用说其消费无任何发展性可言,以及家庭生活也时刻面临着生命的消逝。

---

① 《马克思恩格斯文集》(第1卷),人民出版社,2009,第410页。
② 《马克思恩格斯文集》(第1卷),人民出版社,2009,第410页。
③ 《马克思恩格斯文集》(第1卷),人民出版社,2009,第411页。
④ 《马克思恩格斯文集》(第1卷),人民出版社,2009,第368页。
⑤ 《马克思恩格斯文集》(第1卷),人民出版社,2009,第411页。
⑥ 《马克思恩格斯全集》(第47卷),人民出版社,1979,第532页。
⑦ 《马克思恩格斯文集》(第1卷),人民出版社,2009,第431页。
⑧ 《马克思恩格斯文集》(第1卷),人民出版社,2009,第438页。
⑨ 《马克思恩格斯文集》(第1卷),人民出版社,2009,第432页。
⑩ 《马克思恩格斯文集》(第1卷),人民出版社,2009,第433页。

（二）马克思恩格斯对资本主义生活方式的揭示与批判

马克思在《资本论》中直接阐明了资本主义的生产方式，与之相适应的是资本主义的生活方式，虽然上文重点考察了工人阶级或者无产阶级的生活方式，但是并没有对其主要环节和主要特征进行阐明。

角田修一经过对《资本论》的深入研究，曾经明确地指出资本主义生活方式的四个环节："1.通过生活资料和服务的商品化而实现的生活过程的市场化；2.以工资劳动为基础的生活方式；3.资本使生活成为盈利对象；4.作为特殊的共同生活方式的城市生活方式。"[①]他还指出这四个环节相互产生并互为前提，并以"以工资劳动为基础的生活方式"[②]为根本的特征。简而言之就是在资本主义社会维持、再生产和实现人的发展的各种"社会物质变换"不再是传统的方式而变成了商品交换的方式，包括上文提到的家务劳动和消费都变成了从以前的"制作什么，从事什么"到现在的"购买什么"，人们的生活被私人占有和消费所统治，这是第一个环节。由此引发的第二个环节就是工人为了购买这些丰富的生活资料只能出卖自己的劳动。即便如此，资本仍不满足，它"破坏这一切并使之不断革命化，摧毁一切阻碍发展生产力、扩大需要、使生产多样化、利用和交换自然力量和精神力量的限制"[③]，它还要把"具有尽可能广泛需要的人生产出来"[④]，于是把具有与大量生产、大量消费相适应的占有欲、享乐主义的人给生产出来了。资本主义的生活方式成为资本逻辑所驾驭的生活方式，所呈现的是一个手段与目的颠倒的世界，这是第三个环节。而第四个环节是在前三个环节的基础上形成的，正如恩格斯所考察的英国工人阶级状况，随着资本的大规模集中带来的生产社会化，需要广大劳动者不得不密集地住在一个狭小的空间里，人口的密集造成需要和服务市场化的增多，竞争也变得更加激烈。由此形成一个循环，而资本主义生活方式的基本矛盾也便凸显出来，即"生产和生活资料的资本化又剥夺了劳动者的生活基础"[⑤]，而这种现象被马克思称为劳动异化。

[①]〔日〕角田修一：《马克思经济学和生活方式》，《经济学译丛》1984年第1期，第9页。
[②]〔日〕角田修一：《马克思经济学和生活方式》，《经济学译丛》1984年第1期，第9页。
[③]《马克思恩格斯文集》（第8卷），人民出版社，2009，第91页。
[④]《马克思恩格斯文集》（第8卷），人民出版社，2009，第90页。
[⑤]〔日〕角田修一：《马克思经济学和生活方式》，《经济学译丛》1984年第1期，第13页。

劳动异化中的劳动很显然不是人的本身需要，仅仅作为维持人生存的手段。在此劳动过程中，人丧失了人的创造性和潜能，"不是肯定自己，而是否定自己"①，遭受着肉体和精神的双重摧残。劳动异化中的人也沦为异化的人，包括"人的类本质……都变成了对人来说是异己的本质"②，处于一种被奴役的状态。被异化的人生产出来的劳动产品不仅"生产出他对作为异己的、敌对的力量的生产对象和生产行为的关系，而且还生产出他人对他的生产和他的产品的关系"③，作为生产者失去了对自己生产产品的支配权，这种支配权被不生产产品的人所占有。那么身处其中的人又是怎样的生存状态呢？也只能说是生存，而不是生活。他们失去了赖以生存的土地和原本可以用于生活的生活资料，受到人化自然外在的束缚，内在的精神也是被压迫的，而且资本的力量使这种异己的力量疯狂扩张，"每一种新产品都是产生相互欺骗和相互掠夺的新的潜在力量"④。那么这种活动和状态便是不自由的，是受他人支配和压制的活动。其最根本的实质是否定了人自由而全面发展的可能性，既不自由也无法全面。

四 马克思恩格斯对未来生活方式的设想与追求

一切危机都需要出口，对于资本主义生活方式批判是人走向自身、占有自身的一个必然阶段。马克思恩格斯对人的终极追求和关怀，最终还要外化出来，体现为人类的生活状态，即生活怎样。当然，马克思恩格斯也设想了"怎样生活"，即对生活方式的回答。

一是建立一种新的社会制度，为人类的生活和发展提供保障。在这个新的社会制度下，阶级被消灭，劳动是每个人本身所必需的，"生活资料、享受资料、发展和表现一切体力和智力所需的资料，都将同等地、愈益充分地交归社会全体成员支配"⑤。这个新的社会制度首先是一种社会形式，是"以每一个个

---

① 《马克思恩格斯文集》（第1卷），人民出版社，2009，第159页。
② 《马克思恩格斯文集》（第1卷），人民出版社，2009，第163页。
③ 《马克思恩格斯文集》（第1卷），人民出版社，2009，第165页。
④ 《马克思恩格斯文集》（第1卷），人民出版社，2009，第223~224页。
⑤ 《马克思恩格斯全集》（第22卷），人民出版社，1965，第243页。

人的全面而自由的发展为基本原则"[1]，不是个别人或一部分人，而是每一个人，且是全面而自由的发展；其次是作为前提条件的经济形态，"在保证社会劳动生产力极高度发展的同时又保证每个生产者个人最全面的发展"[2]，物质和精神丰富成为可能；再次是以生产资料公有制代替私有制，"共产主义革命就是同传统的所有制关系实行最彻底的决裂"[3]，不仅可以把资本主义的各种不良竞争、生存与生态危机等都扫除了，更可以成为人自由而全面发展的基础，使人摆脱异化成为自己的主人和自由人。

二是作为生活主体的人是真正的生活共同体。无论是现实的个人还是共同生活的群体，马克思恩格斯所设想的未来生活方式的主体是一种自由人的联合体，这种联合体也是真正的共同体，是生活共同体，也是命运共同体，"各个人在自己的联合中并通过这种联合获得自己的自由"[4]。不仅如此，只有在这种共同体中，个人才能获得全面的发展，这就是马克思恩格斯所追求的人自由而全面的发展。这样的生活状态，是人"占有自己的全面的本质"[5]，并生产出"个人关系和个人能力的普遍性和全面性"[6]，这种全面是物质的极大丰富和人的综合素质的极大提高，是生产出充分满足全体社会成员的全面生活需要并按需分配，且这种生产是由联合起来的生产者所生产，是"将合理地调节他们和自然之间的物质变换，把它置于他们的共同控制之下，而不让它作为一种盲目的力量来统治自己；靠消耗最小的力量，在最无愧于和最适合于他们的人类本性的条件下来进行这种物质变换"[7]，实现人与自然的真正和解。因此，人与人、人与自然、人与自身才成为真正的命运共同体。

第二节　中华优秀传统文化中的绿色生活智慧

就研究主题而言，既然探讨的是新时代绿色生活方式的建构，那么便离不开我国的特殊国情以及独特的文化基因，因此对于我国优秀传统文化中的生态

---

[1]《马克思恩格斯文集》(第5卷)，人民出版社，2009，第683页。
[2]《马克思恩格斯文集》(第3卷)，人民出版社，2009，第466页。
[3]《马克思恩格斯文集》(第2卷)，人民出版社，2009，第52页。
[4]《马克思恩格斯文集》(第1卷)，人民出版社，2009，第571页。
[5]《马克思恩格斯全集》(第3卷)(第2版)，人民出版社，2002，第303页。
[6]《马克思恩格斯文集》(第8卷)，人民出版社，2009，第56页。
[7]《马克思恩格斯文集》(第7卷)，人民出版社，2009，第928~929页。

思想、消费思想、人生追求、生活理想等方面的考察必不可少。而之所以把绿色生活方式相关的内容分开阐述，主要原因有三：一是因为绿色生活方式的提法虽然源于国外，但在我国20世纪90年代出现首先是因为环境问题，其次才是因为生活方式的问题；二是由于古人对生态和生活方式问题的直接阐述并不多，且多数分散于数量庞大的古籍之中，若是说形成了系统的生活方式理论则太牵强；三是中国古代的生活方式，尤其是田园式的生活方式，即还未遇到如此严重的生态问题的时候并非属于绿色生活方式的一种。至于为何田园式的生活方式并不属于绿色生活方式，本书在此不做详尽论述。

一 生态思想：天、地、人与万物的和谐共生

中国古代的生态思想源于新石器时代的农耕社会，从人对自然的依赖和顺应，演化为人类社会内部的制度建设。不同的思想流派提出了不同的生态思想，其中以儒家的"天人合一"思想和道家的"万物一体，道法自然"的思想为主要代表，经过长期的演变形成了人与自然融为一体，天、地、人与万物和谐共生的区别于西方生态思想的独特生态观。

（一）儒家的"天人合一"思想

最早提出"天人合一"这一命题的是北宋的哲学家张载。他在《正蒙·乾称》中指出："儒者则因明致诚，因诚致明，故天人合一。"[①]这里"天人合一"是指人与自然是一个不可分割的统一体。而在漫长的新石器农耕时代，人类的生存和发展高度依赖于"天时""地利"，认识自然、改造自然的能力较低，与此同时人类社会内部的政治经济结构和血亲宗法制度使人与人之间的关系体现出一种较为自然和谐的状态，二者共同起作用，亦即《序卦传》中所指的"有天地""有万物""有男女"。及至先秦，"天人合一"的观念逐渐摒弃原始宗教的神秘色彩，逐渐走向理性，"人"必须顺应、服从于"天"，遵循自然规律，保持与"天"的一致、和睦、协调，同时也一定程度上保留了原始社会对"天"的敬畏，被"天"所主宰、命定的含义，这种思想反映在人类社会制度的建设上，就产生了"父子""君臣""上下"等与自然相联系的关系和等

---

① 《张横渠集》（二），中华书局，1985，第88页。

级制度。汉代以董仲舒为代表的儒学家则突出强调了"天"与"人"的关系特征，即"天人感应"，"人"存在于宇宙整体之中，只有顺应"天"，认识和遵循"天"，才能使人和人类社会存在、发展和变化。秦汉的"天人合一"思想源自千百年来自然生活的外在感受，宋儒的"天人合一"则是进一步内化的结果，两者相比宋儒将其投射于心灵的道德境界，完成了"天人合一"思想的哲学表达，但却忽略了"天人合一"思想的感性现实面和具体历史性。①总的来说，"天人合一"的发展演化一直伴随中国古代农业文明的演进与传承，经历了一个自外而内，从感性至理性，从现实至抽象的发展过程，及至宋代扩展成为一种人与自然、个体与群体的顺从、适应的协调关系。

在近代工业革命的浪潮之中，西方思想文化中的"天"与"人"主要为一种相互对立的关系，即人对自然的征服甚至奴役，人类在自身发展的过程中认识与改造自然、破坏自然并向自然索取资源为己所用。在这一时期，马克思已经注意到人在不断改造自然的同时需要寻求与自然相互依存、相互转化、相互渗透的发展道路。也就是说，马克思对"天"与"人"关系的探究，不仅是对人作为有机生物体的生物性的存在与人所生存的自然的关系的探究，还是对人心理、感受、需要、精神的自身内在，也就是主体与客体、感性与理性、个人与社会、人的社会属性与自然属性，如何共同存在、发展和变化的过程的探究和认识。

由此可以发现，马克思主义"自然的人化"思想与中国古代"天人合一"思想在后工业时代能够奇妙地走向和谐，人与自然的关系不再是"人"被"天"所主宰，"人"顺从于"天"，也不是"人"对"天"的挑战和破坏，而是"天"与"人"和睦共处的平衡的状态。与此同时，人自身的自然性也受到理性的渗透和积淀，实现"天理"和"人欲"在人的内在世界中的和谐统一。

（二）道家的生态思想：万物一体，道法自然

在中国古代的众多思想流派中，道家思想最贴近于自然，且最崇尚自然。道家思想传承自黄老之学，以"万物一体，道法自然"为道家生态思想中自然关系的外在阐述，万物源自"道"，"道生万物，尊道贵德"被看作道家思想的伦理内核。整个道家的生态思想都围绕着"道"这一万事万物的本源而展开，并

---

① 李泽厚：《中国古代思想史论》，生活·读书·新知三联书店，2017，第295~297页。

将它作为人与万物关系的最终解读。"道生一,一生二,二生三,三生万物"①。在这种世界观之下,"一"直接源自道,既是万物统一性的基础,也是万物产生、发展的最终规律,即万物统一于同样的世界运转规律之下,这是对世界整体性的认识。庄子将这一思想进一步深化和提炼,尤其突出了个体的存在,即人与天地、万物的关系。对此,《齐物论》中有这样的论述"天与人一也","天地与我并生,万物与我为一"。②"一"代表涵盖万物的自然,"万"则是对自然界多样性的概括,是自然界具体事物的构成。人,作为由"一"间接生出的"万物"之一,也受到统一规律的支配。在这样的条件下,"天地""万物"与"我"同样生存在自然之中,遵循同样的发展规律,这是对人自然属性的高度认同。

那么人要如何寻求生存和发展呢?《道德经》提出了"人法地,地法天,天法道,道法自然"③的发展规则,也就是说"天""地""人"所遵循的"道"的终极法则是"自然",是顺应万事万物自身变化的客观规律,尊重其本性,任其自然生长。人在生存和发展的过程中,要充分认识到人生活在天地之中,作为自然界的一部分,应将"万物一体,道法自然"作为其认识和把握世界的基本规律和基本准则,崇尚自然、效法自然与自然万物和谐共存,尊重其存在的权利,遵循其发展规律,与万物共生,顺应自然按自然规律办事,达到人与万物的和谐共存。

这种对于宇宙运行规律的顺从加于人本身,就上升为伦理观,也就是所谓的"道生万物,尊道贵德"。将顺应自然本性上升为顺应人本身的发展规律,尽量少或不做干预,以此来脱离生死、贫富等现实生活中存在的束缚,从而实现绝对的自由,也就是道家所推崇的"无为"。这种思想反映到对待万物的态度上体现为对自身欲望的节制和对物质利用的限制,对于物质利益的追求不能毫无止境,对资源的开发也要尽可能不对自然环境造成破坏,以求获得与万物的平衡,使人类最大限度地实现可持续的发展。

(三)人与天、地、万物以及他人的关系

一个民族的文化精神中最重要的内容莫过于对生命意义的独特理解,究其本质就是对人与天、地、万物以及他人关系的独特认知,这种认知根植于中华

---

① 老子:《道德经》(图文本),徐华注评,凤凰出版社,2019,第110页。
② 《庄子》,孙通海译注,中华书局,2007,第39页。
③ 老子:《道德经》(图文本),徐华注评,凤凰出版社,2019,第64页。

优秀传统文化中,上溯至神农尝百草,继承了先秦诸子的衣钵,经历了儒家、道家的传承,融入百姓的衣食住行,推动形成了中国人的生态思想。中国人强调天人之际、相互感应。这来自古老农耕文明所造就的对自然的特殊亲密感,自农耕文明之始,中华儿女就在同一片土地上耕种养殖,繁衍生息,春耕、夏种、秋收、冬藏,无不顺应自然变化、日月更替,千百年来生生不息,天地万物已经与自己的生活融合为一。因此在中国人的生活中,自然时空不是外在,而是与自身融合的一个整体。这一特点,与西方文化中自然与人主客二元对立的认识论有根本上的差异。由此形成了中国人独特的宇宙观。《中庸》中就有对人和天地的关系的凝练概括:"喜怒哀乐之未发,谓之中;发而皆中节,谓之和。中也者,天下之大本也;和也者,天下之大道也。致中和,天地位焉,万物育焉。"①这里的"中和位育"是儒家思想的核心内涵,费孝通先生将"位育"二字解释为人和自然相互迁就以达到生活的目的。位育是手段,生活是目的。人类必须探索出人与自然长期共存的方式,才能实现人的可持续生存和发展。

在中国人的世界观中,万物皆有灵,神祇精怪无不与人相通,人和自然并不站在对立面,而是相互融合不分彼此,甚至是可以亲密互动的。中国人对于各路神祇的信仰,其实就是与自然万物相处之道的抽象表现。这种对待天地万物的态度,映射到对人与人之间关系的思考,乃至对人自身生死、精神的态度上,就是由对祖先的记忆衍生出的祖先崇拜,又通过对祖先的共同记忆,凝聚成一个个宗族团体,扩大至同一地缘乃至同一信仰、同一文化的社会大网,也就是费孝通先生所说的差序格局。这也正是当今所推崇的"和谐"二字的本源所在。

而今,伴随时代发展的大潮中国迈进了工业化社会,我们远离了农耕,走进了喧嚣的城市,沧海桑田、四时更替、万物荣枯几乎都不再被我们所熟悉,于是我们对天地万物也少了应有的关怀与观察。而今我们倡导绿色生活方式,并不是为了回到"日出而作,日入而息"的农耕时代,而是要探索在后工业时代新的生产生活之中,如何能够延续中华优秀传统文化中的那一丝血脉,使我们能够在马克思主义理论的引领下,更好地与自然、万物、他人乃至我们自己,达成一种"中和位育"的理想生存发展状态。

---

① 《大学·中庸》,王国轩译注,中华书局,2007,第46页。

二 消费思想：适欲节用，崇俭黜奢

消费从人类出现之始，就伴随人类的衣食住行，人类的生存和发展离不开消费，并且随着生产力的提高，商品的流通和交换领域的不断扩大，消费也在不断发展。结合中国社会历史发展的特征，可以从三个方面来分析中国古代的消费的特点：一是自给自足的消费活动；二是崇俭抑奢的消费观念；三是重本抑末、等级森严的消费制度。

（一）自给自足的消费活动

小农经济、自然经济是我国古代主要的经济生产模式，这种模式以家庭为最小的生产单位，生产的主要目的是满足自身及其家庭的消费需要，而不是用于交换。只有在满足了他们的生产生活需要并缴纳了赋税之后，才会有很少的一部分产品用于交换。手工业者虽然是为了交换而生产，但他们也生产自己的生活必需品。这种自然经济是以农业为基础的，农业产出的高低直接影响了消费水平的高低。[1]在生产力低下的古代社会，农业产出主要受自然环境和土地所有制度的影响，这造成了农业生产的抗风险能力极低，一旦遇到自然灾害、土地产权的变动，抑或是战争等破坏社会稳定的因素，农业产出就会急剧下降，人们的消费水平也会相对降低。如果将能够满足丰富生活的消费归纳为四个要素，即丰富多样的生活消费资料、充分且自由的消费选择、稳定且可以长期保持的消费生活、能够保证最低限度的消费水平，并基于这四个要素来衡量消费活动的丰富度、充分性和稳定性，那么，自然经济下自给自足的消费活动既不丰富，也不充分，在遭受自然灾害、土地被掠夺或者是社会动荡的时候，也谈不上稳定。整体来讲，在自然经济下自给自足的消费活动中，人们的消费水平一直比较低下。孟子描述的王道统治下的理想生活也不过是"五十者可以衣帛矣"，"七十者可以食肉矣"。[2]这种仅能满足温饱的生存性消费，并不能进一步满足人们更好、更全面的精神需要、社会需要，使人们更好生活，促进发展性消费。

---

[1] 陈新岗：《古代中国消费思想史》，兵器工业出版社，2005，第2页。
[2]《十三经注疏》，阮元校刻，中华书局，1982，第2666页。

（二）崇俭黜奢的消费观念

崇俭黜奢一直是中国古代主流的消费观念，并且勤俭持家、崇尚节俭的美德一直延续到现代生活之中。在古代社会，崇俭黜奢是统治阶级为延续统治、维持封建社会下自给自足的自然经济的一种工具和手段。崇俭黜奢的最终目的是维持统治，维持统治阶级的消费特权。

统治阶级作为封建社会财富的主要占有者与消费者，是否崇俭黜奢对于其自身乃至整个国家都能够产生极大的影响。在古代历史典籍的描述中，大都将奢侈无度作为亡国的其中一个原因甚至是主要因素，如杜牧在《阿房宫赋》中将秦朝灭亡的原因归结为"秦爱纷奢"，底层群众的劳动生产力难以满足统治阶级的奢侈消费生活，生活困苦，最终推翻了秦朝的统治。因此，崇俭黜奢成为社会普遍承认的消费准则。但也有部分思想家、政治家开创性地提出了通过消费来刺激生产流通，达到繁荣社会经济的目的。如管仲认为，"富者靡之，贫者为之"，因此，"莫善于侈靡"。① 即富者通过消费刺激生产，从而为穷人创造劳动机会。宋代的政治家沈括记载了范仲淹在饥荒时，通过鼓励民间举行竞渡比赛，兴修佛寺等土木工程的方式，为百姓创造工作岗位，度过灾荒的行政措施。"即已恤饥，因之以成民利，此先王之泽也"② 便体现了沈括对这种刺激消费政策的高度赞扬，但在崇俭黜奢的消费观念占主流的情况下，这种思想注定不能在社会上引起足够的重视和认同。

（三）重本抑末，等级森严的消费制度

以农业生产为主的古代社会，财富的增长速度极其缓慢，这就决定了人们节俭的消费方式。统治阶级和下层民众的消费维持着一种平衡，一旦这种平衡被打破，现有统治便会被推翻。由于统治阶层和平民所处的政治与经济环境的不同，崇俭黜奢的思想的传播方式和约束对象也有所不同，仅仅强调"黜奢"并不能够引起全社会的广泛重视，同时必须承认的是人类对物质的追求和欲望是普遍存在的，因此崇俭黜奢的思想并没有，也不可能完全抑制生活中，尤其是统治阶级生活中的奢侈之风。古代的思想家在提倡崇俭黜奢的同时，还希望通过消费制度来

---

① 陈绍闻主编《中国古代经济文选》（第三分册），上海人民出版社，1982，第210页。
② 《梦溪笔谈选译》，李文泽译注，巴蜀书社，1991，第239~240页。

抑制人们的消费欲望，维持社会的运转。由此西汉时期"重本抑末"思想盛行，在生产领域用法律的形式限制奢侈品的生产，在流通领域限制商人贩卖奢侈品。总之，"重本抑末"思想最直接的表现是通过严格的等级制度来限制奢侈品的使用，具体表现为对君臣士庶的衣着、住房、墓葬不遗琐细地加以区分。无论是限制生产、禁止流通还是禁止使用奢侈品，都是出于对男耕女织自然经济形态的维护，都是服从于"重本抑末"这一社会总体经济政策的。①

三　生活智慧：生命价值与人生追求

人如何活？为什么活？活得怎样？中国人将"人生三问"放在对于人与自然、人与生死、人与天地万物的关系的理解之中，凝聚成中国文化的精神，并塑造了中国人的生活方式，赋予了现代中国人以生命价值与生活意义。

（一）对"人生三问"的追寻

古往今来"人生三问"不但未得到解决，还成了一个长远的哲学话题。人只要活着总会问人生的意义是什么这个本无答案的问题，而是否真的"本无答案"，还是说之所以"本无答案"是因为每个人的"路"、每个人的"选择"或者看待人生的"视角"不同而存在多种答案，而恰巧这个世界允许这些不同的存在。正如《周易》所说："天下何思何虑？天下同归而殊途，一致而百虑。天下何思何虑？"②

至于人如何活？为什么活？活得怎样？其答案是由人建构起来的，并不具有固定的"程式、构架、'第一原理'"③。我们从"知其不可为而为之"的精神到"天人合一"的理念，即自然和社会有历史统一性，均与西方的"神人有殊"的两个世界有根本的区别。"为天地立心，为生民立命，为往圣继绝学，为万世开太平"④中的"为天地立心"充分说明了人为天地立心是本体，而非天地为人立心；"立命"更多的是关乎人类共同的命运；"继绝学"是学界较有争议的，一种观点认为基于当时的时代仅指中国传统，还有一种观点认为是"承

---

① 宋超：《中国古代社会传统消费观念剖析》，《河北学刊》1992年第4期，第90页。
② 姬昌：《周易》，宋祚胤注译，岳麓书社，2000，第355页。
③ 李泽厚：《人类学历史本体论》，青岛出版社，2016，第379页。
④ 《张横渠集》（三），中华书局，1985，第168页。

续中外传统"①;而至于"开太平"者,正如李泽厚先生所说,是"为人性建设,内圣外王,'开万世之太平',而情感本体之必需也"②。

具体而言,关于人如何活这个问题,更多的人了解的是那个"既定的必然",即死亡。子路问孔子死是怎么回事?孔子曰:"未知生,焉知死。"③其中就包含了关于"人如何活"的问题,不仅如此,它还有另外两层含义,即我们的人生意义(为什么活)和人生状态(活得怎样)。也就是把"如何活"放在首位,继而"从'活'的路途或者视角,而不是从'死'的路途或视角探寻'活的意义'"④。而在这个活的过程中,人与动物有根本区别马克思早已深刻阐明,我国古代的思想家也指出这种区别的最主要特征就是在于使用和制造工具,正如荀子所说,"假舆马者,非利足也,而致千里;假舟楫者,非能水也,而绝江河。君子生非异也,善假于物也"⑤。

儒家将"人活着"与自然界万物合为一体,给予整个宇宙以温暖和关爱,肯定人的情感和善以及生命的美好,支撑着"人活着",而活得怎样关注的更多的是个体自身的终极关怀和人格理想是否实现。与西方的"罪感文化"不同,儒家更加推崇的是"乐感文化",而且奇怪的是中国人又比较重视现实的生活,章太炎曾说,"国民常性,所察在政事日用,所务在工商耕稼,志尽于有生,语绝于无验"⑥。恩格斯也曾如此评价:"在一切实际事务中——而战争就是极其实际的——中国人远胜过一切东方人。"⑦梁漱溟也评价说"何以怪哉"。正是因为中国人既实际又追求超脱、善于幻想,才有了大同社会的理想。

(二)中国文化精神对中国人生活方式的塑造

生活方式是在生产实践的基础上,通过文化精神观念的引领而形成的。中国文化精神从本质上塑造了现代中国人的生活方式,赋予了现代中国人"统一而又独立"的特点。中国文化精神为中国人回答"人如何活?为什么活?活得

---

① 李泽厚:《人类学历史本体论》,青岛出版社,2016,第382页。
② 李泽厚:《人类学历史本体论》,青岛出版社,2016,第382页。
③ 《论语》,程昌明译注,辽宁民族出版社,1996,第118页。
④ 李泽厚:《人类学历史本体论》,青岛出版社,2016,第385页。
⑤ 荀子:《劝学篇》,张觉、吕佳译评,吉林出版集团有限责任公司,2011,第12页。
⑥ 汤志钧编《章太炎政论选集》(下册),中华书局,1977,第689页。
⑦ 《马克思恩格斯全集》(第16卷)(第2版),人民出版社,2007,第107页。

怎样？"提供了凝聚的核心、实践的基础、历史的底蕴和不断追求发展的可能性。

中华文明五千年一脉相承，从未断绝，是中国文化精神凝聚力的根基。多民族共同创造的中国文化体现了中国精神，更孕育了中华民族共同体，同时中华民族共同体在五千年的发展历程中形成了中国的文化精神，二者具有一体性。中国文化精神的凝聚力推动着现代的中国人能够实现共生共存，形成了基于家庭、地方、志趣乃至共同的文化环境的共同体，最终团结在中华民族共同体的引领下，形成了抵御外界风险的能力。与此同时，中国文化又极具包容性，擅长从其他优秀文化中吸取成长的养料，并将共同体的概念上升至人类命运共同体的高度。

不仅如此，中国人的精神世界和现实生活在根本上具有同一性，这种同一性既体现在对自然万物的理解，对人与自然关系的探索上，也体现在对待生死的态度上。它来源于最初的自然崇拜，存在于"万物有灵""天人合一"的生态思想之中，形成了对"生"的延续与"死"的价值的生死观，延伸到代际传递与人性的关怀之中。因此中国的精神文化能够随着时代一同发展，体现其所处时代的时代精神，能够推动中国人的生活方式的变革，使中国人的生活方式顺应时代的变化。

中国文化精神除了能够标记当下外，更重要的是还能承载历史，"从孔夫子到孙中山，我们应当给以总结，承继这一份珍贵的遗产"[①]，它的存在，在历史中准确地体现了中国人和中华民族共同体的精神状态，标识了中国人发展的过去、现在，同时也指引着中华民族走向未来。因此我们才可以运用从"孔夫子到孙中山"的一系列精神智慧指导当下，以使现代中国人能够继承中国文化精神的内核，并用历史的眼光去反省自身和探索将来。因此，在现代化进程中中国文化精神对于中国人生活方式的塑造，包含了主体内在的观念塑造与外化行为的现实塑造，使现代中国人在追求个体更加丰富的物质生活时，也可以为整体的发展做出贡献，能够不被裹挟于消费主义、享乐主义的大潮之中，更加注重寻找自我、成就他人与实现价值，也能够更好地思考如何活、为什么活、活得怎样，更好地融合观念、塑造行为。

---

① 《毛泽东选集》（第2卷）（第2版），人民出版社，1991，第534页。

四 理想社会：小康社会与大同思想

小康与大同，作为中国传统文化理想中的最高境界，代表了中国古代统治制度的最高生活追求，近代以来，无论是太平天国的朴素的小农阶级的社会理想还是康有为的大同思想，都是中国传统政治理想与西方思想碰撞的火花。今天，小康社会和大同思想作为生活理想，都被赋予了新的时代意义。

"小康"一词最早出自《诗·大雅·民劳》，"民亦劳止，汔可小康"[①]。这里"小康"是指在温饱基础上的安乐。《礼记·礼运》中详细描述了"小康"的状态与表现，既体现在物质基础保证，"货力为己"，所居之地防守坚固，又体现在合理的制度保障使人与人之间的社会关系和谐友爱，尊重人才和个人努力，"以功为己"[②]是仅次于大同社会的人民理想的生活状态。然则，这种"小康"是在阶级社会下，以"礼"为文化核心的一种稳定的统治状态，是以维护封建统治阶级统治为根本目的的，与我们现代的"小康社会"有所不同。经过改革开放40多年的奋斗，我国已经实现了全面建成小康社会的奋斗目标，今天的"小康社会"是对古代"小康"的继承与发扬，其建立基础是生产资料公有制，具有政治、经济、文化全面发展的社会发展目标。

相对于"小康"，《礼记·礼运》中的"大同"更能体现儒家的社会理想："大道之行也，天下为公，选贤与能，讲信修睦，故人不独亲其亲，不独子其子，使老有所终，壮有所用，幼有所长，鳏寡孤独废疾者皆有所养……故外户而不闭，是谓大同。"[③]天下大同的思想是对应小康的思想所提出的，小康社会是可以实现的现实，而大同社会是完全超越了阶级限制的社会理想，代表了人追求彻底解放的需求。"天下大同"的理想作为中国古代儒家文化的两千多年来一脉相承的社会理想，在西方列强打开中国大门之后，与西方思想发生了奇妙的反应。如太平天国后期，洪秀全在《天朝田亩制度》中提出"无处不均匀，无人不饱暖"的理想社会，主张土地、生产资料、生活资料的绝对平均，通过取消商品流通，将资源分配的权力牢牢把握在政府手中的方式，达到人人不受私，物物归上主，实现绝对的公平。这种思想虽然与传统的"天下大同"的理想相近，却又带了一点空想社会主义的意味，与当时的社会发展现状和社

[①] 《十三经注疏》，阮元校刻，中华书局，1982，第547页。
[②] 《十三经注疏》，阮元校刻，中华书局，1982，第1414页。
[③] 《十三经注疏》，阮元校刻，中华书局，1982，第1414页。

会制度是不相符的。

　　康有为的大同思想形成之时，中国已经沦为半殖民地半封建社会。戊戌变法之前，康有为受到早年游历香港见闻的影响，企图通过引进西方的政治制度和社会结构来改造中国，"改良"中国的政治制度，初步孕育了其大同思想。戊戌变法失败之后，他先流亡日本，后又辗转欧美各国，对西方资本主义社会和政治制度有了更深的认识，亲身体验了资本主义制度的弊端，并写下了对近代知识分子影响深远的《大同书》。《大同书》融合了中外思想，在经济方面，构建了一个在生产资料公有制，实现按劳分配和按需分配相结合的计划经济条件下生产高度发达、物质极大丰富的社会。在政治上，康有为提出了人人平等、政治民主的构想，人人享有平等的政治权利，尤其提倡男女平等，女性平等地享有教育权、自主权、政治权和完全的婚姻自主权。这甚至在当时的西方社会都是具有进步意义的。在康有为的大同社会中，没有国家的分别，设立公政府，公政府具有公养、公教、公恤的责任，社会的最小单元是个人而不是家庭，极大地简化了人际关系，让人们有更多的机会提高知识和品德水平，公众文化素质的提高可促使达到人不犯罪、社会和谐的理想状态。

　　康有为的大同思想已经突破了传统的儒家"天下大同"思想的界限，体现出了新的时代气息，我们可以看出康有为的大同思想和社会主义思想的诸多共同之处，我们甚至可以把它归为一种社会主义理想，虽然，他并没有提出一条具体的实现这种理想的路径，但是他启迪了后世中国的革命者探索出一条社会主义道路。马克思主义中国化时代化的过程中，也赋予了"大同社会"新的思想内涵和时代价值，使大同思想作为传承千年的生活理想进一步得到传承和发展。

第三节　西方马克思主义对生活方式的理性批判与现代反思

　　绿色生活方式不仅吸收了马克思恩格斯关于未来生活方式的思想，更是融入了中华优秀传统文化中的生态思想和生活智慧，由于其最初源于西方，在中国的创立也与西方马克思主义对生活方式的理性批判有着一定的渊源。凡勃伦和马克斯·韦伯基于马克思恩格斯关于生活方式的论述，将生活方式作为衡量社会地位的尺度与身份群体的分类，开始从消费角度诠释生活方式，也就是说侧重从人对物质资料的占有和消耗去研究其生活方式，他们指出，随着资本主义的发展物化的、重占有的生活方式以及资本逻辑驾驭的生活方式开始占据人们的生活，对"金钱、荣誉和权力的追求"成了人的精神生活，人变成了单向度的人。虽然说马克思恩格斯描述的工人阶级的生活方式中涉及了其生活环境与生态问题，由于在20世纪初到20世纪60年代就出现了严重的世界公害事件，但没有得到人们足够的重视，自此出现了生活方式的生态学转向。需要说明的是，本节内容主要按照各种流派或者社会思潮及其代表人物的思想进行划分，如西方马克思主义的早期代表人物，如卢卡奇等；法兰克福学派代表人物，如霍克海默、阿多诺、马尔库塞、弗罗姆等；情境主义国际代表人物，如德波等；生态学马克思主义代表人物，如高兹、莱易斯、佩珀等；甚至是后期出现的其他不再属于某一流派的学者，如三浦展等。

一　西方马克思主义的早期代表：卢卡奇对物化生活方式的批判

进入20世纪，生态问题还并未显现出来，但随着资本主义的快速发展和科技的进步，商品拜物教问题成了当时资本主义的一个特有问题[1]，此时商品关系发展到了一定的历史阶段，以卢卡奇为代表的西方马克思主义者开始对这一社会现实进行批判，他提出了一个非常重要的问题："商品交换及其结构性后果在多大程度上能影响整个外部的和内部的社会生活？"[2]而现实是一旦"商品形式占支配地位、对所有生活形式都有决定性影响"[3]。"物化"现象的出现不仅引起了当时人们生活方式、劳动方式的变化，更使生活主体的价值被遮蔽。因此，他试图穿越物化幻想探寻新的生活的可能性，1967年在《历史与阶级意识》的新版序言中宣布，在任何领域都同"属于资产阶级世界的任何机构和生活方式等实行彻底决裂"[4]，克服"物化意识"，培养共产党和共产主义青年的"未被歪曲的阶级意识"。

（一）物化的普遍论天然具有对现实生活的批判性

卢卡奇从商品的普遍流行着手，基于资本主义特有的经济形式直接指出，

---

[1]〔匈〕卢卡奇：《历史与阶级意识》，杜章智、任立、燕宏远译，商务印书馆，2017，第131页。
[2]〔匈〕卢卡奇：《历史与阶级意识》，杜章智、任立、燕宏远译，商务印书馆，2017，第131页。
[3]〔匈〕卢卡奇：《历史与阶级意识》，杜章智、任立、燕宏远译，商务印书馆，2017，第149~150页。
[4]〔匈〕卢卡奇：《历史与阶级意识》，杜章智、任立、燕宏远译，商务印书馆，2017，第6页。

无论是有产阶级还是无产阶级，物化是生活在其中的人面临的必然的、直接的现实，人的生存危机成了重大的时代问题。商品的大量堆积，不仅指具体形态商品的堆积，还指无形的"商品"——工人劳动的商品化、人的商品化的堆积。这种"堆积"不仅表现为"物"的数量化堆积，更表现为作为物化渗透到人的生活的内外部结构，更有甚者"物化结构越来越深入地、注定地、决定性地沉浸入人的意识里"[1]。物化的普遍性渗入人们的生活方式中，具体表现在两个方面。

一是劳动方式变成劳动者"直观"的劳动方式，破坏了"人的人类本性"。资本主义越发展，劳动力随着物化的普遍流行，逐渐变成商品，加之片面的、专门化、"非人性"的畸形分工，原本劳动者的社会生活从整体分解为一片片的碎块，他们的生活和工作被局限在一个很小的格子里或者圈子里，只能看到眼前的、局部的事物，直接体现为"单调""无聊的""完全机械化的"劳动方式，这种物化是直观的。这在如今我们的现实生活中依然存在部分类似情况（虽然社会制度不一样了，却没逃脱这种分工形式），如工厂的那些流水线工人。这种分工在资本主义的官僚统治中，也就意味着他们的"生活方式和劳动方式以及与此有关的还有意识，类似地适应于资本主义经济的一般社会-经济前提"[2]，在客观方面按照所谓的"合理化"处理所有的问题，个人不再是完整的个人，在分工上逐渐沦为机器，导致"工人的劳动力同他的个性相分离，它变成一种物"[3]，直接破坏了人作为人的本性，人被商品化，意味着劳动者在劳动时身体和心灵的分离。尤其是作为人类发展的时间，劳动者的劳动时间也被数量化控制着，数量决定一切，这种数量化是"一种蒙在客体的真正本质之上的物化着的和已物化了的外衣"[4]，意味着人的发展空间的丧失。整体化的生活最终被割裂，人们失去了对整体的想象和判断力，作为生活主体的人也必然变得"机械化"。

二是人与人的关系直接成为物与物的关系，人的价值被物化。资本主义的发展不仅打碎了不可知的"自然"，创造了"人造自然"，而且畸形的分工不可能使劳动者随意、充分地发挥他们的个性和积极性，导致他们的意识变

---

[1] 〔匈〕卢卡奇：《历史与阶级意识》，杜章智、任立、燕宏远译，商务印书馆，2017，第141页。
[2] 〔匈〕卢卡奇：《历史与阶级意识》，杜章智、任立、燕宏远译，商务印书馆，2017，第146页。
[3] 〔匈〕卢卡奇：《历史与阶级意识》，杜章智、任立、燕宏远译，商务印书馆，2017，第147页。
[4] 〔匈〕卢卡奇：《历史与阶级意识》，杜章智、任立、燕宏远译，商务印书馆，2017，第225页。

成了空洞的东西，继而转化成对商品的追求，这种"直接商品关系中隐藏的人们相互之间以及人们同满足自己现实需要的真正客体之间的关系逐渐消失得无法察觉和无法辨认了"[1]，被物化的关系成为"物化意识的社会存在的真正代表"[2]，且被资本主义完美掩盖并赋予合理性。人的价值被物化，在可交换的形式上人与物并无区别，作为人的"特性和能力不再同人的有机统一相联系"[3]，人成为原子化、机械化的个人，逐渐丧失了其作为主体的创造性，甚至主体性。

（二）寻找危机的出路：把握"总体意识"以克服"物化意识"

卢卡奇对物化生活方式的批判很是直接，"仅仅无产阶级的存在就是对这种生活方式的批判、否定"[4]，物化是生活在资本主义社会的人们必然面对的现实，也是资本主义社会发展的必然阶段。物化现象的出现使主客体相分离，当劳动者变成劳动力，劳动力成为可以买卖的商品，也就是说作为无产阶级的劳动者自身成为商品，其不仅可能成为资本主义社会商品结构的构筑者，一旦其认识到商品带给他们生存物化，还有可能成为其改变者，产生无产阶级意识。这就是卢卡奇所说的："只有无产阶级的意识才能指出摆脱资本主义危机的出路。"[5] 这里"无产阶级的意识"是其先成为自为的阶级，然后具有"积极作用的阶级意识"，如此才能从"资本主义创造的生活方式的意识形态束缚下解放出来"[6]，而且还有一个非常重要的前提，即不仅不被这种生活方式所影响，还要把它当成动力。

当然，卢卡奇也"辩证地"看待自己指出的这个"出路"，指出这个"出路"的整个过程是漫长且艰苦的。虽然卢卡奇在某些方面夸大了人的主体意识或者观念，有唯心主义倾向，但是他指出作为生活主体的人对自身的认识、对整个社会的认识的改变是社会改变的重要组成部分，作为总体意识或者说是总体力量的无产阶级是同一的"主客体"，是社会发展进程的产物，也是行动的主体。

---

[1]〔匈〕卢卡奇：《历史与阶级意识》，杜章智、任立、燕宏远译，商务印书馆，2017，第141页。
[2]〔匈〕卢卡奇：《历史与阶级意识》，杜章智、任立、燕宏远译，商务印书馆，2017，第141页。
[3]〔匈〕卢卡奇：《历史与阶级意识》，杜章智、任立、燕宏远译，商务印书馆，2017，第148页。
[4]〔匈〕卢卡奇：《历史与阶级意识》，杜章智、任立、燕宏远译，商务印书馆，2017，第124页。
[5]〔匈〕卢卡奇：《历史与阶级意识》，杜章智、任立、燕宏远译，商务印书馆，2017，第124页。
[6]〔匈〕卢卡奇：《历史与阶级意识》，杜章智、任立、燕宏远译，商务印书馆，2017，第315页。

二　法兰克福学派：对占有生活方式的批判与反思

20世纪30年代后，资本主义的快速发展为人们提供了丰富的生活物品，却依然没有逃脱资本逻辑的统治，法兰克福学派的社会批判理论成了批判当时生活方式的理论，而且阿格尔认为"个人自主性的衰落"这一概念是早期垄断资本主义巩固时期（20世纪30年代至60年代初）所特有的。[①] 由此，法兰克福学派学者对生活方式的研究进入对工具理性的批判及对物对人的奴役、人对自然"暴力关系"的批判性的内省阶段。法兰克福学派的霍克海默和阿多诺、马尔库塞和弗罗姆等又分别从文化工业、科技理性、人的单向度化、重生存还是重占有的生活方式选择等角度展开了深度批判。

法兰克福学派进一步发展了卢卡奇的物化理论，不仅是整个工人阶级，还包括其他的主观的人。他们认为卢卡奇描述的"直观"的劳动是被工人所察觉的，而如今资本主义为了发展开启了"隐藏模式"，使那些主观的人以一种不能察觉的异化接受着资本主义发达的生产力和物质的丰裕。霍克海默和阿多诺认为生产过剩的伪欲望就像一种"咒语"一样控制着人们，"即便消费者已经看穿了它们，也不得不去购买它们所推销的产品"[②]，因此时的消费不再是使用商品的使用价值，而是变成了一种占有，甚至为了占有物，人成为物的奴隶。这时的人也成了"单向度的人"，即马尔库塞所说的丧失了否定、批判和追求另一种生活方式能力的人，人与人之间的关系也以竞争、对抗和恐惧为特征。[③] 如此，消费被异化、人性被压抑，消费主义成为新的意识形态，资本逻辑统治着人们的生活，主要体现为对劳动的掠夺、对社会关系的占有，以及对自然的破坏。弗罗姆指出，在工业社会中，占有取向成了人们物质生活的特征，"对金钱、荣誉和权力的追求"成了人的精神生活，"无止境的生产、绝对的自由和完全的幸福这三者是对进步的崇拜这一新宗教的核心"。[④]

---

① 〔加〕本·阿格尔：《西方马克思主义概论》，慎之等译，中国人民大学出版社，1991，第231~232页。
② 〔德〕马克斯·霍克海默、西奥多·阿道尔诺：《启蒙辩证法——哲学断片》，渠敬东、曹卫东译，上海人民出版社，2006，第152页。
③ 〔美〕埃里希·弗罗姆：《占有还是生存——一个新社会的精神基础》，关山译，生活·读书·新知三联书店，1989，第120页。
④ 〔美〕埃里希·弗罗姆：《占有还是生存——一个新社会的精神基础》，关山译，生活·读书·新知三联书店，1989，第1页。

而且为了减少成本，人把"自然界当做建筑材料的来源"①，成了大自然的直接索取者，资本逻辑的逆生态性便体现了出来。

消费异化与资本逻辑的逆生态性的后果远不止于此。弗罗姆认为对待消费异化的态度决定着闲暇的安排，他反问："如果他以抽象的、异化的方式购买消费商品，他怎么能主动地、有意义地打发他的空闲时间呢？"②这时闲暇时间也受到了工业生产的支配，闲暇活动成了"闲暇被动"。很遗憾的是，除去浪漫主义的生活方式救赎论，不摆脱资本主义经济制度的束缚，人们终究无法找到一条走出黑暗的明途。

三　情境主义国际与生态学马克思主义：生活方式的理性批判与转向

当20世纪60年代生态学作为问题学凸显出来时，西方学者在批判消费对生活方式控制的再升级与资本逻辑的基础上，将生活方式与生态学、人的闲暇时间、人的全面发展等方面联系起来。德波认为在当代资本主义社会中，"景观构成了社会上占主导地位的生活的现有模式"③，生活的每个细节几乎都已经异化成了景观。如果说在马克思那里的批判是资本主义生产方式在人的生存方式上已经从存在滑向拥有，那么德波所谓的景观社会则把拥有面向显现，马克思的经济拜物教批判在此时转变为一种景观拜物教批判。德波认为景观对人的统治比资本更甚，在空间和时间上都进行了扩展，不仅支配生产（劳作时间），而且还对生产之外的闲暇时间进行全面控制。人们失去了自己内心真正的需要，无法理解自己的存在和自己的欲望，人际关系也变成一种"景观"，更别提关注人与自然的关系以及内省生命的意义。

鲍德里亚延续了德波对于日常生活异化以及景观社会的批判，他认为"我们处在'消费'控制着整个生活的这样一种境地"④，消费已经不再是人的真实消费，消费的主体也不再是真实的个人，消费的逻辑从外部景观的逻辑变成了更加宽泛的符码逻辑。人与人的关系以及对人的身份的认同成了对符号的认

---

① 〔美〕埃里希·弗罗姆：《占有还是生存——一个新社会的精神基础》，关山译，生活·读书·新知三联书店出版，1989，第3页。
② 〔美〕艾里希·弗洛姆：《健全的社会》，孙恺祥译，贵州人民出版社，1994，第127页。
③ 〔法〕居伊·德波：《景观社会》，张新木译，南京大学出版社，2017，第4页。
④ 〔法〕让·鲍德里亚：《消费社会》，刘成富、全志钢译，南京大学出版社，2014，第6页。

同,消费符号代替了真实的个人,人成了符号的附庸。这种大量消费的前提是大量生产,进而形成大量生产—大量消费—大量废弃的生活方式,从而导致了生态环境的破坏,而且这种使"资本的逻辑得到贯彻的社会也就是驱使人追求片面的扭曲方便性的社会"[①]。

在当代西方马克思主义学界,生态学马克思主义承认马克思著作中的生态思想,有相当一部分生态学马克思主义学者在分析生态危机时,把资本逻辑作为人类生态危机的根本原因,认为不从资本层面上去改变,所有生态环境保护的行为都是徒劳,主要以高兹、奥康纳、莱易斯、福斯特以及岩佐茂等为代表。资本主义仿佛只是创造了人类的工业文明,与生态文明完全相背离。生态问题并非为资本主义社会所独有,而生态危机却是资本逻辑及其价值观的产物。例如岩佐茂就认为在环境问题上,存在着以乌托邦式的为资本逻辑辩护的各色各样的思想与观点,他以"生活的逻辑"替代"资本逻辑"展开了生态批判和生态保护思想研究,提出经济活动要以环境保护优先、注重生产力的质的思想,迫切需要从根本上重新认识发达资本主义国家的大量生产—大量消费—大量废弃的生活方式。为了能使我们的生活方式转变为有益于环境的环保型生活方式,在彻底剖析造成这一生活方式的原因,即大量生产的本质的同时,围绕为什么必须保护自然环境以及应该怎样保护自然环境这些问题开展系统的环境教育也显得极为重要。但是,日本的现状是在这两方面都极为落后。研究环境思想就是要在关注这些问题的同时,去重新认识、改变人的生存方式,把生活方式与人的生存方式联系起来。因此,解决生态危机问题的关键在于把握好资本逻辑,即人如何通过资本这一工具和形式实现人与自然的真正和谐,从而正确处理"资本与自然的关系"。生态学马克思主义学者对资本逻辑的逆生态批判具有一定的深刻性,可对其研究如果仅仅是从意识层面上的强行去除资本价值观的影响,却不去关注怎么实现"资本的自我否定",并且也不体现否定的阶段性,只是过度地锁定在对"资本之恶"的批判上,马克思在所论述"资本的历史使命"这一重要论断就会被忽视。

---

① 〔日〕岩佐茂:《环境的思想:环境保护与马克思主义的结合处》,韩立新、张桂权、刘荣华译,中央编译出版社,1997,第161页。

四 "青年群像"的现实反思:多元化、更好生活方式的争论与选择

20世纪90年代以来,随着科技、社会经济的发展与对生态文明建设的重视,以及各个国家社会制度的完善和发展,人们的生活方式更加自由和多样化,人们对于美好生活的追求与向往使"何为更好的生活方式"的争论更加激烈,出现了更加多元的与个体的特定情境相结合的生活方式,如极简生活方式、休闲生活方式,以及因生态问题广受关注的狭义和广义的绿色生活方式、生态生活方式等。其中极简生活方式早在19世纪就出现了,当时并未引起人们的重视,后来再次成为被热议的一种生活方式,因为人们对"物质可以带来快乐"的观念的质疑,极简生活方式提倡不被消费主义控制,更加关注自由选择、生态意识、个人的内在成长与真实愿望。[①]这种追求背后同时有着非常复杂的生活方式问题,从近年来的"青年群像"中可见一斑。

(一)"青年群像"的背后与生活追问

三浦展的《下流社会:一个新社会阶层的出现》一度成为日本的畅销书,该书用真实的调研素材向大众呈现了一种让人很"丧"的生活状态,且这种很"丧"的生活也在其他国家出现并蔓延。三浦展指出:"年轻一代源源不断加入'下流社会',其最大的特征并不仅仅是低收入,更在于沟通能力、生活能力、工作热情、学习意愿、消费欲望等的全面下降,也可以说是'对全盘人生热情低下'。"[②]这种情况不仅在日本,在我们国家也出现了,日本NHK的一档纪录片——《三和人才市场:中国日结1500日元的年轻人们》,再加上《岂不怀归:三和青年调查》一书,都向我们展示了似乎日本的年轻人和一部分中国的年轻人过着差不多的生活,出现了相似的问题。这部分三和青年多为"90后",最主要的特征是:多数没有身份证(身份证被卖掉)、身背债务、干一天玩三天、在手机上自娱自乐却很少与家人朋友联系、人生没有目标。他们身上缺少生活热情、生活目标以及合理化的人际关系。这是青年群像之一——"三和大神"。

青年群像之二——"隐形贫困人口"。"隐形贫困人口"简称"隐贫",是

[①] D. Leonard-Barton, "Voluntary Simplicity Lifestyles and Energy Conservation," *Journal of Consumer Research* 8 (1981): 243-252.

[②] 〔日〕三浦展:《下流社会:一个新社会阶层的出现》,陆求实、戴铮译,文汇出版社,2007,第2页。

2006年出现但在2018年开始流行起来的网络用语,严格说来不算学术用语,却能很好地说明青年生活质量下滑这一问题。据相关调研,"90后群体平均负债率超过100%,在消费贷款群体中占比达43.48%,以贷养贷用户占比近三成"[1],"从需要到想要"这一转化开始在青年中蔓延开来,也就是说人们的消费对象"从必需品变为必欲品"[2],看似物品丰富,实质上却不知道自己到底想要的是什么,过度消费后并未带来快乐,依然觉得空虚。三浦展认为"随着消费社会进入最终成熟阶段,人们对物质的需求越来越弱,对人际关系的相对充实感的需求却越来越强。因此,人们对物质的看法发生了很大变化,物质在人们的眼里只不过是创造人际关系的手段"[3]。目前这种消费社会的成熟阶段尚未到来,但是这种说法存在不合理之处,与其说是对人际关系的充实感的需求加强,不如说是人们对于精神生活的需求更为重视。

试问这般的"青年群像"如何才能让人们过上美好生活?而回答这个问题之前还必须先要分析"青年群像"形成的原因,原因很复杂,既有时代的因素又有社会、家庭出身、个人选择等多方面的因素。除此之外,人们的生活也出现了很多问题。因此,面对现实生活,什么样的生活才是我们向往的美好生活?什么样的生活方式才是我们这个时代更好的生活方式?又该如何建构与实践?这是我们需要解决的主要问题。

(二)更好生活方式的争论与选择

什么样的生活方式是更好的生活方式呢?或者换一种说法,我们需要什么样的生活方式,又应该拥有什么样的生活方式呢?也就是在我们目前"生活怎样"的现状中寻找"怎样生活",而"怎样生活"的问题实际上是"我们应该成为怎样的人"及"我们的社会应该成为怎样的社会"的问题。关于更好生活方式的争论已经持续了很多年,最早出现的是极简主义生活方式,目前这种生活方式重新引起了学界的关注,如三浦展出版《极简主义者的崛起》一书。其实引起国外对于绿色生活方式的最初阐述的因素与中国的绿色生活方式的出现因素略有不同,国外最初出现绿色生活方式并不是由于生态问题,而是消费问题,无论是倡导极简主义生活方式还是自愿简单的生活方式,都会涉及人与自

---

[1] 杨雄:《"隐形贫困"青年的画像、成因及引导》,《人民论坛》2020年第22期,第123页。
[2] 〔日〕三浦展:《第4消费时代》,马奈译,东方出版社,2014,第72页。
[3] 〔日〕三浦展:《第4消费时代》,马奈译,东方出版社,2014,第161页。

然的关系。约翰·雷恩曾经描述过自愿简单的生活,他认为这首先是一种自觉的状态,自愿简单的拥护者是"放弃个人主义的人;对他们看到的这个日益浪费的世界做出自我反应的人;探求一种比他们在自己充满压力的工作和奢侈生活中发现的更深层次的自我满足感"[1],"自愿""富足""简单"是他们追求的关键词。我国绿色生活方式的兴起确实是由于生态问题,所以很多学者最初将绿色生活方式的内涵归结于环境友好型的生活方式,以至于学界在研究绿色生活方式时更多地偏向生态问题而忽略了人的问题。

近些年来,学界对于主流生活方式的研究,或者说对于更好生活方式的倡导与选择开始转向绿色生活方式,或称生态生活方式、低碳生活方式甚至可持续生活方式。它们是否等同,学界也有不同的看法,但本书认为,绿色生活方式与这些看似相似的生活方式是有所区别的,不仅表现在名称上,更多的是表现为核心内容的不同。我国对绿色生活方式的倡导引起了社会学、心理学、管理学等学科学者的大量研究(当然国外也有),学术成果不可谓不丰富,而至于绿色生活方式是否是人们的主流选择及其建构过程都需要时间的验证,尤其是其科学内涵,有可能随着时代的发展增添新的内容。

---

[1] 〔美〕约翰·雷恩:《自愿简单》,容冰译,中信出版社,2004,第9页。

第二章

新时代绿色生活方式的内涵、目标与功能

　　新时代绿色生活方式是建立在"新时代"的基础上，这个"新时代"主要是从党和国家事业发展的角度来判断，是从党的十八大开始的。要全面理解新时代绿色生活方式内涵的革命性意义，就必须首先内在地把握新时代绿色生活方式的主要内容，厘清"绿色"的核心内涵以区别于其他相似概念，明确"绿色"主体是一个全民参与的生活共同体，明晰其生活目标的层次性和最高追求，其真正目的不是要继续一种可持续的生活而是要过更好的生活，甚至要以马克思所说的以人的自由而全面发展为旨归。正是这样的一种生活方式，可以整合我们生活的价值层面和行动层面，培养我们每一个人创造美好生活的能力，调适和提升人的生活态度和行为，进而促进与美好生活相一致的美好社会的发展，形成良性的生活生态循环。

第一节　新时代绿色生活方式的科学内涵

新时代绿色生活方式所包含的关键词"新时代""绿色""绿色生活方式"表明了其建立基础、价值追求与主体定位、核心概念。作为整体概念的建构，新时代绿色生活方式不仅体现出实践性与渐进性的统一、"生态价值优先，生活价值为主"的价值属性以及"社会主义属性与民族性的统一"的社会属性等方面的特征，还在形成时间上有着科学、合理的规划。

一　"绿色"的解读与生活主体定位

学界对于"绿色"概念的解读其实并不多，多的是对于生态、自然、环境和可持续等的解读，然后就把"绿色"直接与其他领域相连接，如"绿党""绿色经济""绿色政治""绿色农业"等。至于"绿色"本身的定义、价值和追求以及与生活方式相结合后其具体的内涵是什么，在此基础上何为绿色生活方式的"绿色"主体，学界并未进行过多探讨。但可能只有先把这部分厘清才能更好地说明何为绿色生活方式，又该如何建构。

（一）何为"绿色"？

学界对于"绿色"的定义因学科的不同差异较大，但是作为绿色生活方式的底色其有着非常丰富的内容。其一，"绿色"作为一种色彩，是"电磁波作用于人的视网膜产生的视觉结果"，"是最能为人所接受、最平实、最舒服的一种色彩"。[1]这种颜色，是大自然的基本色调，代表了自然，也可以说是代表了环境保护。其二，依据大自然的基本色调，绿色也"象征着和平与生命，使人们联想起春意盎然、万物欣欣向荣的美好图画"[2]，同时代表着希望、安全、生机以及诗意，也就是说绿色本身也是实体，指具体的草木植物，也表示精神家园。其三，随着社会经济的发展，以及社会各界对"绿色发展""绿色经济"

---

[1] 苏祖荣：《森林哲学散论——走近绿色的哲学》，学林出版社，2009，第91页。
[2] 殷京生：《绿色城市》，东南大学出版社，2004，第126页。

的倡导,"绿色"被解读为环保、低碳、高效、和谐,甚至是生态文明。[1]其四,"绿色"还是ecology的象征,"作为自然物的象征,同时与作为劳动运动、社会主义、马克思主义象征的'红(red)'相对照"[2]。由此可知,"绿色"的含义并不局限于一种,而且学者们给出的各种定义多从自身的研究问题出发,并未给出统一的界定。而本书得出的"绿色"内涵也是基于笔者自身的考察,绿色伴随生命的起始与发展,是在赖以生存的自然与生命的需要,以及在生命的"两种生产"过程所引起的新的需要中产生的新的概念,即以上定义的综合体。

(二)如何界定"绿色"主体?

对于新时代绿色生活方式主体的界定,需要从广义的视角去理解"绿色"主体以及其全民性和共同体属性,具体包括三层含义。

一是"绿色"主体认同绿色价值,拥有绿色身份。在现实生活中,"绿色"主体的形成是有条件的,即生存的需要先得到满足,然后才谈得上"绿色"意识或者理念。毕竟物质条件是人的生存和生活所必需的,不然让一个食不果腹、衣不蔽体的人去想与自然的关系、保护环境,以及具有合理化的社会关系,有闲暇的时间学习充分的文化知识,那是不现实的。在如今全面建成小康社会的情况下,不清洁的生活方式依然存在,有学者调研发现有很多农民还在用会污染大气的生活用煤,主要还是由于农民的节俭意识和对经济问题的考量。这就需要明确绿色生活方式中的"绿色"的内容。第一个层面是人生存所必需的,大自然所提供的新鲜的空气、干净的水以及适合人居住的环境等。第二个层面是我们维持生命的"两种生产"所需要的绿色产品,包括自身所需要的放心、安全的食物,舒适的衣物,以及下一代所需要的安全、健康的各种食物等,这些是人类延续的必需品。第三个层面是本该绿色的自然界和绿色产品最终还是需要拥有绿色意识的人进行绿色生产,需要政府制定的相关绿色政策可以顺利实行。第四个层面是每个人的绿色行为,即拥有能被自身认同的绿色身份。

二是"绿色"主体是每一个人,即全民参与。就"绿色"的具体内容而言,没有"绿色"的理念、手段的完善和生活的改善,人便无法成为一个真正

---

[1] 林柏:《探解"绿色化":定位、内涵与基本路径》,《学习与实践》2015年第9期,第71页。

[2] 〔日〕岩佐茂:《环境的思想:环境保护与马克思主义的结合处》,韩立新、张桂权、刘荣华译,中央编译出版社,1997,第5页。

的"绿色"主体。因此,很多学者只能先将环境保护者、绿色生产者、绿色消费者、绿色生活的践行者等作为"绿色"主体。而新时代绿色生活方式的"绿色"主体,从生活的出发点来讲,无论是基于生存需求还是生活需求,我们每个人都是"绿色"主体;在生活过程方面,即从生产到消费以及各个方面,我们每个人也都应该是绿色的主体;从目的来讲,新时代绿色生活方式的最终目的是人的美好生活,其主体也应该是我们每个人。正如马克思恩格斯所设想的共产主义社会一样,每一个人自由而全面的发展,正如中华优秀传统文化中的描述一样,其大同社会最终的受益者也是每一个人。因此,不管是作为个体的现实的人,还是一个群体或者由众多人组成的企业,从理论上讲,都应该是绿色的主体。也就是说"人"在价值上和事实上作为生活的主体都应该是"绿色"的主体,既是"绿色"的实践主体,也是"绿色"的共享主体,自始至终都具有全民参与性。

三是"绿色"主体作为生活共同体,既是生命共同体,也是命运共同体。2020年开始蔓延的疫情足以让人类明白人与自然、人与人之间的共生关系,尤其是病毒的"人传人"再次告诉了人类什么是"共生交往"与"生活共同体"。斐迪南·滕尼斯认为共同体的本质是"现实的和有机的生命"[1],是"持久的和真正的共同生活"[2],这与我国提出的"人与自然是生命共同体"[3]和人类命运共同体以未来人类的福祉为导向目标是一致的,而这"两个共同体"一个是源于生态学的范畴,一个是源于全球环境运动,[4]也与起源于生态危机的绿色生活方式在一定程度上是一致的,最重要的是"人类命运共同体能否在时间上持存下去,完全取决于一种绿色价值理念能否在全球得到共同的构建"[5]。作为新时代绿色生活方式主体的生活共同体目前还未形成真正的共同体,即马克思恩格斯提出的"只有在共同体中,个人才能获得全面发展其才能的手段,也就是说,只有在共同体中才可能有个人自由"[6],进而实现其终

---

[1] 〔德〕斐迪南·滕尼斯:《共同体与社会》,林荣远译,商务印书馆,1999,第52页。
[2] 〔德〕斐迪南·滕尼斯:《共同体与社会》,林荣远译,商务印书馆,1999,第54页。
[3] 习近平:《决胜全面建成小康社会 夺取新时代中国特色社会主义伟大胜利——在中国共产党第十九次全国代表大会上的报告》,人民出版社,2017,第50页。
[4] 迟学芳:《走向生态文明:人类命运共同体和生命共同体的历史和逻辑建构》,《自然辩证法研究》2020年第9期,第108~109页。
[5] 甘绍平:《寻求共同的绿色价值》,《哲学动态》2017年第3期,第8页。
[6] 《马克思恩格斯文集》(第1卷),人民出版社,2009,第571页。

极追求——人自由而全面的发展。

总而言之，从"绿色"所承载的内容来看，我们有权利也有可能选择一种既能解决代际问题，又能使自身过上美好生活的生活方式，这种生活方式的诞生已经建立在第一层的生存基础之上，不再是"并非这里，并非现在，并非是我"[①]的状况。因此，"绿色"+"生活方式"所组成的固定词语——绿色生活方式，所代表的并不是两者相加所组成的一种新的生活方式，而是有其独特的内涵，其发展目标在新时代中更能体现出人们对美好生活的向往。

二 绿色生活方式的学理澄清与核心概念的厘定

对于生活方式的考察，我们"既要努力把握人类宏观的生活条件，又要努力去把握人们自己关于'怎样生活'的主观意愿和价值选择"[②]，而对于绿色生活方式的概念，需要解释的问题还有很多，比如何为真正的绿色生活方式？如何澄清绿色生活方式的四种认识误区？其核心又是什么？

（一）绿色生活方式的学理澄清

在局外人看来，美国生态村的生活是一种刻意而机械的体验方式，[③]那么我国绿色生活方式是否也存在相似或者更甚的问题呢？这个答案在学界存在着争议，具体而言以下四种误区亟待学理澄明。

第一，绿色生活方式是"欲望节制论""自由剥夺论"的学理谬误。有论断认为我国的新时代绿色生活方式是一种被迫的生活方式，阻碍了人们的更多选择，即让人们为了人与自然之间的和谐放弃享受前工业文明所带来的便利以及现如今的现代化的成果。这实际上是一种错误的论调，既没有真正理解马克思的"每个人的自由发展是一切人的自由发展的条件"[④]，反而被消费主义充斥头脑，人们的消费对象"从必需品变为必欲品"，也没有认清真正的绿色生活

---

① 〔德〕哈拉尔德·韦尔策尔、汉斯-格奥尔格·泽弗纳、达娜·吉泽克主编《气候风暴：气候变化的社会现实与终极关怀》，金海民等译，中央编译出版社，2013，第151页。
② 王雅林：《人类生活方式的前景》，中国社会科学出版社，1997，第3页。
③ Tendai Chitewere, Constructing a Green Lifestyle: Consumption and Environmentalism in an Ecovillage (Ph. D. diss., State University of New York at Binghamton, 2006).
④ 《马克思恩格斯文集》（第2卷），人民出版社，2009，第53页。

是人们自觉选择的、适合他们价值与意愿的生活方式，不是要求人们去过一模一样的生活，更不是强行地遏制人的欲望和选择权，让人们去过"苦行僧"般的日子。除此之外，这种论调更间接地否定了新时代背景下的绿色生活方式实现的可能性和人们对美好生活的向往。

第二，绿色生活方式与传统生活方式脱离的"割裂说"学理误区。马克思恩格斯指出："一定的生产方式或一定的工业阶段始终是与一定的共同活动方式或一定的社会阶段联系着的。"①自20世纪90年代出现的绿色生活方式，并未脱离我国现代化的发展进程，无论是其与传统生活方式或者与学界提出的其他生活方式之间的历史延续性、时代特征相似性还是其本身的内在生成性都需要我们在正确把握和理解其真正内涵的基础上评判，不夸大其社会功能和价值意蕴，找到具体的问题指向与形成、发展基础，而不是一味地否定或夸大其出场的意义，强行曲解其超越性，进而得出"割裂说"。

第三，绿色生活方式是"回归田园"生活方式的倒退，即"回归论""倒退论"的片面论断。绿色生活方式的出场从发展脉络来讲起源于生态问题，但又不局限于对于环境问题的关心和改善，而是随着社会经济的发展、生活水平的提高、生活观念的改变、社会的可持续发展以及生态环境保护理念的贯彻而产生的，是多方面的综合因素。因此，这种论调只是对狭义层面"绿色"的解读或者对狭义的"绿色生活方式"进行了片面理解。真正的绿色生活方式绝不是让人们放弃工业文明所取得的成果直接"回归"田园过"原始的生活"。

第四，将生活方式"绿色化"等同于生活方式"绿化"的概念误区。就核心概念而言，两者有着本质的不同，"绿化"是指栽种绿色植物从而改善环境的行为或者行动；"绿色化"是一种全新的发展方式，主要体现在"生产方式、生活方式、制度体系、思想意识等各个层面"②，尤其是2015年《中共中央　国务院关于加快推进生态文明建设的意见》明确提出，要协同推进新型工业化、信息化、城镇化、农业现代化和绿色化，将"四化同步"发展为"五化协同"。因此，有学者将"绿色化"定位为"绿色现代化"③，更重要的是"绿色化是政治，也是民生"④。

---

① 《马克思恩格斯文集》(第1卷)，人民出版社，2009，第532页。
② 柏林：《深刻认识绿色化的内涵与特征》，《人民日报》2015年8月25日，第7版。
③ 林柏：《探解"绿色化"：定位、内涵与基本路径》，《学习与实践》2015年第9期，第71页。
④ 刘士国：《绿色化与我国民法典编纂》，《社会科学》2017年第9期，第101页。

（二）绿色生活方式的核心概念的厘定

学界对于绿色生活方式的定义繁多，总结起来可以分为两类，即狭义的绿色生活方式和广义的绿色生活方式，其交叉点是环境友好型的生活方式。"绿色生活方式"="绿色"+"生活方式"（并且其中的绿色也是狭义的），还是说两者结合后有其广义的定义？这才是本书所要厘清的内容。但是无论是狭义的还是广义的绿色生活方式，建立绿色生活方式都有两大前提：一是基本生活问题的解决，二是绿色意识的兴起。[①]毕竟让一个连生存问题都没解决的人去选择绿色生活方式，有些强人所难，而生活问题解决了，因缺乏绿色意识过着消费无度的生活也不能称为绿色生活方式，哪怕是狭义的绿色生活方式。

对于"绿色生活方式"="绿色"+"生活方式"这种主张，我们可以将其理解为狭义的绿色生活方式，本书不给予严厉的批判只加以纠正，因为这种主张起码是对生活方式的有益倡导，也是目前大部分人所认为的绿色生活方式的定义。纵然我们从马克思恩格斯那里就开始看到对资本主义生活方式的批判，尤其是之后展开的对非绿色生活方式的批判，在这里需要声明的是本书不是批判我们不选择绿色生活方式，而是批判我们的绿色生活方式是有限的，是遮遮掩掩的、躲躲闪闪的，是一种出于主观意识的、有选择性的、自己舒服的，并且以此来赋予自己的行为以正当性，而且似乎这样的"正当性"是道义的、应该的、公平的。总的来看，目前学界所认为的绿色生活方式是指人类在环境友好和个性自由基础上的生产、生活模式，以环境保护、资源节约、绿色消费为特征，最终希望达到人与人、人与自然、人与社会高度和谐的一种可持续发展的生活方式，也在一定程度上符合马克思所说的"自由"以及"合理地调节他们和自然之间的物质变换"，"靠消耗最小的力量，在最无愧于和最适合于他们的人类本性的条件下来进行这种物质变换"，[②]但依然存在上文所提及的四种误区亟待厘清。

真正的绿色生活方式并非一种刻意而机械地让人体验一时的生活方式，也不是剥夺人选择其他生活方式的自由，更不是与以往生活方式的直接断裂让

---

① 洪大用：《绿色生活：冬天里的畅想》，《绿叶》2009年第2期，第73页。
② 《马克思恩格斯文集》（第7卷），人民出版社，2009，第928~929页。

人类回到"原始绿色"的倒退的生活方式，而是在尽量满足人们生活需求的基础上，真正认识到人与自然的辩证关系，具有"生态价值优先，生活价值为主"的价值属性、"社会主义属性与民族性相统一"的社会属性，以个性与社会性相统一、实践性与渐进性相统一为特征，可以表现出不同群体和社会结构的差异性，以绿色化的劳动生活方式与闲暇生活、绿色消费方式、全面介入与合理化的交往生活方式、绿色化与多样化的家庭生活方式等为主要表现形式，以唤醒对人的生命价值的尊重、安全和健康的生活为基本前提，以实现美好生活为阶段性的社会发展目标，最终实现人自由而全面发展的一种新的生活方式。

三 新时代绿色生活方式的建立基础与形成时间规划

既然绿色生活方式的核心概念已经厘清，那么新时代绿色生活方式与之前的绿色生活方式有何不同呢？这就要从其建立基础与形成时间规划等方面进行阐述了。

（一）新时代绿色生活方式的建立基础

从名称上就可得知，新时代绿色生活方式是建立在新时代的基础上，这个"新时代"前文中已经提到，在这里还是有必要进行重述。

第一，这个"新时代"主要是从党和国家事业发展的角度来判断，不是历史学上的时代划分概念，是从党的十八大开始的，即新时代绿色生活方式的建立基础和开启时间是党的十八大。

第二，这个新时代的实践主题是"决胜全面建成小康社会、进而全面建设社会主义现代化强国"，是"全国各族人民团结奋斗、不断创造美好生活、逐步实现全体人民共同富裕的时代"。[1]这不仅是对我国社会主义现代化建设新的发展阶段与新的目标的定位，更是凸显了新时代的全民参与性与以人民为中心，是"全国各族人民"，不是一部分人，这与新时代绿色生活方式的绿色主体是一致的。新的历史方位与发展阶段表现在现实中具体为：其一，物质财富

---

[1] 《决胜全面建成小康社会 夺取新时代中国特色社会主义伟大胜利——习近平同志代表第十八届中央委员会向大会作的报告摘登》，《人民日报》2017年10月19日，第4版。

的积累达到一个质的飞跃,如今已经全面建成小康社会,其中的"小康"讲的是发展水平,"全面"讲的是发展的平衡性、协调性、可持续性,以及覆盖的区域、人口要全面,也就是说,小康社会具有可持续性和全面性,新时代绿色生活方式建构的经济基础是稳定的;其二,物质的满足是我国已经进入实现强起来的时代的标志之一,明确了"我国社会主要矛盾已经转化为人民日益增长的美好生活需要和不平衡不充分的发展之间的矛盾"[1],社会生产的变革使建立在以往物质匮乏基础上的人的思维方式、生活方式等都产生了变化,尤其是信息革命创造了人类生活的新空间,在"虚拟的世界"与"现实的世界"中人与人的关系发生了巨大的变化。

第三,这个新时代还具有民族性和世界性,即"是全体中华儿女勠力同心、奋力实现中华民族伟大复兴中国梦的时代,是我国日益走近世界舞台中央、不断为人类作出更大贡献的时代"[2]。中国作为负责任的大国,凭借中国精神为世界贡献中国智慧、中国力量,也是开启新时代绿色生活方式的一个重要基础,毕竟相比其他问题,全球环境问题和代际传递问题才是人类长久发展迫切需要解决的问题,且新时代绿色生活方式的主体是生活共同体,更是一个命运共同体。依托大数据互联网等新一代信息技术的新时代是一个共享时代,这个时代使世界上人类的联合成为可能,也为真正"自由人的联合体"提供了可能。

如此可知,新时代绿色生活方式的建构不是凭空想象的,而是具有一定的经济基础、制度保障、群众基础和责任担当的,这也是实现人民对美好生活向往的现实途径。

(二)新时代绿色生活方式的形成时间规划

从时间和空间这两个方面来看,新时代绿色生活方式是在"自然、食品和农业,甚至包括健康、新鲜等都被重新界定,从根本上加以重组和重塑,以服

---

[1] 《决胜全面建成小康社会 夺取新时代中国特色社会主义伟大胜利——习近平同志代表第十八届中央委员会向大会作的报告摘登》,《人民日报》2017年10月19日,第4版。
[2] 《决胜全面建成小康社会 夺取新时代中国特色社会主义伟大胜利——习近平同志代表第十八届中央委员会向大会作的报告摘登》,《人民日报》2017年10月19日,第4版。

从于不同食品帝国的具体原理"①的社会中所建立的,那么其不仅仅是建立在新时代这个时间和发展程度上,更是建立在新的生活理念与新的发展理念的基础上。这个基础不仅可以保障人们生存以及人们的健康及美好的生活,更是朝着使每一个人都能呼吸上健康的空气、喝上健康的水、吃上健康与新鲜的食物等方向发展。由此可见,新时代绿色生活方式是对最基本的生活有所要求的生活方式,这个"绿色"是代表自然、生命、生机与希望的绿色,而不仅仅代表环保。

新时代绿色生活方式的形成时间是与我国的国家发展战略相一致的。基于对政报公报的分析研究(为全面分析国内的绿色生活方式,对所选择的文本有如下考虑:只选取国家层面的政策文件,以确保绿色生活方式形成的时间路线和具体内容具有权威性),可以得出,虽然绿色生活方式出现于20世纪90年代,但是真正在国家层面的政策文本中出现绿色生活方式并列为主要目标还是在2013年,即党的十八大以后,而且在2035年基本实现社会主义现代化远景目标中提出要广泛形成绿色生产生活方式,这与2018年《中共中央 国务院关于全面加强生态环境保护 坚决打好污染防治攻坚战的意见》中的目标——确保到2035年,节约资源和保护生态环境的生活方式总体形成——是一致的。习近平总书记在2018年5月18日全国生态环境保护大会上的讲话中明确指出:到本世纪中叶,绿色发展方式和生活方式全面形成。至此,新时代绿色生活方式的形成路线完整呈现(见表2-1)。

表 2-1 绿色生活方式形成路线一览(基于对政报公报的分析研究)

颁布时间	关键节点	具体内容	文件名称	颁布机关
1999年3月5日	"绿色生活"一词出现	迈向新世纪绿色生活行动	《中央文明办、教育部、建设部、铁道部、交通部、水利部、环保总局、国家林业局、全国绿委办、共青团中央、全国妇联关于开展"保护生态环境,倡导文明新风"活动的通知》	中央文明办等部门

---

① 〔荷〕扬·杜威·范德普勒格:《新小农阶级——世界农业的趋势与模式》(修订版),潘璐、叶敬忠等译,社会科学文献出版社,2016,第269页。

续表

颁布时间	关键节点	具体内容	文件名称	颁布机关
2011年12月15日	国家层面的政策文本中出现"绿色生活方式"	实施全民环境教育行动计划，动员全社会参与环境保护。推进绿色创建活动，倡导绿色生产、生活方式	《国家环境保护"十二五"规划》	国务院
2013年12月2日	到2018年前后，绿色生活方式普遍推行	通过5年左右的努力，覆盖全社会的生态文化体系基本建立，绿色生活方式普遍推行，最严格的耕地保护制度、水资源管理制度、环境保护制度得到有效落实，生态文明制度建设取得重大突破，形成可复制、可推广的生态文明建设典型模式	《国家生态文明先行示范区建设方案（试行）》	发展改革委等六部门
2015年10月21日	到2020年，公众绿色生活方式的习惯基本养成	到2020年，生态文明价值理念在全社会得到推行，全民生活方式绿色化的理念明显加强，生活方式绿色化的政策法规体系初步建立，公众践行绿色生活的内在动力不断增强，社会绿色产品服务快捷便利，公众绿色生活方式的习惯基本养成，最终全社会实现生活方式和消费模式向勤俭节约、绿色低碳、文明健康的方向转变，形成人人、事事、时时崇尚生态文明的社会新风尚	《环境保护部关于加快推动生活方式绿色化的实施意见》	环境保护部
2016年2月17日	到2020年，绿色低碳的生活方式基本形成	到2020年，绿色消费理念成为社会共识，长效机制基本建立，奢侈浪费行为得到有效遏制，绿色产品市场占有率大幅提高，勤俭节约、绿色低碳、文明健康的生活方式和消费模式基本形成	《关于促进绿色消费的指导意见》	发展改革委等十部门
2018年6月16日	确保到2035年，节约资源和保护生态环境的生活方式总体形成	通过加快构建生态文明体系，确保到2035年节约资源和保护生态环境的空间格局、产业结构、生产方式、生活方式总体形成，生态环境质量实现根本好转，美丽中国目标基本实现	《中共中央 国务院关于全面加强生态环境保护 坚决打好污染防治攻坚战的意见》	中共中央、国务院

资料来源：根据资料整理自行绘制。

四 新时代绿色生活方式的科学特征

从新时代绿色生活方式的核心内涵可知，其科学特征表现在以下四个方面。

一是实践性与渐进性的统一。马克思认为，"社会生活在本质上是实践的"①。新时代绿色生活方式的基本形成、总体形成和全面形成不仅是一个系统的实践过程，而且是渐进性的，有其科学的时间规划，其每一个发展阶段在主要内容、表现形式以及发展程度上都有一定的规定性，而且每一个发展阶段都是在实践中进行的，其中个人的实践必不可少，同样也包括新时代绿色生活方式的整个主体的实践。由此，在2020年基本形成的基础上，其从价值理念的推行、政策法规体系的初步建立、公众践行的内动力以及"绿色产品"的便利化等方面朝着2035年的现代化目标前进。这个发展阶段的绿色生活方式在其生活水平、覆盖人口、践行标准、自觉程度等方面也在不断推进，直到21世纪中叶绿色生活方式的全面形成。

二是个体独特性与社会整体性的统一。这个特征正是学者们所讨论的关于绿色生活方式是被选择的还是主动选择的答案。有人在曲解绿色生活方式真正内涵的基础上认为绿色生活方式是让其放弃现代生活的便利回归传统的田园生活，是在剥夺个体的权利与个体独特生活方式的自由，而事实是新时代绿色生活方式是人们自觉选择的一种生活方式，当然其前提是将绿色生活方式的真正内涵解读、传播到位，不然仍然会出现这种问题。绿色生活方式不是让大家去过非常刻板的一模一样的生活，毕竟每个人在经济基础、职业、文化程度、居住的区域等方面还是存在差异的，而且每个人有选择其生活方式的权利，把绿色生活方式的相关指标一刀切地套用在所有人身上，那样不科学、不现实，也很难让人接受。因此要根据每个人的综合条件、每个地区的发展水平推进绿色生活方式，不可一蹴而就。这就体现了绿色生活方式的个体独特性，其与不同群体和社会结构的差异性有直接的关系。但是个体利益要和社会利益有机结合，毕竟"只有在共同体中，个人才能获得全面发展其才能的手段"②，个体的独特性与社会整体性才会达到统一。每个人都是自己的生活方式的能动主体，而支配他选择怎样的生活方式与他个人的利益和自身需求有直接的关系。绿色生活方式的践行应该是个体在实现个人需求时并未把社会利益看成异己的力量，社会整体的生活方式也没有损害到个体的需求。同时，社会整体的生活方式又

---

① 《马克思恩格斯文集》（第1卷），人民出版社，2009，第501页。
② 《马克思恩格斯文集》（第1卷），人民出版社，2009，第571页。

为个体实现其本身的需求提供了条件。如此，绿色生活方式才会真正在人们的生活中得到践行。

三是"生态价值优先，生活价值为主"的价值属性。这里需要说明的是"生态价值优先"并不代表绿色生活方式等同于其他学者所认为的"生态型生活方式"，而是根据马克思对于人与自然的价值关系的观点，人不能离开自然界而独自生活，其呼吸、吃、喝等所需的生产资料和生活资料很多都靠自然界提供，由此人与自然之间就产生了一种需要和需要的满足、目的和目的的实现之间的关系，即价值关系。此处的生态价值不是单个人或者单个自然物的生态价值，而是整个生命共同体的系统价值，是我们生存和生活的前提保障，是新时代绿色生活方式所提倡的优先地位，这是不容置疑的。在生态价值优先的基础上，新时代绿色生活方式的目的是让人更好地生活，所以还是要以生活价值为主要价值属性的。人是有意识的，"意识在任何时候都只能是被意识到了的存在，而人们的存在就是他们的现实生活过程"[①]，人与动物的区别不仅是生命的存在，关键是通过自身生命活动所产生的意识，在物质基础上思考本身的生命价值和生活的意义。人类生活意义一旦缺失或迷失，其生活方式也会出现很大的问题，进而会影响其生态价值。新时代绿色生活方式则是两者兼顾，且能够分出优先价值属性和在此基础上的主要矛盾。

四是"社会主义属性与民族性的统一"的社会属性。很显然，新时代绿色生活方式的建立基础和国家属性都是我国，我国虽然目前仍然处于社会主义初级阶段，但仍是一个社会主义国家，且是一个正在蓬勃发展的社会主义国家，我国的绿色生活方式与其他国家的最初形成原因不同，现在更大的不同是社会属性的问题，即具有的社会主义属性和民族性的不同。新时代绿色生活方式是具有社会主义属性的，这个社会主义属性最本质的体现是我国确立了社会主义的社会制度，在经济上消灭了人剥削人的社会制度，是公有制占主体地位的，在政治上人民民主专政保障了人民当家做主的地位。尤其是党的十八大以来取得的巨大成就更是说明了社会主义制度的优越性，绿色生活方式的社会发展目标与我国的社会主义现代化发展目标是一致的。而关于民族性，中华优秀传统文化独特的基因和风格决定了新时代绿色生活方式先天就具备的民族性特征。

---

① 《马克思恩格斯文集》(第1卷)，人民出版社，2009，第525页。

无论是"天人合一"的人与自然思想还是对于小康社会的建成,以及对于大同社会的向往,尤其是中国精神的烙印,都必然导致新时代绿色生活方式与国外的绿色生活方式有所不同。

第二节 新时代绿色生活方式的发展目标

相对于自愿简单的生活方式或者极简主义生活方式,新时代绿色生活方式有着层次分明的发展目标和最终价值,这点与国外比较一致,除此之外就是学界对于绿色生活方式的纷繁定义也如出一辙。而相比于国外,新时代绿色生活方式的发展目标有其不同之处,有着本民族在全面建成小康社会的基础上对"大同社会"的向往和最终成为马克思所提出的"自由而全面发展"的人的价值目标。新时代绿色生活方式的层次性表现得比较明显,是呈递进层次的,每一个层面以上一个层面为基础,而下一个层面又是上一个层面的发展目标,缺少其中一个层面的实现绿色生活方式的形成都变得不再现实和科学。

一 基本前提:唤醒对人的生命价值的尊重,人民安全和健康地生活

一个很现实的问题:2020年我国已经全面建成小康社会了,我们还用思考生存的问题吗?新时代绿色生活方式生活目标的第一个层面就是以"人活着"为出发点,唤醒对人的生命价值的尊重,使"绿色"主体在生存的基础上安全和健康地生活。

(一)在生存权利的基础上唤醒对生命价值的尊重

对于生存这个问题,联合国开发计划署在《人类发展报告1994》中明确地提出:"人类发展的真正基础在于普遍主义——承认每个人的生存权利。"[1]这意

---

[1] 联合国开发计划署:《人类发展报告 1994》(中国国家计委社会发展司编译中文版),牛津大学出版社,1994,第13页。

味着我们每个人都有生存的权利，这是普遍性的，是生活和发展的基础。但是这种普遍性更多的是指人自身的生命价值，国家和社会只能在其范围内提供保障。从宏观上看，这种生存权利的普遍性不仅和今天相联系，还跟人类的未来相联系，这是一个长远的问题；从中观上看，不仅与当代人相联系，还与后代人相联系，即当代人与后代人都有机会均等的生存权，我们不能因为要求个人的生存权而让他人和后代人失去这种生存权；从微观上看，这关系到自身生命的生产。

生存，是一种现实的状态，生存权利主张的普遍主义是为许多现代政策奠定哲学基础的有力思想，进而引发了学者对于生存哲学和生存论的探讨。从生存哲学的基本主题——"唤醒对生命价值的尊重，确立生命价值至高无上的地位，解除种种对人的生命价值的遮蔽"①与生存论——"以人的现实生活为轴心，引导人对自身的生存状态、对人与世界的关联性进行反思，进而调整人的生命向度，引发对自然的人道主义关怀"②所阐述的主要内容可知，我们人类的生存不是仅仅体现为活着，而是与动物有着明显的区别，有着独特的生命向度——生活的权利和生活的机会。那么上面的问题便有了答案。现实是"人的生存丧失了内在性和完整性……其生命向度荡然无存"③，尤其是对生命意义的全盘否定，现代社会出现的"精神坍塌"问题，新时代绿色生活方式的基本前提便是要首先解决这些问题。

（二）人民的安全是追求美好生活的基础

人类安全是一个综合的概念，"是对于人类生活与尊严的关注"④，它不仅承认人类的生存权是普遍性的，生活权利也是。《人类发展报告1994》明确指出了人类安全的四个基本特征：第一，人类安全是普遍关注的事情，富国与穷国的人民都与之有关；第二，人类安全的各个组成部分是相互依赖的；第三，早期预防比后期干涉更容易保证人类安全；第四，人类安全是以人为中心的。⑤

---

① 贺来：《生存哲学：中国语境及其使命》，《哲学动态》2001年第1期，第14页。
② 金瑶梅、陈学明：《生存论视域中实践活动的当代反思》，《江西社会科学》2006年第6期，第40页。
③ 金瑶梅、陈学明：《生存论视域中实践活动的当代反思》，《江西社会科学》2006年第6期，第43页。
④ 联合国开发计划署：《人类发展报告1994》(中国国家计委社会发展司编译中文版)，牛津大学出版社，1994，第22页。
⑤ 联合国开发计划署：《人类发展报告1994》(中国国家计委社会发展司编译中文版)，牛津大学出版社，1994，第22页。

由此可知，安全的主体是人，而且并不是一个人的事情。再从人类安全事项七大类——"经济安全、食品安全、健康安全、环境安全、人身安全、社区安全和政治安全"[1]来看，这些都是与我们每一个人直接相关的事情。从新时代绿色生活方式的主要内容来看，这七类安全都是人民所关心的。

一是经济安全，这事关人们的劳动活动和是否会陷入贫困，这是人民基本生活的保障，没有这层保障，绿色生活方式就无从谈起。二是食品安全，这就不仅仅要求有充足的食品供应满足人民的生存需求，有获得食品的权利和能力，更要求食品的质量。在2013年的中央农村工作会议上，习近平总书记就指出要"确保广大人民群众'舌尖上的安全'"[2]。同年12月，习近平总书记在庆丰包子铺就餐时又提出食品安全的重要性。而新时代绿色生活方式可以使人们吃得更放心。三是健康安全和人身安全，这两个是相互依存的，尤其是2020年的疫情更让人们明白两者的重要性，而且面对疫情，以习近平同志为核心的党中央高度重视，反复强调"始终把人民群众生命安全和身体健康放在第一位"[3]。没有健康何谈人身安全？人身不安全健康也就失去了意义。四是环境安全，也有学者称为生态安全，它关系到人的生存和发展环境，是新时代绿色生活方式最基本的前提，只有环境安全了，环境才能更加优美。五是社区安全和政治安全，这两个安全也是保障我们生活的。可见，无论何时，人类安全都是人追求美好生活的基础，更是我们建构绿色生活方式的基本前提。有学者通过调研指出："人们设想美好生活需要的时候，最注重的是国家社会康宁繁荣和家庭关系和睦。"[4]国家社会对安全的全方位维护才是人民最关注的，这是我们生存的保障，其次才是个人物质需要的满足。

（三）人民健康是经济社会发展目标的重要组成部分

1984年世界卫生组织明确提出："健康不仅为疾病或羸弱之消除，而系体

---

[1] 联合国开发计划署：《人类发展报告1994》（中国国家计委社会发展司编译中文版），牛津大学出版社，1994，第24页。
[2] 《中央农村工作会议在北京举行——习近平李克强作重要讲话张德江俞正声刘云山王岐山张高丽出席会议》，《人民日报》2013年12月25日，第1版。
[3] 《中共中央政治局常务委员会召开会议 研究加强新型冠状病毒感染的肺炎疫情防控工作——中共中央总书记习近平主持会议》，《光明日报》2020年2月4日，第1版。
[4] 王俊秀、乌云特娜主编《美好生活蓝皮书：中国民众美好生活研究报告（2020）》，社会科学文献出版社，2020，第78页。

格、精神与社会之完全健康状态。"[①]首先是身体健康，必须保证吸入的空气是没被污染的、吃下去的食物是健康的，以及治疗疾病的药品是安全的；其次是心理健康（精神健康），包括人自身的心理健康、人与人交往的合理化以及社会的健康。毕竟没有健康，人类的发展和保护环境就变得毫无意义，而目前的现实是当代以及后代的健康以至生存的环境基础遭到了破坏。

新时代绿色生活方式强调人民健康，在内容上是包含健康文明生活方式的。毕竟"人民健康是民族昌盛和国家富强的重要标志"[②]，是人民追求美好生活最为重要的内容，是我们进行现代化建设和实现"两个一百年"奋斗目标的重要组成部分和重要保障。2013年和2016年习近平总书记在会见世界卫生组织总干事陈冯富珍时就强调，"中国政府坚持以人为本、执政为民，把维护人民健康权益放在重要位置"[③]，"使全体中国人民享有更高水平的医疗卫生服务也是我们两个百年目标的重要组成部分"[④]。他在疫情防控期间又再次重申了人民健康安全的重要性。不仅如此，2016年习近平总书记在全国卫生与健康大会上还首次提出了"健康中国"这一概念，同年，中共中央政治局会议审议通过了《"健康中国2030"规划纲要》，在党的十九大报告中健康中国上升为国家战略。健康中国战略的提出标志着我国的卫生工作从重治病向防病和治病并重转移，"坚持预防为主，深入开展爱国卫生运动，倡导健康文明生活方式，预防控制重大疾病。实施食品安全战略，让人民吃得放心"[⑤]，通过建设完备的健康服务体系来全方位保障人民健康，提升国民健康水平。这些都属于新时代绿色生活方式的发展目标，也是经济社会发展目标的重要组成部分。

二 阶段性发展目标：实现美好生活

《人类发展报告1994》中还提出这样一个问题："当前人类的生活方式是否

---

① 《世界卫生组织基本文件》（第三十四版），1984，第1页。
② 习近平：《决胜全面建成小康社会 夺取新时代中国特色社会主义伟大胜利——在中国共产党第十九次全国代表大会上的报告》，《人民日报》2017年10月28日，第5版。
③ 《习近平会见世界卫生组织总干事陈冯富珍》，《人民日报》2013年8月21日，第1版。
④ 《习近平会见世界卫生组织总干事陈冯富珍》，《人民日报》2016年7月26日，第1版。
⑤ 习近平：《决胜全面建成小康社会 夺取新时代中国特色社会主义伟大胜利——在中国共产党第十九次全国代表大会上的报告》，《人民日报》2017年10月28日，第5版。

合意，我们有没有理由将这种生活方式传给我们的后代人？"①现在看来这个问题依然没有解决。虽然我们现在的生活方式与之前的生活有很大的区别，但是这个问题依然值得思考。而本书所要建构的新时代绿色生活方式，其社会发展的阶段性目标是实现人们对美好生活的向往，其内容到21世纪中叶会基本定下来，但是随着科技的发展，是否会出现新的内容以及表现形式，进而形成新的生活方式并不能很好地预测。目前这种美好生活的内容是现代人所渴望的，但是否符合后代人的向往需要另说，我们只能说尽量过一种符合现实又合意的绿色生活方式，不至于损害后人的利益，反而能给他们的生活提供基础，新时代绿色生活方式的社会发展的阶段性目标便是如此。

（一）实现什么"人"的美好生活？

生活方式的生活主体是人，新时代绿色生活方式的主体也是人，那既然实现美好生活是其社会发展的阶段性目标，物质基础是否已经足以支撑美好生活？在此基础上什么是美好生活？又该如何实现？对这些问题的回答最终要指向人如何理解人本身，即这个发展目标要指向实现什么"人"的美好生活及什么"人"才是新时代绿色生活方式的实践者。

首先，这个主体的"人"是现实中的人，是与"物"相对应的人。无论是在马克思恩格斯所处的社会还是其他资本主义社会，资本逻辑的控制都使人沦为物的附庸，出现了"见物不见人"的现象，人的生命价值被资本逻辑所遮蔽，生产并不是为了满足人的需要，生产从手段变成了目的——为了生产而生产，原本是生活主体的人沦为生产的"机器"或者"物"，这也是消费主义泛滥的原因之一。马克思非常重视人的生命，他所指的人是具体的、活生生的、现实的人，同时也是普遍性与特殊性的统一，满足了新时代绿色生活方式的第一个层面的发展目标，这个现实的人不仅拥有最基本的生存权，且在一个稳定、安全的社会中在健康生活的基础上逐渐摒弃资本逻辑，在获得物质需要满足的过程中摆脱"物"的逻辑，是从虚假的生活画面中走出来的人。

其次，这个主体的人是我们党"以人民为中心"中的人民。以人为本在这里更多的是说"以民为本"，把"民"放在首位，全心全意为人民谋利益。中

---

① 联合国开发计划署：《人类发展报告1994》（中国国家计委社会发展司编译中文版），牛津大学出版社，1994，第19页。

华文明历来注重以民为本，尊重人的尊严和价值，提出"间于天地之间，莫贵于人"[1]，强调"利民、裕民、养民、惠民"[2]。这个"民"在宏观层面上来说是一个生活共同体，代表的是广大人民，坚持"以人为本"，就是"坚持全心全意为人民服务，立党为公、执政为民，始终把最广大人民根本利益作为党和国家工作的根本出发点和落脚点，坚持尊重社会发展规律和尊重人民历史主体地位的一致性，坚持为崇高理想奋斗和为最广大人民谋利益的一致性，坚持完成党的各项工作和实现人民利益的一致性，坚持发展为了人民、发展依靠人民、发展成果由人民共享"[3]。这体现了我们党全心全意为人民服务的宗旨，以及作为生活主体的人的实践成果的共享。

除此之外，人既然是普遍性与特殊性的统一，也就具有特殊性，即每个人的独特性。每个人的需求和所创造的价值是不一样的，不同区域、不同阶层、不同群体的利益是不一样的，这就要坚持人的特殊性与社会的整体性相统一，它们之间并不是相互对立的，但有所侧重也是现实。而从"全民性"目标上来看，让人民生活得更美好长期以来都是发展的价值追求。

（二）什么样的生活才算是美好生活？

解决了主体"人"的问题，从人的需要层次和人性出发，我们就可以得知人为何会追求美好生活，而什么样的生活才算是美好生活呢？有学者提出美好生活是"人的内在需要、生活理想与生活样式的统一体，是社会发展与矛盾的产物"[4]，其中体现了美好生活三个层面的内涵。

新时代美好生活作为中国道路的发展产物与目标成果，"它首先作为生活样式的目标出场，又以实践的方式推进，最终以现实的、可感的生活体验落地"[5]，这里的生活样式可以理解为生活方式，而新时代绿色生活方式是以新时代美好生活为社会发展目标的。首先，从生活主体的内在需要而言，"美好生活是中国人民物质、精神等需要日益增长的现实表达"[6]，其中还包括对优美环

---

① 《孙子兵法·孙膑兵法》（精编本），龙其林译注，商务印书馆，2015，第132页。
② 《胡锦涛文选》（第2卷），人民出版社，2016，第438页。
③ 《胡锦涛文选》（第3卷），人民出版社，2016，第4页。
④ 项久雨：《新时代美好生活的样态变革及价值引领》，《中国社会科学》2019年第11期，第5页。
⑤ 项久雨：《新时代美好生活的样态变革及价值引领》，《中国社会科学》2019年第11期，第20页。
⑥ 项久雨：《新时代美好生活的样态变革及价值引领》，《中国社会科学》2019年第11期，第5页。

境等方面的需要,而且人们在民主、法治、公平、正义、安全等方面的需要也日益增长。这种需要马克思早就言明其自我扩展过程,即一个需要的满足导致另一个需要的产生。在《德意志意识形态》中马克思就指出,"已经得到满足的第一个需要本身、满足需要的活动和已经获得的为满足需要而用的工具又引起新的需要"[1],而且"人口的增多又产生了新的需要"[2],究竟如何去衡量这些需要的满足,是一个很有难度的事情,因此只能从生活的质量的角度出发去衡量,毕竟"人类生活的质量才是发展的终极目的"[3]。物质需要是基础,也是新时代绿色生活方式建立的前提,因为在恩格斯看来"人们首先必须吃、喝、住、穿,然后才能从事政治、科学、艺术、宗教等等"[4],并且精神需要也要"通过物质利益的途径来满足"[5],其他的方面的需要也是为了提高人的生活质量,达到一个使自身比较美好的生活状态。总而言之,"富有的人同时就是需要有人的生命表现的完整性的人,在这样的人的身上,他自己的实现作为内在的必然性、作为需要而存在"[6]。关于这方面的保障,2016年习近平总书记在全国科技创新大会、两院院士大会、中国科协第九次全国代表大会上指出:"要想人民之所想、急人民之所急,聚焦重大疾病防控、食品药品安全、人口老龄化等重大民生问题,大幅增加公共科技供给,让人民享有更宜居的生活环境、更好的医疗卫生服务、更放心的食品药品。"[7]

对于美好生活的另外两个层面,即主体生活理想层面和生活样式层面,我们就需要从生活质量和实践状态的评价来衡量了。所谓生活理想层面主要是指人们对美好生活的设想,是基于理想的时代表达,而生活样式层面可以直接理解为生活方式,可以用生活质量的测量表对两者进行直接测量。有学者用量表的四个维度,即生理维度、心理维度、社会关系维度以及环境维度评价美好生活的具体现状,其中"对生理维度和社会关系维度的评价最

---

[1] 《马克思恩格斯文集》(第1卷),人民出版社,2009,第531页。
[2] 《马克思恩格斯文集》(第1卷),人民出版社,2009,第532页。
[3] 联合国开发计划署:《人类发展报告1994》(中国国家计委社会发展司编译中文版),牛津大学出版社,1994,第17页。
[4] 《马克思恩格斯文集》(第3卷),人民出版社,2009,第601页。
[5] 〔美〕乔恩·埃尔斯特:《理解马克思》,何怀远等译,中国人民大学出版社,2008,第69页。
[6] 《马克思恩格斯文集》(第1卷),人民出版社,2009,第194页。
[7] 《习近平谈治国理政》(第2卷),外文出版社,2017,第272~273页。

高，而对环境维度的评价最低，对心理维度的评价适中"①，可见人们对优美环境的需求是很强烈的，意味着新时代绿色生活方式可以"作为一个深刻的、显著的社会发展标识，深刻彰显着当代中国社会发展的积极性质与进步意义"②。

三 最高价值目标：促进人自由而全面的发展

新时代绿色生活方式的最高价值目标是在其前两个目标的基础之上，尤其是在实现了人们对美好生活向往的基础之上所达到的理想生活状态，毕竟"解放全人类，实现人的解放和人的自由而全面的发展，是马克思主义关于人类社会进步的最高价值追求"③。既然这是最高价值目标，那么就要先弄明白什么是以及为什么要实现自由而全面的发展，虽然在本书第一章关于马克思恩格斯对于未来社会设想的论述中已经提到这两点，却没有用现代的眼光和观点去做具体解读。

人类社会发展到今天，其"进步的显著标志便在于人之生活的基本境遇……而不断提升人之生活的丰富性与自由性则是未来社会的基本目标与愿景"④。因此，马克思恩格斯提倡共产主义，更多的是描述身处在共产主义社会的人的生活状态以及这个生活状态的人。什么样的生活状态呢？在共产主义中，没有社会异化、精神异化，没有个人需要和能力的物化，社会是一个联合共同体，在这个联合共同体中"每个人的自由发展是一切人的自由发展的条件"⑤，最重要的是可以"使每一个社会成员都能够完全自由地发展和发挥他的全部力量和才能"⑥，这种实现是在以往全部财富的基础上的一种自觉实现，"是人和自然界之间、人和人之间的矛盾的真正解决，是存在和本质、对象化和自我确证、自由和必然、个体和类之间的斗争的真正解决"⑦。这个状态的人是什

---

① 王俊秀、乌云特娜主编《美好生活蓝皮书：中国民众美好生活研究报告（2020）》，社会科学文献出版社，2020，第107页。
② 项久雨：《新时代美好生活的样态变革及价值引领》，《中国社会科学》2019年第11期，第22页。
③ 《胡锦涛文选》（第3卷），人民出版社，2016，第4页。
④ 项久雨：《新时代美好生活的样态变革及价值引领》，《中国社会科学》2019年第11期，第23页。
⑤ 《马克思恩格斯文集》（第2卷），人民出版社，2009，第53页。
⑥ 《马克思恩格斯文集》（第1卷），人民出版社，2009，第683页。
⑦ 《马克思恩格斯文集》（第1卷），人民出版社，2009，第185页。

么样的呢？是"现实的自我实现和潜在的自我实现之间不再有一条鸿沟"[①]，是完全实现了其作为全面的创造者的潜能的人，即成为完全的人，是"作为一个总体的人，占有自己的全面的本质"[②]，即"不以旧有的尺度来衡量的人类全部力量的全面发展成为目的本身。在这里，人不是在某一种规定性上再生产自己，而是生产出他的全面性"[③]。

这样就很好理解自由而全面发展的人以及自由而全面发展的人的状态为什么是人们所追求的了。全面是相对片面而言的，这种片面的人是一个原子化的人、单向度的人。这类片面的人看到马克思恩格斯所写的工人阶级状况便可感受到其自身片面性。那么为什么人类进入文明时代以后，人越来越朝着片面的方向发展了呢？这似乎有一个看似标准而统一的答案：这是人类必经的阶段，是发展为全面的人的其中一个阶段，只有经历过片面才能更好地理解全面。人的全面发展是建立在现实的基础上，而且"个人的全面性不是想象的或设想的全面性，而是他的现实联系和观念联系的全面性"[④]。因此，人的全面发展不仅包括现实的层面，还包括观念的层面，可见其实施难度。但是这也是新时代绿色生活方式所追求的人的状态。

解决了片面，那就剩自由了。很显然，自由是相对于"不自由"而言的，正如加拿大哲学家查尔斯·泰勒提出的对现代性的三个隐忧"意义的丧失及道德视野的褪色、工具理性猖獗面前目的的晦暗与自由的丧失"[⑤]，"自由的丧失"可以说是前两种隐忧最终的结果。马克思恩格斯所描述的人的自由状态是没有"特殊的活动范围"，由社会调节生产，人们不用固定在某一个工作场所或者工作岗位，可以随着自己的兴趣爱好做自己想做的事情。当然这种自由也是有前提条件的，即实现共产主义的现实基础。新时代绿色生活方式想要达到的"自由"必须是建立在前两个目标的基础之上，可见这三个目标是层层递进的关系。也就是说新时代绿色生活方式是要回答人应该怎样生活的，是建立在人"生活怎样"的现实基础上，是将目前的"实然"变成"应然"，继而成为新的"实然"。

---

① 〔美〕乔恩·埃尔斯特：《理解马克思》，何怀远等译，中国人民大学出版社，2008，第80页。
② 《马克思恩格斯全集》（第3卷）（第2版），人民出版社，2002，第303页。
③ 《马克思恩格斯文集》（第8卷），人民出版社，2009，第137页。
④ 《马克思恩格斯文集》（第8卷），人民出版社，2009，第172页。
⑤ 〔加〕查尔斯·泰勒：《现代性之隐忧》，程炼译，中央编译出版社，2001，第12页。

第三节　新时代绿色生活方式的现实功能

新时代绿色生活方式是建立在新时代的基础上，对"怎样生活才是好的"的价值追问，具有经济前提、制度保障和群众性基础。尤其是在前文阐述了将新时代绿色生活方式置于可以实现的前两个发展目标，即在生存的基础上安全和健康地生活，以及在实现美好生活的社会发展阶段性目标的条件下考察其现实功能。因此，在其建构与实践中，其内容考虑的是更贴合现实、贴合个人与社会的统一，它所说的"以人为本"更具理性，并兼顾感性，这个"人"既指我们每一个现实中的人，也指整个"人类"，确切的是说"个人"与"人类"的统一，也就是马克思恩格斯所说的真正的共同体。当然，这个条件目前我们还达不到，但是总体原则和总体目标是一致的。新时代绿色生活方式更加讲究的是人、自然与社会和谐、舒服地相处，是相互联系的一个整体，虽然不是单个的人的逻辑与需求，但是也会考虑到以此为前提。也就是说，新时代绿色生活方式是"现实的人和他们现实的生活"以及"生活的生产和新需要"，具有价值属性，即我们的生活价值和意义系统，整合了我们生活的价值层面和行动层面，同时还以培养我们每一个人美好生活的能力为导向，调适和提升人的生活态度、行为和能力，进而促进与美好生活相一致的美好社会的发展。

一　新时代绿色生活方式的社会整合功能

新时代绿色生活方式贯穿了人们的整个生活过程，直接与绿色生产方式相关联，是新时代"生活、生态、生产"的"三生"融合，是实现人们对美好生活向往的必要条件。因此需要发挥其自身的效益，从人的生命的根本特征是从事有意识的生命活动出发，从价值层面和行动层面实现每个人的自我建构，促进人们寻找人生意义与价值以及其本身真正的需求，进而落实到行动上，真正实现人与人、人与自然、人与自身之间的友好互动与交往。

（一）价值层面：生活意义与价值的"建构"功能

人如何活？为什么活？活得怎样？这是关于人生意义和价值的叩问，当然并无一个确定的答案，然而中国文化精神影响下的中国人对人生有着更加积极的态度，既与自然保持着亲近的关系，又对宇宙持温暖和关爱的态度。人与人之间的美好情感和人对善的追求是支撑人活着的理由，同时又要求人在活动中保持人际关系的和谐、人与自然的和谐。那么怎样生活才是好的呢？回答这个问题需要从多个角度来看待和理解生活方式，因此我们需要把生活方式看作一个"意义系统"，从多学科和多角度来对其进行阐释。

我们要满足人民日益增长的美好生活需要，首先要通过对日常的、琐细的生活中的物质水平和精神需要的满足来实现生命价值，这里的"需要"并不能简单地等同于"欲求"，而是在我们独有的文化精神语境下的，有选择、有目的地来实现对人生意义和价值叩问的解答。这种价值的建构并不只是个体意义上的，更多的是社会层面的建构，因为人改造自然、改造社会的对象化活动，离不开人的社会交往活动这一重要中介环节，人只有投入开放式的社会交往中去，才能够全面提高自身素质，进而得到全面发展。在建构社会层面的人生意义和价值的过程中，我们必须充分地认识到：一是必须尊重个体追求生活意义和价值的需求，实现个人的幸福和美好生活；二是要认识到社会层面的人生意义建构不能在利己行为中完成，必须要肯定利他、共享、奉献等被全社会所共同承认和肯定的价值，如社会主义核心价值观；三是社会的和谐是社会层面人生意义建构的基础，也是个人幸福和尊严的来源。

新时代绿色生活方式正是以这种个性和社会性的统一为主要特征的，在对社会的共同美好需求的追求中，在社会整体素质提高的背景下，实现在人的社会交往中个体素质的提高，不断追求个人美好生活。这种价值建构属于人们实践中解决生活方式问题的观念层面。

（二）行动层面：形成良好的互动和交往

生活方式具有实践性，无论在价值层面如何升华，生活方式必须付诸实践才能够体现其价值。因此要将生活方式视为一个"行动系统"，其实现的主体人，是以"活动"作为其生命的存在形式。因此生活方式不仅是价值范畴的观念，更是时刻变化着的、实体性的概念，是主客体互动生成的生活世界。这也就决定了一个人的生活方式在很大程度上是受到其生活空间和其进行生活活动的种类的影响的，生活空间越广阔，活动种类越丰富，人越能发现自己真实的和真正的需要，也就越能在价值层面提升自身生活品质和精神品位，改善自身的生活方式，而这个过程是双向的，对生活方式价值层面的理解得到升华后，这种理解反过来也能够指导人们在实践中以何种方式生活，即生活方式体现在行动层面和价值层面之间的关系上，行动层面建立在价值层面的基础上，内化于心、外化于行。个体在践行新时代绿色生活方式过程中也将对外界产生影响，这种影响体现在人与人之间就成为人在社会生活中的生活方式，具体而言就是人怎样处理自己与他人的关系，使其更加合理化，体现在社会生产活动中就是以"绿色"的方式进行生产及对资源进行合理的开发利用，在消费环节进行绿色消费，在废物的处理环节进行回收利用和处理，从而形成人与自然之间的和谐亲密关系，既作为自然的一部分遵循其发展规律，又能够合理地认识自然和改造自然，促进人自身的生存和发展，在这一系列对外界的生活方式的提升的过程中，充分地认识自我，使人与自身之间形成良好的互动和交往。

在充分地认识到了新时代绿色生活方式作为一个"行动系统"的动态性特征之后，我们不能单纯将社会因素看成是静态的，在个体建构自己的生活世界的过程中，也在影响社会的发展，人的社会生活同样赋予了社会以动态性的特征。社会建构和自我建构在创造美好生活这一共同的目标下是统一的，社会环境、法律政策、公序良俗既是个体对于美好生活追求的集中体现，也是引导个体拓展生活空间，丰富活动种类的重要基础。由此可见，社会的主客体都是美好生活"行动系统"中的行动者，同样具有建构性，二者共同形成了既体现个性化追求又具有时代风貌的"个人的共同生活方式"，即新时代绿色生活方式。

二 新时代绿色生活方式的社会引导功能

新时代绿色生活方式不仅具有社会整合功能，同时还具有实现其三个层面的生活目标的社会引导功能，即在生存的基础上安全和健康地生活、实现美好生活以及最终促进人自由而全面的发展。前两个目标的引导最贴近人们的生活，也就是在满足人们基本需要的前提下，还以培养我们每一个人建构美好生活、幸福生活的能力为导向。

（一）引导生活资源的合理、有效配置

在践行绿色生活方式时我们必须清醒地意识到，环境资源状态与提高生活质量之间的关系。我国虽然实现了全面建成小康社会的目标，但是人均生活水平较发达国家还有一定差距，而我国的地理资源特征和人口数量决定了我国资源紧张的状况。这也就意味着，我们所追求的美好生活，不能是粗放的，不能是消耗大量资源、造成大量污染的生活，而是靠相对较少的人均资源消耗实现的质量较高的生活。[①]因此实现有限的生活资源的合理、有效配置，就成为新时代绿色生活方式必须具有的功能。新时代绿色生活方式的建构需要通过政策和价值导向来合理地配置资源，如在提高物质生活质量的同时还要丰富精神生活，我国一直以来所进行的精神文明建设就是在认识到物质生活和精神生活发展不平衡的矛盾之后，通过政策手段来倡导精神文明建设，实现物质生活和精神生活之间的平衡。再如，实现社会生产和社会生活之间的平衡，社会生产既能够满足社会生活的需要，又能避免产能过剩，同时在绿色生活方式影响下，在社会生活中能够避免过度消费所造成的浪费，从而刺激社会生产方式向"绿色"发展。同样我们也要努力实现美好生活与生态稳定之间的平衡、工作时间与休闲时间的平衡以及公共生活与私人生活之间的平衡等，促进生活方式向着更加绿色、美好的方向发展。

（二）美好生活的价值导向功能

对于人类来说，只有追求生命的价值与生活的意义才能表征人的存在。[②]从新时代中国特色社会主义的角度理解美好生活，可以做三个层次的理解：首先，美好生活是中国人民追求物质和精神生活需要的现实表达；其次，美好生活是现阶段中国人民追求生活理想的指向，这与绿色生活方式在发展目标上具有一致性，是在满足生存的基础上，在安全和健康生活的前提下，满足人的社会性需求，进而向促进人的自由而全面发展的最高价值追求前进。归根结底，对于美好生活的追求与对生活需要的追求，对生活价值、生活意义的追求是相同的，因此能够对价值的追求产生导向作用。

美好生活需要物质和精神生活的均衡发展，因此在我国经济飞速发展的过程中，要大力推进精神文明建设，在社会上形成对公序良俗和优秀文化精神的认同，推动全社会形成正确的物质和精神发展观念。对于个人来说，美

[①] 王雅林：《回家的路：重回生活的社会》，社会科学文献出版社，2017，第298页。
[②] 孙正聿：《超越意识》，吉林教育出版社，2001，"序"第4页。

好生活作为一种生活理想，能够促进人对于生活意义和价值形成正确的观念，我们向往什么样的生活，我们就会倾向于朝着什么样的方向思考和改变我们的生活，对于物质和精神富足的追求，推动我们不断地通过个体行动来提升自我，从而能够影响社会生活，社会的安定和对人人平等的理想社会生活的向往，最终会实现社会生活向美好生活的方向不断演进，这正是美好生活对个人和社会生活理想的正向引导过程。在物质、精神需要和生活理想不断被实现的过程中，在人的内在需要、生活理想的不断满足和追求的过程中，美好生活不断向"自由而全面"的方向靠近。可以说，我们在越来越自由且越来越全面的发展的过程中，无限地接近自由和全面的发展的最终价值。我们越是过上美好生活，越能够接近美好生活的最终目标，即人的自由而全面的发展。这正是美好生活的价值导向作用的最终意义，也是一个社会发展与矛盾运动的永恒发展过程。

（三）"幸福能力"的培育与引导

追求幸福是人的本性，社会要发展必须要满足人对美好生活的需要，社会要尊重个体追求幸福的权利，但是人的幸福必须在社会中才能实现，因此幸福不是可以靠个人自给自足的，需要在社会关系中获得物质层面和精神层面的满足，需要在利他、共享、奉献中获得被社会肯定的价值，从而在被需要的过程中获得个人的幸福和尊严。幸福的得来要靠能力，这种能力需要通过社会引导和生活教育来实现，首要一点是要通过社会整体教育体系来广泛地传播社会所共同认可的价值，由此在全社会构建正确的价值观体系。其次是要通过教育来引导人们形成正确的生活方式，生活方式是一门科学、学问和艺术，如何生活才能提高生活的舒适度，在生活中实现资源的高效配置，能够用最少的付出来最大限度地提升生活的质量，既能满足物质生活的需求，又能获得生活的情趣，追求生活的价值，满足精神生活的追求。"幸福能力"不单单指的是个人追求物质和精神生活的满足的能力，从宏观的角度来讲，全社会都应形成一种"幸福能力"，我们可以说社会治理能力也是一种幸福能力，通过社会治理能力的提高来提升配置和统筹资源能力，引导个体形成"幸福能力"，才能力争在社会上形成"低成本、中收入、高质量"的绿色生活方式。

三 新时代绿色生活方式主体的调适与提升功能

新时代绿色生活方式的主体是人，不管是其劳动生活方式还是自由闲暇时间的消费，其主要还是为了人们更好地生活。但是由于每个人的经济条件、文化素养、居住区域等都有所不同，所以要在自己的能力范围之内过上更好的生活就需要人们进行自我调适。尤其是对于绿色生活方式的践行，对绿色消费的倡导使人们真正明白自己的真实需要，而自身生活方式的选择与表现就代表着其自身生命。因此，新时代绿色生活方式在个人的自我调适、个人"美好生活"能力的提升以及个人综合素质的提升方面都起着非常重要的作用。

（一）确立积极的人生与生活态度，进行自我调适

中国正处于快速发展、激烈转型时期，在各种的矛盾、冲突、变化之中，只有保持积极的人生和生活态度，我们才能够获得适应社会变革和抵抗社会生活所带来的压力的能力。在复杂的社会环境中保持绿色生活方式，不但需要必要的社会生活条件，而且需要发挥主体的建构作用。社会结构和运行机制的改变是缓慢而困难的，因此通过心理调适来缓解自我压力是实现美好生活的重要手段，正所谓"山不来就我，我便去就山"，中国的传统生活理念里就有很多积极进行自我调适的生活智慧，如"乐天知命""知足常乐"的人生态度，还有老庄哲学中的"庄周化蝶""逍遥自在"的思想等，这些也是绿色生活方式中所体现的，可以帮助人们平静心态，去思考自身的价值，并找到生活的平衡点。但是内心的自我调适并不等同于逃避现实、逃避社会，而是要保持积极乐观的生活态度，对于自己要进行不断地超越，对于外在环境，要保持认识社会改造社会的动力，能够在不完美的社会环境中创造更美好的生活，实现人生幸福，过有意义的生活。

（二）个人"美好生活"能力的提升

新时代绿色生活方式是富于主体能动性的，可以引导作为主体的人提升其"美好生活"的能力。新时代绿色生活方式的建构，除需要物质方面的全面供给外，还需要生活主体自身提高获得幸福的能力，即"美好生活能力"，能够把生活资料转化为高质量的、绿色生活的能力。通过培育"美好生活"能力，我国可以在人均物质资料相对不足的情况下，实现个人乃至全社会的幸福生活。此

外,"美好生活"能力还包括获得精神价值的能力,包括在生活中发现美、认识美、感受美的体验和能力,对中华优秀传统文化和社会公德的认识、传承和践行的能力。"美好生活"能力不但可以提升个人的生活品位还能够提高民族的文化品格。可以在一定意义上说,个人对这种能力的提升比对"物"的拥有更重要。除此之外个人心理的自我调节能力、人际沟通能力、抗逆力和对不良事物的净化能力等[①]都是"美好生活"的能力。这些能力不但能够帮助个人实现自我提升,使个人保持积极乐观的生活状态,也能够帮助个人进行自我调适。

(三)个人综合素质的提升

个人综合素质既包括个人的知识水平、身体素质和道德修养等综合性的能力,也包括个人的生活态度和生活智慧等有助于提高物质和精神生活价值的能力,可以说"美好生活"的能力是个人综合素质的重要组成部分,个人综合素质的提升可以有效地提升生活的质量,实现幸福美好生活。个人的知识水平的提升可以有效提高个人对生活资料的合理支配和利用能力,能够实现个人对生活资料的有效配置。个人的身体素质和健康水平是保障幸福生活的基础。积极的生活态度和生活智慧,个人道德修养的提升,是实现个人美好生活的重要因素,也是促进全社会形成积极良好风气的重要保障,是在全社会形成新时代绿色生活方式的重要前提。因此在新时代绿色生活方式的践行中,个人综合素质的提升尤为重要。个人综合素质的提升离不开政府实施的各项社会保障政策,政府通过普及义务教育,提高高等教育的入学率,来提升个人的知识水平;通过实施"健康中国"行动来提高全民的身体素质和健康水平;通过精神文明建设来提升个人的道德修养,进而培育"美好生活"的能力促进新时代绿色生活方式的践行。这种相互促进、相互转化的功能在一定程度上实现了良性循环。总的来说,个人综合素质的提升和社会政策的发展以及绿色生活方式的践行是相辅相成、互相促进的。

四 新时代绿色生活方式的社会发展功能

新时代绿色生活方式作为一种新的生活方式是与我国的现代化进程一致

---

① 王雅林:《新时代生活方式的理论构建与创新》,《光明日报》2018年5月14日,第11版。

的，在一定程度上是现代化的发展目标与表现形式，又在一定程度上促进了社会的发展，这便是新时代绿色生活方式的社会发展功能，既为社会生产提供了价值目标，推动了社会的发展，又是社会结构和制度变革的动力。

（一）为社会生产提供价值目标

新时代绿色生活方式研究的最终落脚点是人自身的生产与再生产。在社会的生产、生活两大活动中，生产活动通过生活资源的供给构成人的生存、生活的基础和前提，生活活动则通过对生活资源的有效配置和享用来满足人的需要，使人得以生存、享受和发展。新时代绿色生活方式决定了其中的生产是绿色生产。生活资料的供给是通过"生产力"实现的，人的需要满足过程实际是人的"生命力"即"生活力"的保持和增长过程，"生活力"的核心体现为人自身本质能力的保持和提高，同时也体现为产生新的更高需要的能力，人的能力的扩大必然成为新的生产过程的推动力量，并最终使整个社会互利合作、繁荣发展。[①]由此可知，新时代绿色生活方式的践行可以推动社会生产的发展，并且为作为主体的人的发展目标提供价值导向，进而使社会生产朝着这个方向发展，也就是为社会生产提供了一个价值目标。

（二）生产方式与生活方式的互动互构推动社会的发展

历史总是随着人们追求美好生活的脚步向前发展的。个人对于美好生活的向往构成了社会整体对于美好生活的追求，同时推动了生产方式的发展。而生产方式和生活方式在社会发展中有着各自不可替代的功能，生产是手段，生活才是目的。绿色生产方式是实现新时代绿色生活方式的手段，它们之间的互动生成和构建构成了社会发展的动力系统。[②]因此，新时代绿色生活方式作为实现美好生活的动力，同时也推动着社会生产的不断发展。在长期的历史发展过程中，这个动力系统都是自发运行的。在当今时代，绿色生活方式对于社会的推动方式日益重要，中国特色社会主义道路把中国社会如何发展同中国人如何生活高度结合起来，把满足人民美好生活需要纳入了自觉的历史进程。新时代绿色生活方式的社会发展目标是实现人们的美好生活，最终实现人的自由而全面

---

① 王雅林：《回家的路：重回生活的社会》，社会科学文献出版社，2017，第301页。
② 王雅林：《回家的路：重回生活的社会》，社会科学文献出版社，2017，第302页。

发展，这是与社会发展程度相一致的。社会的发展离不开个人的发展，个人的生活方式不但为生产方式提供价值和目标，还通过生产方式的变革来推动社会的进步，再加上个人的生活方式本身就在社会发展中具有独特的功能，对于社会价值的形成、文明的发展和进步，同样具有重要的推动意义，人们只有将被动地接受历史进程变为通过主动变革自身的生活方式积极推动历史进程，人的自由而全面发展的最终目标才能最终实现。

（三）是社会结构和制度变革的动力

新时代绿色生活方式的发展需求也是社会结构和制度变革的动力，在一段时间内相对稳定的社会结构和制度可以保证生产方式和生活方式的相互促进和发展，但是当现有的社会结构和制度难以满足生活方式不断发展的需求时，生活方式就会迫使其做出变革；反之亦然，当新时代绿色生活方式作为人们所需要的生活方式出现时也会推动社会结构和制度的变革。以我国为例，在新中国成立初期，百废待兴，首要目标是满足人民的生存需求，因此我国着力寻求和平稳定的发展环境，社会结构和制度服务于"集中力量办大事"，以增强国力为主要任务；在改革开放初期，我国人民的生活以满足基本的物质和精神需求为目标，社会结构和制度要支持经济的快速发展，允许一部分人先富起来，实现先富带动后富。现如今在全面建成小康社会的任务完成之后，我们又要向着第二个百年目标奋斗迈进，所提出的有关收入分配的一系列改革方案，也正是人们生活方式诉求推动的结果。与此同时，社会结构和制度的变革也反过来促进了人民生活方式的发展进步，使绿色生活方式和生产方式发展所处的社会和制度环境更加适应现阶段的发展需要，而减少生活和生产方式发展过程中的阻力，打破原有体制机制桎梏，可以推动绿色生活方式加速形成，进而推动社会的发展。

第三章

新时代"生态、生产、生活"的逻辑解析与澄清

新时代绿色生活方式的建构前提一是对于其核心内容的阐释,包括对主要内涵、相关概念以及主要表现形式等方面的全面把握;二是对其外部联系的解析与澄清,即对于新时代绿色生活方式中生产、生活与生态的逻辑的厘清,这是区别于其他生活方式的本质内容。人的思想或观念形成过程(要素):"一是个人思想的主观过程,即思考、判断、分析、反省等;二是已经具有某种客观化形式以至载体的概念与理论;三是成为许多人头脑中的观念。"[①]这三个过程(要素)是相互影响的,自身没有形成正确的观念或者被周围人误解的观念在人脑中形成后都会影响人的行为,这也是本章内容厘清的必要性。

---

① 杨通进编《生态》,生活·读书·新知三联书店,2017,第Ⅱ页。

第一节　新时代绿色生活方式与生态问题的澄清

绿色生活方式中的"绿色"与生态有什么区别，又为什么叫绿色生活方式而不是生态生活方式？很多学者所认为的生态型生活方式又是指什么？这些问题的解答直接影响对于绿色生活方式的理解，因此对"绿色"与生态、生活方式与生态问题、绿色生活方式与生态文明建设等之间存在何种关联与后果进行必要的逻辑解析与阐释可以帮助人们从理论上进一步认识新时代绿色生活方式。

一　"绿色"与生态的问题厘清

为什么会出现把绿色生活方式当成最简单的环保行为或者当作处于狭义与广义之间的绿色生活方式的现象呢？最主要的是为什么这种生活方式并未达到理想的效果，甚至连最基本的生态问题都未能解决呢？这个原因可能就在于生活的主体——人，人们在一些问题上没有一个清楚的认识，比如对于"绿色"、生态、生态学之间的概念和关系没有一个清晰且正确的认识，而对于这些内容的认识直接影响其对于新时代绿色生活方式的认知。

何为绿色已经明确，那么何为生态呢？在讲生态之前，还有两个词的含义是学者们未形成统一的认识的，即自然和环境。对于自然，无论是马克思所说的自在的自然、人类生存的自然还是人化自然，其中包含的自然都是相对于人而言的，也包含了人在内。这样一来，自然的延展性或者包含的范围要大于环境，环境的原义是指"我们周围的地方"，强调的是不包括人的那部分自然，是指"围绕着人群的空间及其中可以直接、间接影响人类生活和发展的各种自然因素的总体，不仅包括自然因素还有社会因素"[1]。可以看出，环境是直接与人类生活相关的自然部分，当然也包含了人化的自然中产生的社会因素，其核心在于"人所处的外在物质环境，包括自然环境和人化自然

---

[1] 曲格平等编《中国大百科全书环境科学卷选编：环境科学基础知识》，中国环境科学出版社，1984，第1页。

环境"①。

　　生态则与环境有所不同，生态学（ecology）这个词是1866年恩斯特·海克尔首次提出的，最初是在有机体与其环境之间关系的意义上使用的，原义是指"房子和家"，这就与环境的原义"我们周围的地方"有所不同，后来生态学的含义就变得广泛起来，脱离了海克尔的原义。岩佐茂认为广义的生态学是指"个人生存方式的保护环境的生活态度和积极保护自然环境运动的环境保护"②。我国学者对于生态学的定义比较广泛，认为生态学从一开始关注的就是"共同体、生态系统和整体"③，其核心是人与自然的关系，以及这种关系下人的生存状态。《现代实用汉语词典》上的解释是"生物在一定的自然环境中生存与发展的状态"④。当代生态学尤其强调的是今天"人类主体对自然界的过度'改造'所导致的恶果之反思"⑤。

　　由此可知，生态与环境两者最根本的区别是相对应的，环境较为静态，生态则更强调整体性、关联性和动态性，与代表着"生命"丰富内涵的"绿色"有着本质的不同。因此，绿色生活方式的延展性与内涵从限定词上来说就直接区别于前两者，且所表达的绿色价值追求与生态价值也有所不同，本书中所阐释的绿色价值包含生态价值。故，不能将绿色生活方式等同于生态生活方式或者环保生活方式。

二　生活方式与生态问题的解析

　　《增长的极限》一书在1972年一经面世就产生了极大的影响，然而一本本该让人们从资源与非常现实的生态问题的噩梦中醒来的书也引来了很多的批判和质疑，尤其是经济学家对其大加批判。尽管这本书一直在强调不可能对未来的事情做出具体的预测，只是在呼吁"通过技术、文化和制度上重大、前瞻和

---

① 王江丽：《全球绿色治理如何可能？——论生态安全维护之道》，博士学位论文，浙江大学，2009。
② 〔日〕岩佐茂：《环境的思想：环境保护与马克思主义的结合处》，韩立新、张桂权、刘荣华译，中央编译出版社，1997，第4页。
③ 王正平：《深生态学：一种新的环境价值理念》，《上海师范大学学报》（哲学社会科学版）2000年第4期，第4页。
④ 王继洪、陈鸣、任丽青编著《现代实用汉语词典》，上海远东出版社，2001，第734页。
⑤ 张一兵：《马克思历史辩证法的主体向度：似自然性、物役性批判理论研究》，北京师范大学出版社，2017，第459页。

社会性的创新来避免人类生态足迹的增加超出地球的承载能力"①。罗马俱乐部也随之发出警告称其为"第一次地球革命",具有全球性的"连锁反应",整个席卷了人类的政治、经济、环境、文化、生活方式、价值观等涉及人类生活的一切领域的根本转换。②很明显,此时人们对于生态问题的理论上的重视要大于现实实践。对于生态文明的提出就是对生态问题的解决,而如何具体实施与深入人心才是最重要的问题,正如习近平总书记所说,"生态环境问题归根结底是发展方式和生活方式问题"③。没有对生活方式的自觉谋划,是不可能实现生态文明与绿色发展的。现实是当人们一听到生态文明与被误解的绿色生活方式时就认为是要我们停止过现代化的生活,就是让人们为了人与自然之间的和谐放弃享受工业文明所带来的便利以及现如今的现代化的成果,或者采取一种现在不解决,自己先享受一把,让后代人去解决的态度,再或者把破坏环境的产业等转移到其他国家或地区去,而不是"以生态导向的现代化"或者"以绿色导向的现代化",更没有去深刻地思考生活方式与生态问题的关系。

　　工业革命以来,日渐严重的全球性的生态危机和现代性危机使人类的发展面临前所未有的挑战,迫使人类必须进行生产生活方式的转型,工业文明对于生产方式和生活方式的批判在本书的第一章中就已论述,那种以物质主义为原则所形成的"大量生产——大量消费——大量废弃"的生活方式导致了对于环境资源的严重掠夺与破坏。究其原因,有学者认为从哲学上看,"阻碍绿色发展和生态文明建设的最根本的思想障碍就是科技万能论和物质主义"④,这是有一定道理的,人们如果不从思想层面深刻认识到生活方式与生态问题的关系,进而对接纳已久的价值观进行改造,就无法形成新的生活方式。绿色生活方式的出场就是对这一现实的关注与理论回应,即最初的确是为了解决生态问题,然而,其在发展进程中所解决的问题并非仅限于此。何塞·卢岑贝格在寻觅新的价值时提出了绿色哲学,即"用逻辑思维来研究一切有关人类环境及其存在的有关事物的科学"⑤,他认为绿色哲学研究的重心将是人类价值观,是人性的、

---

① 〔美〕德内拉·梅多斯、乔根·兰德斯、丹尼斯·梅多斯:《增长的极限》,李涛、王智勇译,机械工业出版社,2013,第XXIII页。
② 转引自〔日〕岩佐茂《环境的思想:环境保护与马克思主义的结合处》,韩立新、张桂权、刘荣华译,中央编译出版社,1997,第3页。
③ 习近平:《坚决打好污染防治攻坚战 推动生态文明建设迈上新台阶》,《人民日报》2018年5月20日,第1版。
④ 卢风:《绿色发展与生态文明建设的关键和根本》,《中国地质大学学报》(社会科学版)2017年第1期,第5页。
⑤ 〔巴西〕何塞·卢岑贝格:《自然不可改良》,黄凤祝译,生活·读书·新知三联书店,1999,第11页。

时代性的、人类社会的行为准则,即将到来的社会工业生产是一种绿色的生产过程,而且人的生活和消费应该注重实质,而不是数量的享受。①而在新时代,新的起点和新的需求以及人们对美好生活的向往更要求人们践行一种崭新的生活方式——新时代绿色生活方式,这也是解决生态问题的出口。

三 绿色生活方式与生态文明建设

马克思恩格斯对于资本主义社会和处于其中工人阶级与无产阶级的遭遇进行过深刻的揭露,而社会主义的本质特征和核心价值则与资本主义从根本上就有所区别,是"以实现人的全面发展为宗旨,以真正满足属于人的功能与需求为主要内容的存在方式"②,其中就包含了人对环境的需求,即生态文明建设。新时代绿色生活方式与生态文明建设的目标存在一致性,两者密切相关,生态文明建设不仅呼唤生活理念的绿色化,进而促进新时代绿色生活方式的形成,而且生态文明建设需要推动形成绿色生活方式,两者最终都是为了人的自由而全面发展。这与中国特色社会主义把以人为本作为理想和价值追求,并设想通过实现人与自然的统一来推进人全面发展的目标相一致。正如陈学明所说:"我们不能把建设生态文明仅仅看作一个资金问题、技术问题、项目问题,或者说仅仅是解决人与自然关系方面的问题,而应当像'生态马克思主义'理论家那样善于透过人与自然的冲突去分析和解决人与人的冲突,着眼于通过不断地改革我们的社会制度和人与人之间关系方面的一切不完善之处,来解决生态问题。"③由此可见,在本质上新时代绿色生活方式与生态文明建设所表达的内容和价值观是一致的。

首先,从两者的内容来看,暂且不论生态文明是不是一种比工业文明更为高级的文明形态,从生态文明建设的社会发展目标与最终追求目标来说,其是与新时代绿色生活方式相一致的。尤其是在新时代的大背景下,"建设生态文明是中华民族永续发展的千年大计"④,新时代绿色生活方式所追求的社会发展

---

① 〔巴西〕何塞·卢岑贝格:《自然不可改良》,黄凤祝译,生活·读书·新知三联书店,1999,第12~13页。
② 陈学明:《生态文明论》,重庆出版社,2008,第5页。
③ 陈学明:《生态文明论》,重庆出版社,2008,第5页。
④ 《决胜全面建成小康社会 夺取新时代中国特色社会主义伟大胜利——习近平同志代表第十八届中央委员会向大会作的报告摘登》,《人民日报》2017年10月19日,第4版。

目标是生态文明建设的题中之义，生态文明建设中有绿色生活方式所追求的价值目标，其方向具有一致性。从生态文明的三个主要特征来看，平等性是其最根本的特征，包括人与自然的平等、国与国之间的平等、人与人之间的平等以及代际平等，多元化并存是其最基本特征，循环再生是其最显著特征。[1]新时代绿色生活方式所追求的也是代际平等、类间和谐，讲究的也是公平，而且生态文明的多元化与循环再生更是保障了绿色生活方式的顺利实践，尤其是在价值观念或者生活理念方面，两者都具有生态指向性，毕竟生活引领生产，生活理念会影响人们对生产目的和生产方式的选择，绿色生产方式是两者都需要的。

其次，从建设时间和过程方面来讲，两者都需要一个长期的过程。生态文明建设不是一朝一夕的事情，新时代绿色生活方式的建构也不是在一瞬间就能完成，两者在中国特色社会主义现代化建设中同向同行，不仅希望以人们对美好生活的需要和对优美生态环境的需要为中心，实现人与自然和谐发展的现代化，而且更希望实现马克思恩格斯所设想的共产主义。从建设过程与其可能性方面来讲，中国特色社会主义制度与资本主义有着本质上的不同，在现代化过程中会避免西方所鼓吹的消费主义，融合国外马克思主义学者的批判理论，限制其发展，尤其是对于新时代绿色生活方式的建构有着非常科学的时间规划，将其融入中国特色社会主义现代化的进程之中。正如生态学马克思主义理论家将生态文明与人的生存、生活方式结合在一起，认为"建设生态文明最根本的意义就在于创建一种人的新的生活方式，或者说新的存在方式"[2]。人类在自觉不自觉地把生态文明建设的进程变成建构新时代绿色生活方式的过程，这与两者的目标和价值追求在核心内容上存在着直接关联性。

笔者曾基于我国30个省份1997~2019年的面板数据，通过实证分析对全国以及东部、中部、西部地区进行模型估计，发现东部、中部、西部地区碳排放量的主要影响因素各不相同，东部地区只有人均国内生产总值通过了显著性检验，而中部地区的人均碳排放量主要受人均能源消费的影响，西部地区清洁发电对减少碳排放有积极的影响。无论是生态文明建设还是绿色生活方式的加快推行，都应该针对不同地区影响碳排放量因素的异质性，从加快技术进

---

[1] 张敏：《论生态文明及其当代价值》，中国致公出版社，2011，第46~48页。
[2] 陈学明：《生态文明论》，重庆出版社，2008，第108页。

步、推动产业结构调整、提供政策保障等方面出台相应的政策。[①]城镇化的能源集中使用可以在一定程度上达到节能减排的效果,这也可以在一定程度上说明我国的新型城镇化战略注重高质量发展,注重生态文明建设和绿色生活方式的共同推进。

第二节 绿色生产方式与绿色生活方式的逻辑解析

我们认识与建构新时代绿色生活方式,必须要先弄清楚与其相关的生产方式,即不可缺少的绿色生产方式。之所以将绿色生产方式置于如此重要的位置,是因为新时代绿色生活方式的表现形式中劳动生活方式和消费生活方式等是由生产方式所规定的,我们要想搞明白新时代绿色生活方式表现形式及所呈现的内容,必须弄清楚生活方式与生产方式的关系,尤其是新时代绿色生产方式是什么及其发挥的重要作用。

一 生产方式与生活方式的关系

马克思恩格斯在阐述生产方式和生活方式时并未将两者分开,在提到生产方式的同时也提出了生活方式的范畴,在这里有必要再重复一遍,"人们用以生产自己的生活资料的方式,首先取决于他们已有的和需要再生产的生活资料本身的特性。这种生产方式不应当只从它是个人肉体存在的再生产这方面加以考察。更确切地说,它是这些个人的一定的活动方式,是他们表现自己生命的一定方式、他们的一定的生活方式。个人怎样表现自己的生命,他们自己就是怎样。因此,他们是什么样的,这同他们的生产是一致的——既和他们生产什么一致,又和他们怎样生产一致。因而,个人是什么样的,这取决于他们进行生产的物质条件"[②]。这段话明确说明了生产方式的范畴——"生产方式即谋生的方式"[③]。除此之外,马克思还指出,"各种经济时代的区别,不在于生产什

[①] 潘喜莲、侯宇恒:《影响我国碳排放的因素分解——基于省级面板数据的实证分析》,《科学决策》2021年第12期,第84~94页。
[②] 《马克思恩格斯文集》(第1卷),人民出版社,2009,第519~520页。
[③] 《马克思恩格斯文集》(第1卷),人民出版社,2009,第602页。

么，而在于怎样生产，用什么劳动资料生产"①。从另一个角度来说，生产方式是"社会生产机体本身的特殊方式——社会生产的条件和形式"②。生产方式就是回答"谁"生产、生产"什么"、"怎样"生产的问题。

生产方式与生活方式有什么区别与联系呢？所谓生产方式用通俗的话来讲就是指劳动能力同生产资料结合的方式，特别是它的历史的形式。而生活方式是衣食住行、教育、卫生保健、文化、娱乐等这些生命再生产的特殊的历史形态，是人和生活资料结合的方式。从原理上来讲，生产方式制约生活方式，也可以说生产方式决定生活方式。马克思认为："物质生活的生产方式制约着整个社会生活、政治生活和精神生活的过程。"③不仅如此，生产方式作为社会发展的决定力量，决定着社会变迁和政治变革的基本方向与进程，这是与生活方式直接相关的。正如恩格斯所说："生产以及随生产而来的产品交换是一切社会制度的基础；……一切社会变迁和政治变革的终极原因，……应当到生产方式和交换方式的变更中去寻找。"④

从两者的关系来讲，生产方式与生活方式的构成要素又存在重合部分，生活方式在一定程度上也影响着生产方式，如在社会关系方面，"人们按照自己的物质生产率建立相应的社会关系，正是这些人又按照自己的社会关系创造了相应的原理、观念和范畴"⑤，这里的"生产率"在1885年的德文版《哲学的贫困》中被改为生产方式。生产直接是消费，消费直接是生产，从两者结构的变化中可以看出作为生活方式外化的消费方式可以直接影响生产，即生活方式的变化是人的需要的变化或新的需要的产生，新的需要的产生则会促进生产的发展。从动态上看，生产方式与生活方式两者的互动互构是客观辩证的。

二 解决生活方式问题的出路：社会主义生产方式

岩佐茂早就指出充斥着物质主义的生活方式是"由构成大量消费前提的大量生产的方式所造成的，从而这种生产方式本身更符合以获得利润为至上命令

---

① 《马克思恩格斯文集》（第5卷），人民出版社，2009，第210页。
② 于金富：《马克思生产方式理论与中国特色社会主义生产方式》，《中州学刊》2006年第4期，第38页。
③ 《马克思恩格斯文集》（第2卷），人民出版社，2009，第591页。
④ 《马克思恩格斯文集》（第9卷），人民出版社，2009，第283～284页。
⑤ 《马克思恩格斯文集》（第1卷），人民出版社，2009，第603页。

的资本的逻辑,因此,不对这种生产方式本身动手术就不能根本解决问题"①。从根本上说,要想改变大量生产—大量消费—大量废弃的生活方式必须先要改变与其相对应的生产方式。

虽然说"后现代化可以视为人类生存战略的一种变迁,这就是从最大限度地推进经济增长转而通过生活方式的变化而最大限度地保证生存和幸福"②,这是不可否认的,工业化的生产方式促进了物质的丰裕与人类生活需要的增长,是人类生存的一条途径,丰富的物质基础也是保障人幸福的重要基础,这只是就广泛的目标或者对大众而言。但是人类在探索更好的生活时发现并没有哪一条道路或者战略从开始就处于最佳状态或者不用实践探索就能一步到位,总要有一个步骤和时间过程。因此,无论是马克思批判的资本主义生产方式以及生活和劳动异化,还是国外马克思主义者批判的大量生产—大量消费—大量废弃的生活方式,或者是我国自生态问题引发的对人的生存的担忧和生活方式出现的问题,都是人走向共产主义所必经的阶段。然后对于财富的正确认识,马克思恩格斯很早就把正确答案告诉了我们:"事实上,如果抛掉狭隘的资产阶级形式,那么,财富不就是在普遍交换中产生的个人的需要、才能、享用、生产力等等的普遍性吗?……而先前的历史发展使这种全面的发展,即不以旧有的尺度来衡量的人类全部力量的全面发展成为目的本身。"③从中我们可以看到马克思恩格斯在说这段话时有一个前提,即"抛掉狭隘的资产阶级形式",这也是需要我们改变的地方。

对于大量生产—大量消费—大量废弃的生活方式的解决还是要回到生产方式上来。从消费与生产的关系来讲,两者本就不可分。如果不进行大量的消费,大量生产的产品就会滞销,大量生产也便不能再进行。但是商家不允许这种情况的出现,最大限度地利用一切媒体、网络等形式进行广告展示与促销,以期卖出最多的产品,尤其是近年来网购的发展,有多少人是被直播间的"饥饿营销"一时冲昏了头脑而不觉"剁了手",再看看如今的消费主力——青年,从花呗、借呗、京东白条、京东金条、网络借贷等各种"今天花明天的钱"的

---

① 〔日〕岩佐茂:《环境的思想:环境保护与马克思主义的结合处》,韩立新、张桂权、刘荣华译,中央编译出版社,1997,第162页。
② 〔美〕罗纳德·英格尔哈特:《变化中的价值观:经济发展与政治变迁》,黄语生译,《国际社会科学杂志》(中文版)1996年第3期,第3、7~31页。
③ 《马克思恩格斯文集》(第8卷),人民出版社,2009,第137页。

模式中就可略见一斑，但是又有多少人会深度思考一下自己是否真正需要这些东西呢？由此产生的大量废弃就是在大量生产、大量消费的基础上：其一，大量生产是为了生产而生产，其生产的"废弃"是第一重废弃，包括对环境的索取与对生产资料的废弃；其二，大量消费而产生的消费是为消费而消费，最终的结果是有多少不必要的消费就会有多少不必要的废弃，这是第二重废弃；其三，这种废弃对环境的破坏和资源的浪费，加之前两重的废弃所导致的生产体制，必将引起第三重甚至恶性循环的废弃的产生。因此，转变生产方式才能从根本上解决生态问题和生活方式危机，这也与人类的思想观念有着非常重要的关联。

可以说在物质如此丰富、产品如此多样化的现代，人类的生活，总体而言比过去任何时候都更为舒服、便捷，尤其是生命时间的延长和各种疾病的治愈。而是否真正幸福，是否达到马克思恩格斯所期待的"人只须认识自身，使自己成为衡量一切生活关系的尺度，按照自己的本质去评价这些关系，根据人的本性的要求，真正依照人的方式来安排世界，这样，他就会解开现代的谜语了"[1]呢？好像还是没有。而"一定的生产方式或一定的工业阶段始终是与一定的共同活动方式或一定的社会阶段联系着的"[2]，目前我国处于社会主义阶段，虽然是初级阶段，其生产方式也与西方世界有所不同，无论什么样的生产和发展都"不能以牺牲精神文明为代价，不能以牺牲生态环境为代价，更不能以牺牲人的生命为代价"[3]。所以，无论是对于生态危机还是生活方式的问题，我国具有社会主义属性的生产方式和生活方式都是解决这些问题的出路。

三 绿色生产方式与新时代绿色生活方式

在如今信息发达的时代，尤其是人工智能的迅速发展，有很多人退出了直接生产的过程而变成了脑力劳动者或者是管理工作者，这时候人的综合素质成为社会发展的主要生产力。而人的素质的高低不仅与其本身所处的环境和家庭出身，更重要的是与其对工作以外的闲暇时间的占有和利用有关，是否能自由、合理利用自己的闲暇时间。与此同时，这时候的闲暇时间不仅满足了人们

---

[1] 《马克思恩格斯全集》(第3卷)(第2版)，人民出版社，2002，第521页。
[2] 《马克思恩格斯文集》(第1卷)，人民出版社，2009，第532页。
[3] 《科学发展观重要论述摘编》，中央文献出版社、党建读物出版社，2008，第29页。

的精神需求，也从另一个方面变成了"生产时间"。由此，我们现代的社会生产方式和生活方式重新融合。

绿色生活方式的出现就要求有与其对应的绿色生产方式，于是在新时代绿色生活方式的建构中，促进绿色生产方式的产生也是其需要建构的一部分，因为"绿色生产方式是绿色发展理念的基础支撑、主要载体，直接决定绿色发展的成效和美丽中国的成色，是我们党执政兴国需要解决的重大课题"[①]。那么什么是绿色生产方式呢？目前学界对其定义进行界定的并不多，而且多将绿色生产方式与绿色生活方式混在一起。界定绿色生产方式之前要先界定什么是绿色生产。

首先，什么是绿色生产？学界对此的定义大都从环保的角度出发，认为绿色生产是"以生态文明为自己的伦理基础，注重自然关怀与人文关怀，以实现人类社会持续发展为目标的一种新型生产方式"[②]，同时也是最有效率的生产组织方式，但对于绿色生产与绿色生产方式的概念是没有区分开的。然而，作为自然关怀的体现，绿色生产更加注重人与自然的关系，在生产过程中无论是在生产流程、生产技术、生产原材料还是废弃物的排放等方面，都更加考虑到环境的承载能力，以不污染环境为前提。最重要的是生产出来的产品能够满足人们的需要，当然最好是绿色产品，虽然目前以我国的技术和生产能力还不能达到这样的标准，但是需要保证这些产品不会给人们的身体健康造成危害，以人的生命健康为前提。作为人文关怀的体现，绿色生产要求在生产过程中做到安全生产、文明生产、和谐生产，主要表现为在生产过程中生产环境、生产过程不会危害到劳动者的身心健康，且劳动者能得到合理的报酬和社会保障。进一步而言，劳动者技能和综合素质的提升，可以适应市场的变动以及生产中的合作，进而实现人际关系的和谐。除此之外就是对于其生产效率的提升，一旦绿色生产效率上不来，就不会被长久地保留下来，可持续的绿色生产从一定意义上来说才是真正的绿色生产。

其次，什么是绿色生产方式？很多学者提出的对于它的定义与绿色生产的定义极具相似性，都是在环保的基础上，如认为绿色生产方式指的就是"对环境友好、保护自然资源、加强生态修复的生产生活方式"[③]，而且是直接包括生活

[①] 任理轩：《坚持绿色发展——"五大发展理念"解读之三》，《人民日报》2015年12月22日，第7版。
[②] 杨文进：《绿色生产》，中国环境出版社，2015，第5页。
[③] 杨博、赵建军：《生产方式绿色化的哲学意蕴与时代价值》，《自然辩证法研究》2018年第2期，第109页。

方式的,对于该观点本书先不做评价,毕竟我国绿色生活方式最初的提出确实是因为生态问题。总体而言,绿色生产方式"仍是由生产力发展水平决定,以物质生产为核心,生态生产为追求,社会关系生产为主导,同时又整合了精神生产、人自身的生产的绿色化,其中既考虑人与人的关系,又将人与自然的关系纳入进来,实现传统生产方式在创造财富层面上的拓展,而资本在生产方式中已是手段而非目的,最终实现了对资本的扬弃"[1]。从中可以看出,绿色生产方式是全方位的,尤其是在进入新时代以后,更是"以人为本",以满足人民日益增长的美好生活需要为目标,即在满足了人们生存和生活需要的基础上,更加注重对人们的社会性需要的满足,包括社会保障、社会公平和社会关系等,当然其中整合了精神生产并关注人自身,也非常重视人的精神文化需要。这符合《国家新型城镇化规划(2014—2020年)》所倡导的"要将生态文明理念全面融入城市发展,构建绿色生产方式、生活方式和消费模式"。同超越了单纯的经济增长范畴上的"自由"一样,未来绿色生产方式也不会仅仅局限于物质生产或者生态生产领域,而是在政治文明建设、精神文明建设乃至未来人类文明发展中都具有巨大引领与推动作用。这是与我国的现代化目标和绿色生活方式的追求相一致的。

最后,如何实现新时代绿色生活方式与绿色生产方式的整合?对于资本主义生产方式的批判,恩格斯在《英国工人阶级状况》中就已无情地揭露,但是依然没有阻止这种生产方式对人们生活方式的摧残,因为"在今天的生产方式中,面对自然界和社会,人们注意的主要只是最初的最明显的成果,可是后来人们又感到惊讶的是:取得上述成果的行为所产生的较远的后果,竟完全是另外一回事,在大多数情况下甚至是完全相反的"[2]。因此,在新时代,在奔向美好生活的路途中必须将绿色生活方式与绿色生产方式整合,尤其是在信息化的今天,生活方式和生产方式逐渐融合,良好的生活方式与生活理念可以促进生产方式的绿色转化。比如劳动生活方式的改进和闲暇时间的增加可以促进劳动者素质的提升和科技的进步,进而促进生产环境的改善、生产产品的绿色化、生产技术的提高以及人际关系的和谐,绿色消费可以促进生产产品的绿色化、生产环境的生态化……而绿色生产方式的实现可能在很大程度上决定着新时代

---

[1] 王丽丽:《整合与超越:绿色生产方式的实现理路——基于马克思全面生产理论的视角》,《理论月刊》2019年第10期,第34页。
[2] 《马克思恩格斯文集》(第9卷),人民出版社,2009,第563页。

绿色生活方式的建构程度，即形成程度，没有绿色生产方式，新时代绿色生活方式的建构就会成为泡影，毕竟没有良好的生产环境，没有不污染环境的生产过程和技术以及不危害人体健康的产品等，何谈绿色生活方式？何谈人类更好的发展？可见，两者的整合需要一定的时间和空间条件，不可能一蹴而就，但是依然朝着人的美好生活方向发展。

第三节　新时代"生产、生活、生态"的辩证统一

生命、生产、生态、生活等这些话题是人们极为关注的，尤其是进入新时代，人们对"生产、生活、生态"的"三生"融合更为注重，这不仅关系到人们的现在和未来生活，更关系到社会的稳定和国家的发展。党的十八大明确强调"要按照人口资源环境相均衡、经济社会生态效益相统一的原则，控制开发强度，调整空间结构，促进生产空间集约高效、生活空间宜居适度、生态空间山清水秀，给自然留下更多修复空间，给农业留下更多良田，给子孙后代留下天蓝、地绿、水净的美好家园"[1]。由此可以看出生产空间、生活空间、生态空间三者的重要性以及彼此之间的相互联系、相互影响。2019年党的十九届四中全会提出要"坚定走生产发展、生活富裕、生态良好的文明发展道路，建设美丽中国"[2]，更加突出了我们党坚持以人民为中心的发展思想以及现代化过程中的目标。那么在新时代的背景下，以及新时代绿色生活方式的建构中，"生产、生活、生态"存在什么样的辩证关系？又该如何融合？这是本节着重要解决的问题。

一　新时代的绿色生产是生态安全和美好生活的保障

福柯在分析苏格拉底对于关心自己的认识时，提到了苏格拉底经常说的一段话，"你关心一堆东西、你的财富、你的声望。而你不关心你自己"[3]。这段

---

[1] 《坚定不移沿着中国特色社会主义道路前进　为全面建成小康社会而奋斗——胡锦涛同志代表第十七届中央委员会向大会作的报告摘登》，《人民日报》2012年11月9日，第2版。
[2] 《中共十九届四中全会在京举行　中央政治局主持会议　中央委员会总书记习近平作重要讲话》，《人民日报》2019年11月1日，第2版。
[3] 〔法〕米歇尔·福柯：《主体解释学》，余碧平译，上海人民出版社，2018，第8页。

话主要是说人并没有关注人自己的内心，没弄清楚自身的真正需求，关心更多的反而是外在的东西，那些可以组成人自身的外在符号。这也是追求"大量生产—大量消费—大量废弃"的生活方式的一种表现，"物"的拥有和消费符号成了人与人之间的身份认同，而不是人本身，更别提对于自然的关心了。这就需要我们进行如下反思：在物质生产水平提高和物品丰富的时代，为什么我们距离自然越来越远，还感觉不到幸福？是否可以通过生产方式"绿色化"去维护我们赖以生存的家园，找到自身的人生定位？

（一）社会生产的生态关怀促使生产方式"绿色化"

生产与生态的关系，主要表现在两个层面上。第一个层面是社会生产与生态关怀，马克思恩格斯指出："不论生产的社会的形式如何，劳动者和生产资料始终是生产的因素。但是，二者在彼此分离的情况下只在可能性上是生产因素。凡要进行生产，它们就必须结合起来。实行这种结合的特殊方式和方法，使社会结构区分为各个不同的经济时期。"[1]其中包含的两个因素是劳动者和生产资料，作为主体的劳动者具有主观能动性和反思的、主导生产的能力，劳动者与生产资料相结合进行生产，生产发展水平和生产数量决定着消费的增长与结构，而消费水平的提高、消费内容的多样化又反过来影响着生产的发展。社会生产作为一个复合系统，主要包括"物质生产、精神生产和人的自身生产"[2]，这三种生产之间要相互协调、相互适应，形成一种有序运行的状态，就是要使整个社会的消费水平与生产发展水平相适应，生产资料的生产和生活资料的生产保持合理的比例。而无论是哪种生产，其有序运行要想摆脱异化，需要作为生产因素的具有主观能动性的劳动者具有生态关怀，认识到人与自然的关系，意识到生产资料的选择、生产过程中的消耗以及废弃物的处理与排放一旦损害大自然，打破生态平衡，就会危害到自身生存的环境。只有将生态关怀融入社会生产，朝着绿色生产转化，精神生产水平才会得以提高，人自身的生产才会具有可持续性。

第二个层面是生产空间与生态空间，人类的一切活动均要以一定的场所为载体，所谓生产空间就是用于生产经营活动的场所，包括一切为人类提供物质

---

[1] 《马克思恩格斯文集》（第6卷），人民出版社，2009，第44页。
[2] 林坚：《自然生态、社会生产与人类生活的关系探讨》，载中国自然辩证法研究会《第三届全国科技哲学专家专题论坛"在为国服务中发展自然辩证法"学术研讨会论文集》，2010，第71页。

产品生产、交换与分配、文化与公共服务等生产经营活动的空间载体。而生态空间是指为人类生存与繁衍提供生态产品与生态服务的区域，它是人类生活和生产的保障。一旦生产空间布局不合理，生产活动不遵守自然规律，就会威胁到生态安全，生态空间就会受损，人的生活就会受到危害；反之，生态空间的损害也会影响生产空间的生产主体、生产环境以及生产资料，如损坏生产主体的健康以及污染生产产品等，倒逼生产空间的改善。可以说，生产空间直接影响着生态空间，而生态空间的好坏在一定程度上反过来影响生产空间。因此，必须减少甚至停止生产空间对生态空间的挤压、侵蚀与破坏，而绿色生产的生态关怀可以使生态空间得到更好的修复。

（二）绿色生产的发展目标：实现美好生活

马克思恩格斯认为人可以通过自由自觉的劳动使自己的本质对象化，即人的自我实现。而这个自我实现需要以推翻旧的生产方式和分工，产生新的生产组织为条件。"在这样的组织中，一方面，任何个人都不能把自己在生产劳动这个人类生存的必要条件中所应承担的部分推给别人；另一方面，生产劳动给每一个人提供全面发展和表现自己的全部能力即体能和智能的机会，这样，生产劳动就不再是奴役人的手段，而成了解放人的手段，因此，生产劳动就从一种负担变成一种快乐。"[①] 这时的劳动是人的本身需要，是解放人的手段，生产是为了人实现美好生活。

绿色生产与传统生产注重物质消费与部分精神文化消费而忽略生态消费不同，它是服务于人的物质、精神与生态三方面的需求，因而需要从三种消费之间相对平衡这个角度来进行生产。绿色生产的目标与价值标准不同于传统资本主义建立在人与自然相对立的基础上，也不再是追求"大量生产—大量消费—大量废弃"的生活方式，而是充分体现人文关怀和生态关怀，充分反映"资源环境价值与人们建立在物质消费、精神文化消费与生态消费之间相对平衡以实现最大福利的基础上"[②]，其最终的目标是满足人们对美好生活的需要。因此，绿色生产需要在生产方面严格把关，满足人们对优美环境的需求，即"美"生活；需要满足社会性需求，即保障物质生产的丰富性和实用性；需要更加

[①] 《马克思恩格斯文集》（第9卷），人民出版社，2009，第310~311页。
[②] 杨文进：《绿色生产》，中国环境出版社，2015，第8页。

注重生产过程中的劳动环境和社会关系,形成人与人之间的和谐,即"好"生活。

(三)绿色生产直接影响生态安全和美好生活的实现

从本质上说,绿色生产的生态关怀就是要协调好生产发展和环境保护的关系。人类进行生产活动就一定会从自然中获取资源并向自然界排放污染物,绿色生产也不例外,只是绿色生产会考虑到其破坏和污染环境的限度与环境本身的净化能力,使两者达到一个平衡,或者是以生态优先,不然无论是对自然资源"掠夺"过多还是排放的污染物超过了环境本身的净化能力,都会直接产生生态问题,威胁到人类的生存。由此,被破坏的环境就会阻碍绿色生产的正常的进行。这些年来对于雾霾、污水以及有害物质进入自然的治理已初具规模,关停了一些不合理不合法的工厂,就是一个很好的说明。为此习近平总书记明确强调:"今年以来,我国雾霾天气、一些地区饮水安全和土壤重金属含量过高等严重污染问题集中暴露,社会反映强烈。经过三十多年快速发展积累下来的环境问题进入了高强度频发阶段。这既是重大经济问题,也是重大社会和政治问题。"[1]绿色生产的人文关怀从根本上说就是"以人为本"、以人对美好生活的向往为目标,不能把生产当作目标,它仅仅是我们生活得更好的手段。而生产资料、生产过程和生产产品都直接影响着人们的生活,这些都促使我们必须走绿色生产的道路。

二 新时代的良好生态是生产发展的方向和美好生活的组成部分

党的十八大以来,我们党反复强调生态环境保护和生态文明建设,因为"良好生态环境是人和社会持续发展的根本基础"[2],是我国持续发展最为重要的基础条件。人类的生存和发展需要资源和能源,也不可能离开赖以生存的自然界。因此,我们必须要在人类从自然界攫取财富的"生产"、人类耗用自然资源的"生活"和人类攫取财富实现"自然界物质变换"组织过程的"劳动"这三个领域均实现生态化。毕竟"良好生态环境是最公平的公共产品,是最普惠的民生福祉。对人的生存来说,金山银山固然重要,但绿水青山是人民幸福生

---

[1] 《习近平关于社会主义生态文明建设论述摘编》,中央文献出版社,2017,第12页。
[2] 《中共十九届四中全会在京举行——中央政治局主持会议 中央委员会总书记习近平作重要讲话》,《人民日报》2019年11月1日,第2版。

活的重要内容，是金钱不能代替的。你挣到了钱，但空气、饮用水都不合格，哪有什么幸福可言"①，就更不用说什么美好生活了。

习近平总书记强调："保护环境就是保护生产力，改善环境就是发展生产力。"②这一重要论述深刻地阐明了生态与生产力之间的关系。发展生产力，不断满足人民群众日益增长的物质文化需求，逐步实现全体人民共同富裕，是中国特色社会主义道路的根本要求。要满足这一根本要求，发展生产力是前提和基础。发展生产力要尊重自然规律，正确处理好人与自然的关系。发展生产也是如此，必须考虑到生态的承受能力，没有良好的生态，生产发展只能走向死胡同，所以，生产一定要朝着良好生态方向发展，即实行绿色生产。

自然是人类赖以生存的基础，而良好生态是人们美好生活向往的组成部分，也是衡量绿色生活方式形成的重要标准。习近平总书记提出："让良好生态环境成为人民生活的增长点、成为经济社会持续健康发展的支撑点。"③因为良好生态环境既是人民生活质量的重要衡量标准，也是人民生活富裕的重要衡量指标。生态环境一头连着人民群众的生活质量，一头连着社会的和谐稳定，保护生态环境就是保障民生，改善生态环境就是改善民生。随着经济社会发展和人民生活水平的提高，"人民群众对清新空气、干净饮水、安全食品、优美环境的要求越来越强烈"④，生态环境质量在幸福指数中的地位不断凸显。没有良好生态，生活便不能称为美好生活。而且就生产空间、生活空间和生态空间之间的辩证关系而言，"生活空间是目的，空间优化的归宿是生活空间的更加美好；生态空间为生产空间、生活空间提供保障，若生态恶化，生产空间将受到制约，生活空间也会受限"⑤，因此，要从发展与保护相平衡的理念出发，"确定识别区域内土地主导功能原则并依据空间识别规则，划定为以生态功能为主导的生态生活空间、生态生产空间，以生产功能为主导的生产生活空间、生产生态空间，以生活功能为主导的生活生产空间、生活生态空间"⑥。

---

① 《习近平关于社会主义生态文明建设论述摘编》，中央文献出版社，2017，第12页。
② 《习近平关于社会主义生态文明建设论述摘编》，中央文献出版社，2017，第12页。
③ 《习近平关于社会主义生态文明建设论述摘编》，中央文献出版社，2017，第36~37页。
④ 《习近平关于社会主义生态文明建设论述摘编》，中央文献出版社，2017，第28页。
⑤ 朱媛媛、余斌、曾菊新、韩勇：《国家限制开发区"生产—生活—生态"空间的优化——以湖北省五峰县为例》，《经济地理》2015年第4期，第27页。
⑥ 王昆：《基于适宜性评价的生产—生活—生态（三生）空间划定研究——以河南省为例》，硕士学位论文，浙江大学，2018。

三 新时代的美好生活是绿色生产和生态关怀的发展目标

传统的生产方式和生活方式正是没有把握好环境与生产、生活的关系,认为经济发展可以游离于生态系统之外,才导致人类赖以生存的生态环境遭到严重破坏。为了过上更好的生活——美好生活,人类应主动顺应生态环境的变化,大力发展生产力,推行绿色生产,调整生活方式,养成积极的生活心态,建构绿色生活方式,使生产、生活和生态环境保持协调发展。因为无论是绿色生产还是生态保护,其最终都是为了人的美好生活。尤其是在新时代的背景下,从人的发展角度和需要看,物质基础已经不是人们追求的全部,而是保证过上美好生活的一部分,精神追求和生态追求也非常重要。

一是绿色生产和生态关怀的发展目标是满足人们对美好生活的向往。绿色生产的主要目标是在满足人们对物质需要的同时注重生态,即"生活好"。马克思说:"在社会主义的前提下,人的需要的丰富性,从而某种新的生产方式和某种新的生产对象,具有什么样的意义。人的本质力量的新的证明和人的本质的新的充实。"[1] 无论是生产方式还是生产对象其最终服务的主体都是人,绿色生产,无论是生产资料的获取还是生产环境、生产过程以及生产目的,都是为了满足人的生存和发展需求,其终极目标是实现人对美好生活的向往。不仅如此,"人以其需要的无限性和广泛性区别于其他一切动物"[2],在物质需要得到满足后,进行的物质生产、精神生产可以进一步促进人的发展、提高人的素质,而对生态的需要也是人的需要的一部分,而且是人得以生存的前提。马克思认为:"在私有财产和金钱的统治下形成的自然观,是对自然界的真正的蔑视和实际的贬低。"[3] 人的整体素质的提高和对自然的正确认知所形成的生态关怀,一方面可以促进绿色生产,另一方面也是自身所追求的美好生活的一部分。正如约翰·雷恩在论述自愿简单生活的时候指出:"自然并非是与我们相分离的事物。我们每一个人都处于自然之中,但是,如果我们的生活总是被科技和消费带来的空洞的物质丰富拖累得疲惫不堪,我们就不可能感受到大自然的瑰丽,就无法感受到它的力量和乐趣。"[4]

---

[1] 《马克思恩格斯全集》(第3卷)(第2版),人民出版社,2002,第339页。
[2] 《马克思恩格斯全集》(第38卷)(第2版),人民出版社,2019,第11页。
[3] 《马克思恩格斯文集》(第1卷),人民出版社,2009,第52页。
[4] 〔美〕约翰·雷恩:《自愿简单》,容冰译,中信出版社,2004,第137页。

二是新时代的美好生活要求生产"绿色化"、环境"优美化"。马克思认为："产品的占有，是衡量能够在多大程度上使要求得到满足的尺度。"[1] 作为一种幸福的生活，美好生活的实现要以物质和消费的适度满足为前提，因为只有在满足了生存和发展的物质需求后，人类才能从事更高级的精神文化等活动，才能获得内心的幸福体验，即"当人们还不能使自己的吃喝住穿在质和量方面得到充分供应的时候，人们就根本不能获得解放"[2]。这些物质和消费的前提都是生产出来的，而其生产必须是"绿色化"的，否则就会造成对生态的破坏。美好生活的要求不止于此，它还要求环境的"优美化"，本书在前文已经阐明。就"三生"融合而言，美好生活要求"生产发展、生活富裕、生态良好"；就"三生"空间而言，美好生活要求"生产空间集约高效、生活空间宜居适度、生态空间山清水秀"，两者是统一的。

---

[1] 《马克思恩格斯全集》（第42卷），人民出版社，1979，第34页。
[2] 《马克思恩格斯全集》（第42卷），人民出版社，1979，第368页。

第四章

新时代绿色生活方式的表现形式

习近平总书记指出:"推动形成绿色发展方式和生活方式,是发展观的一场深刻革命。"[1]这场革命实质上是一场思想上、观念上、理论上和行为方法上的革命,而这场革命最直观的形式就是新时代绿色生活方式的外化表现,主要包括绿色化的劳动生活方式与闲暇时间、绿色消费方式、全面介入与合理化的交往生活方式、绿色化与多样化的家庭生活方式等,也就是说从"两种生产"到消费、社会关系以及与我们关系最近的家庭生活等贯穿了绿色生活方式的始终。我们只有把前面两章,即新时代的绿色生活方式的主要内涵、与绿色生活方式最相关的几个概念厘清,并把其具体的表现形式阐述清楚,才能将"什么是真正的绿色生活方式"解读清楚,才有可能提出建构实现新时代绿色生活的科学、合理的现实路径。

---

[1] 《习近平在中共中央政治局第四十一次集体学习时强调 推动形成绿色发展方式和生活方式 为人民群众创造良好生产生活环境》,《人民日报》2017年5月28日,第1版。

第一节 绿色化的劳动生活方式与闲暇生活方式

马克思恩格斯在论述生活方式的概念时就是把劳动生活包括在内的，既包括了人们生产什么，又包括了怎样生产，劳动生活方式是人生活方式的主要组成部分。劳动生活方式的绿色化作为新时代绿色生活方式的表现之一，是其他生活方式表现形式的基础，并制约着其他生活方式表现形式以及其特征，比如说直接决定人们闲暇时间的拥有、社会关系是否合理、人的消费方式以及过什么样的家庭生活方式。相对劳动生活方式，新时代的人们更加关注自由闲暇时间，尤其是"劳动－闲暇"活动的合理配置与价值调适。

一 劳动生活方式绿色化

马克思曾指出，作为劳动生活方式内容之一的劳动资料"不仅是人类劳动力发展的测量器，而且是劳动借以进行的社会关系的指示器"[1]。除此之外，马克思还指出劳动过程是"制造使用价值的有目的的活动，是为了人类的需要而对自然物的占有，是人和自然之间的物质变换的一般条件，是人类生活的永恒的自然条件……它为人类生活的一切社会形式所共有"[2]。由此可以说明，人的生活方式中是包含劳动生活方式的。而所谓劳动生活方式是指"在一定劳动条件下，劳动主体在一定的劳动价值观的指导下所从事的物质生产、精神生产或提供劳务的经常性的行为方式的总和"[3]，主要包括劳动条件和劳动环境、劳动主体、劳动的具体行为模式等[4]。由此我们可以把绿色化的劳动生活方式的主要表现分为以下几个方面。

一是劳动条件和劳动环境的绿色化，包括"劳动外在的自然地理环境、劳动的社会性质，劳动手段、劳动对象、劳动组织、劳动时间空间和劳动强

---

[1]《马克思恩格斯文集》（第5卷），人民出版社，2009，第210页。
[2]《马克思恩格斯文集》（第5卷），人民出版社，2009，第215页。
[3] 董鸿扬：《劳动生活方式新探》，《学习与探索》1988年第4期，第93页。
[4] 董鸿扬：《劳动生活方式新探》，《学习与探索》1988年第4期，第93页。

度等"①。在基本条件方面，劳动需要一个固定或者不固定的场所，即基本的环境条件，一个相对无毒、无害、无污染的安全健康的作业环境，摆脱以往有害物质浓度高、噪声大、辐射大的工作场所。在劳动手段方面，劳动从一种谋生手段走向人的自身的需要。在劳动过程方面，包含马克思所说的简单要素，"有目的的活动或劳动本身，劳动对象和劳动资料"②。人们不但能享受生活，还能享受劳动；既能享受劳动成果，又能享受劳动过程；无论是获取生产资料的途径还是生产过程都尽量做到绿色生产。在劳动组织方面，人际关系呈现为平等、团结、友爱、互助的和谐关系。在劳动时间结构方面，合理安排工作与闲暇时间，人性化地管理工作时间，减少类似于"996"甚至"007"的高强度工作时间，并为需要熬夜加班的人员做好社会服务；某些行业可以实行弹性的工作时间，以提高工作效率。在劳动空间方面，科学技术的发展与其说减少了人与人交往的空间限制，还不如直接说使人与人之间的交往不再有空间的限制，尤其是现在工作种类的变化，很多行业可以居家办公，可以"用一根网线联通世界各地"，既减少了出行压力、节省了原本的交通时间，更有利于环境保护。在劳动强度方面，在科技时代的大背景下，劳动内容很多可以实现自动化，劳动者的劳动负荷得以减轻。

二是劳动主体具有绿色劳动观念，包括对于新时代绿色生活方式中劳动的认识、劳动心理、劳动价值观和劳动态度。习近平总书记指出："劳动是财富的源泉，也是幸福的源泉。人世间的美好梦想，只有通过诚实劳动才能实现；发展中的各种难题，只有通过诚实劳动才能破解；生命里的一切辉煌，只有通过诚实劳动才能铸就。"③如何看待劳动、在劳动过程中的心理感受以及对劳动的态度可以直接影响一个人的工作状况。新时代绿色生活方式中的人是追求美好生活的人，其不再把劳动看作单纯的谋生的手段，不会把劳动当作痛苦和牺牲，而是认识到劳动是自由的创造活动的一方面，是我们每一个人的正常需求。最重要的是，人可以发现、掌握和运用规律，也可以按照人的"内在固有的尺度"来进行劳动、生产，也就是按照自己的需要、目的进行生产且拥有积极的劳动态度、劳动热情，在劳动中不断生成自己、发展自己、完善自己。因此，"必须牢固树立劳动最光荣、劳动最崇高、劳动最伟大、劳动最美丽的观

---

① 董鸿扬：《劳动生活方式新探》，《学习与探索》1988年第4期，第93页。
② 《马克思恩格斯文集》（第5卷），人民出版社，2009，第208页。
③ 《习近平总书记系列重要讲话读本》，学习出版社、人民出版社，2016，第14页。

念,让全体人民进一步焕发劳动热情、释放创造潜能,依靠辛勤劳动、诚实劳动、创造性劳动开创更加美好的生活"[1]。需要说明的是,劳动生活方式绿色化中的劳动和劳动主体从事的是一种绿色劳动,这里的绿色劳动不是指的绿色产业或者行业,也不单单指所处的劳动环境或者带有绿色属性的劳动,而是"带有绿色特征的劳动"[2],是人类在改造自然和创造财富的劳动过程处于一种人与自然良性循环、劳动关系也处于和谐的状态,以劳动者为核心、为主体,追求人的本质化的劳动。其中还包含了1999年国际劳工组织(ILO)提出的"体面劳动",即人们不仅有劳动权,而且有要求社会公平的权利,平等地享有各种活动的参与权。当然,这种"带有绿色特征的劳动"或者"体面劳动"都有一个"绿色"前提。

三是绿色劳动的具体行为模式,包括劳动职业的内容和特点,并由此而产生的不同的劳动习惯和风格。人们在选择从事的劳动时受社会生产方式发展程度的制约,每一个时代都有不同的职业,这是劳动外在的表现形式和内容的差别,毕竟"各种经济时代的区别,不在于生产什么,而在于怎样生产,用什么劳动资料生产"[3]。我国作为社会主义国家,尤其是目前处于信息技术发达并继续发展的阶段,出现了很多不同的职业,但目前还未到达完全自由选择的阶段,在新时代绿色生活方式中的工作职业的选择都应该符合人的整体素质、理想和心愿,且具有合理的职业流动权。而疫情的出现更让公众认识到绿色劳动的重要性,意识到安全环境对劳动的重要性以及劳动时间与空间的变化,这些变化导致绿色劳动的具体行为模式也发生了变化,即劳动生活方式与一个时代的社会发展程度、生产方式、科技与影响人类生活的重大事件有着直接的联系。

二 闲暇生活方式:新时代绿色生活方式多维面向的表现

自由闲暇时间的重要意义在于它能够打开生活的多维面向,使其变得鲜活立体;能够拔高生活的意义层次,使其变得丰实厚重;能够赋予生活以内驱动

---

[1] 《习近平总书记系列重要讲话读本》,学习出版社、人民出版社,2016,第14页。
[2] 姚裕群、国福丽:《绿色发展视角下的健康适度劳动问题》,《中国劳动关系学院学报》2018年第6期,第32页。
[3] 《马克思恩格斯文集》(第5卷),人民出版社,2009,第210页。

力,使其焕发无限可能。也就是说,闲暇生活方式是绿色生活方式得以全面展开和建构的主要因素。闲暇生活方式是"人们如何利用自己的闲暇时间以满足精神的、社会的、心理的需要的活动方式"[1]。其中的闲暇时间,说白了就是人们除了履行社会职责之外的可供自由支配的时间。正如马克思所说:"即使交换价值消灭了,劳动时间也始终是财富的创造实体和生产财富所需要的费用的尺度。但是自由时间,可以支配的时间,就是财富本身:一部分用于消费产品,一部分用于从事自由活动,这种自由活动不象劳动那样是在必须实现的外在目的的压力下决定的,而这种外在目的的实现是自然的必然性。"[2]而且"这种时间不被直接生产劳动所吸收,而是用于娱乐和休息,从而为自由活动和发展开辟广阔天地"[3]。这种时间不是为个人或者少部分人所有的,在马克思那里是"所有的人都将有自由时间,都将有可供自己发展的时间"[4],在我国这样的社会主义国家也直接体现出这种闲暇时间的"全民性"。

新时代的闲暇生活方式有着与以往不同的特征,这些特征散落在新时代绿色生活方式中可以提升新时代绿色生活方式的社会功能。在闲暇时间方面,人们对闲暇时间的占有量日益增多,主要用于消遣和提升自己,其中包含了学习与个人素质的提升以及精神文化生活的丰富。正如马克思所说:"正像单个人必须正确地分配自己的时间,才能以适当的比例获得知识或满足对他的活动所提出的各种要求一样,社会必须合乎目的地分配自己的时间,才能实现符合社会全部需要的生产。"[5]闲暇活动方式明显呈现丰富化、文明化和个性化的特点。虽说闲暇时间和活动可以拓宽人际交往范围,但是与此同时也出现了很多问题,如当前,人们将闲暇时间大量投入让人沉迷的短视频App,其中的不良信息很容易使公众"精神坍塌"。而且发达的网络、虚拟的联系加上钢筋水泥城市的"高楼效应"也造成了人与人关系的疏离、冷漠,导致了正常人际交往的缺失,造成了人在闲暇时间的孤独。除此之外,消费主义的盛行使得闲暇被物化、商品化和产业化,而闲暇中属于精神性的、美的、自由等方面的更根本和终极性的人类追求却被边缘化。

---

[1] 王雅林主编《生活方式概论》,黑龙江人民出版社,1989,第159页。
[2] 《马克思恩格斯全集》(第26卷)(Ⅲ),人民出版社,1974,第282页。
[3] 《马克思恩格斯全集》(第26卷)(Ⅲ),人民出版社,1974,第281页。
[4] 《马克思恩格斯全集》(第26卷)(Ⅲ),人民出版社,1974,第281页。
[5] 《马克思恩格斯文集》(第8卷),人民出版社,2009,第67页。

这些问题都需要通过调节我们的生活方式加以解决，这时新时代绿色生活方式就凸显出了自身的独特作用。舒尔茨在其《生产运动》中提到："一个民族，为了在精神方面更自由地发展，……他们首先要有能够用于精神创造和精神享受的时间。"①一方面，自由闲暇时间的增多意味着个人生产力的充分发展，可以提高自身的创造力和主观能动性，为个人的全面发展"腾出了时间和创造了手段"，从而促使"个人会在艺术、科学等方面得到发展"，享受到精神文化生活。另一方面，增加的自由时间才能真正地成为个人得到充分、全面的发展的时间，毕竟时间是人类发展的空间，而个人的充分、全面的发展作为最大的生产力，又能反作用于社会生产力，进而推动自由时间的进一步创造和发展，两者是相互促进与互为前提的。正如马克思所说："在必要劳动时间之外，为整个社会和社会的每个成员创造大量可以自由支配的时间（即为个人生产力的充分发展，因而也为社会生产力的充分发展创造广阔余地）。"②也就是说，自由时间的创造是人的"全面发展"的过程，也是人从"必然王国"向"自由王国"发展的文明"全面提升"的过程。这也是新时代绿色生活方式建构所要达到的最终目标。

三 "劳动-闲暇"活动的合理配置与价值调适

"劳动-闲暇"本身并非由马克思最早提出，早在古希腊亚里士多德就曾说："勤劳只是获得闲暇的手段。"③舒尔茨在其《生产运动》中也说道："如果，为了满足一定量的物质需要所必须花费的时间和人力减少了一半，那么，与此同时，在无损于物质福利的情况下，用于精神创造和精神享受的余暇也就会以同等程度增加。"④由此可见劳动与闲暇之间的关系。在马克思那里，"劳动-闲暇"在劳动异化时，劳动者"可以自由支配的时间只是在同剩余劳动时间的对立中并且是由于这种对立而存在的"⑤，这时候的劳动者"个人的全部时

---

① 转引自《马克思恩格斯全集》（第37卷）（第2版），人民出版社，2019，第235页。
② 《马克思恩格斯文集》（第8卷），人民出版社，2009，第199页。
③ 〔古希腊〕亚里士多德：《政治学》，吴寿彭译，商务印书馆，1965，第395页。
④ 转引自《马克思恩格斯全集》（第37卷）（第2版），人民出版社，2019，第235页。
⑤ 《马克思恩格斯文集》（第8卷），人民出版社，2009，第200页。

间都成为劳动时间，从而使个人降到仅仅是工人的地位，使他从属于劳动"①。当"资本就违背自己的意志，成了为社会可以自由支配的时间创造条件的工具，使整个社会的劳动时间缩减到不断下降的最低限度，从而为全体［社会成员］本身的发展腾出时间"②时，即"一方面创造可以自由支配的时间，另一方面把这些可以自由支配的时间变为剩余劳动"③。生产力的增长再也不能被占有他人的剩余劳动所束缚了，"这样一来，可以自由支配的时间就不再是对立的存在物了——，那时，一方面，社会的个人的需要将成为必要劳动时间的尺度，另一方面，社会生产力的发展将如此迅速，以致尽管生产将以所有的人富裕为目的，所有的人的可以自由支配的时间还是会增加。因为真正的财富就是所有个人的发达的生产力。那时，财富的尺度决不再是劳动时间，而是可以自由支配的时间"④。这时的劳动解放与闲暇解放相互促进，"节约劳动时间等于增加自由时间，即增加使个人得到充分发展的时间"⑤，而个人在可支配的闲暇时间中所获得的充分发展又使劳动者作为新的主体——最大的生产力，重新进入劳动中，促进劳动的发展、更新和解放。

在新时代的大背景下，科学技术的发展给人们的生活带来前所未有的便利，"劳动—闲暇"发生了很大的变化，两者越来越高度一体化，在工作中有娱乐，在娱乐中有闲暇，即使闲暇时间用来提升自己的方式也会在工作中经常出现。而对于人生价值和意义而言，劳动和闲暇都日益与其相连。尤其是人们将劳动与自我控制的部分，即自我调配的资源联结在一起，也就将劳动与前途和未来联结在一起。但是我们依然要解决物质消费没有使我们更加快乐，而是更加的空虚的问题；要解决我们的工作形象与闲暇形象的强烈反差的问题；还要解决闲暇价值的实现与社会保障之间存在的矛盾。而且"只有在工作……被确定为占主导地位的价值标准的社会里，闲暇才能获得完全的重要性和意义"⑥。在我们的实际生活中也确实能感受到这一点，一个人的工作越充实，通过工作获得的报酬越多，那么他的闲暇活动也就越丰富。对于未来的社会来

---

① 《马克思恩格斯文集》（第8卷），人民出版社，2009，第200页。
② 《马克思恩格斯文集》（第8卷），人民出版社，2009，第199页。
③ 《马克思恩格斯文集》（第8卷），人民出版社，2009，第199页。
④ 《马克思恩格斯文集》（第8卷），人民出版社，2009，第200页。
⑤ 《马克思恩格斯文集》（第8卷），人民出版社，2009，第203页。
⑥ 〔爱尔兰〕利亚姆·班农、厄休拉·巴里、奥拉夫·霍尔斯特主编《信息社会》，张新华译，上海译文出版社，1991，第18页。

说，令我们担心的情况倒是，失业的危险将随着信息技术的推进而加剧，而失去工作的人也将失去闲暇的核心价值。诚如马克思所说："随着雇主和工人之间的社会对立的消灭等等，劳动时间本身——由于限制在正常长度之内，其次，由于不再用于别人而是用于我自己——将作为真正的社会劳动，最后，作为自由时间的基础，而取得完全不同的、更自由的性质，这种同时作为拥有自由时间的人的劳动时间，必将比役畜的劳动时间具有高得多的质量。"[①]可见，这时的劳动成为人自身的需要，劳动时间是人正常的需要时间，闲暇时间是自由的，是"劳动—闲暇"的合理配置，这才在一定程度上符合新时代绿色生活方式的社会发展的阶段性目标，即美好生活的实现。

第二节 绿色消费方式

新时代绿色生活方式最突出的表现形式就是绿色消费方式，这是学界关注最多、成果颇丰的领域。但究竟何为绿色消费？绿色消费的商品是什么？这种消费理念、行为与以往有什么不同？这种绿色消费是自愿的还是被迫选择的？又该如何衡量是否做到了言行合一的绿色消费？这些是本节要解决的问题，也是新时代绿色生活方式外化形式中最直观的表现。

一 绿色消费仍然是消费

一个再明白不过的事情，绿色消费仍然是消费，而根本问题在于其中的消费的是什么？以及绿色消费是什么样的消费？是谁在消费？其消费的又是什么？要先解答了这看似谜团一样的问题才能说是找到了新时代绿色生活方式的正确打开方式。

（一）绿色消费是什么，是什么样的消费？

"绿色消费是什么，是什么样的消费？"涉及两个问题：绿色消费中的消费是什么？绿色消费是什么样的消费？当然这个消费是什么，一是要澄清

---

① 《马克思恩格斯全集》（第26卷）（Ⅲ），人民出版社，1974，第282页。

一下消费的本质，二是将其真正内容纳入新时代绿色生活方式之中。根据学者对消费的考察，消费不仅有"用光""完成、成就"的意思，还有"消耗""自给自足式"的含义[①]，即为了满足生存的需要购买食物，这与我们中文词典的解释——为生活的各种需要而花钱或消耗物品[②]，很是一致。那绿色消费中的消费是什么呢？或者换一种问法，什么是好的消费呢？是"以'消耗某种物品'为目的进行'物质上的消费'的同时，却又尽可能地延长消费的过程"[③]。此时，消耗物品维持人的生存或者让人更好地生活这一目的也成了享受消费过程的一种手段。也就是说消费就是将物品的消耗和再生作为表面的目的，而实际上追求的是充实地度过时间。"消费最终的、成熟的形态，是一个将消耗转化为自我充实的过程。"[④]

对于绿色消费的定义，学界众说纷纭，而作为新时代绿色生活方式中的绿色消费具有以下三层含义。一是绿色消费的绿色内容与绿色程度。绿色消费的绿色内容包含了绿色主体，即全体的社会成员，如消费者个人、企业、政府，确切地说根据消费的本质我们每一个人都是消费者，也包括绿色消费所消费的绿色产品（商品）以及绿色价值理念和绿色行为等；绿色程度具有渐进性和实践性，与社会经济发展阶段、社会消费文化以及消费方式和习惯等诸多因素有关，而新时代绿色生活方式的全面形成具有科学的时间规划，在这个过程中，绿色程度是逐渐增加的。二是绿色消费的价值追求。绿色消费也具有"生态价值优先，生活价值为主"的价值属性，是与新时代绿色生活方式的价值追求一致的，其目的也是在满足人民生活的基础上，实现美好生活，最终实现人的自由而全面发展。三是绿色消费的特点。绿色消费的绿色程度和消费程度也呈现个性与社会性的统一的特征，由于每个人的经济基础、职业、文化程度、整体素养、生活习惯、居住的区域等方面还是存在差异的，所以其消费程度与消费的绿色程度也是不一的。

（二）绿色消费的主体：绿色身份与绿色程度

既然绿色消费的主体是我们每一个人，是否我们每一个人都拥有绿色身份

---

① 〔日〕三浦展：《第4消费时代》，马奈译，东方出版社，2014，第135页。
② 王继洪、陈鸣、任丽青编著《现代实用汉语词典》，上海远东出版社，2001，第896页。
③ 〔日〕三浦展：《第4消费时代》，马奈译，东方出版社，2014，第140页。
④ 〔日〕三浦展：《第4消费时代》，马奈译，东方出版社，2014，第141页。

呢？在新时代绿色生活方式的建构中或者说是形成过程中，如何界定一个人是否具有绿色身份，或者说再进一步界定这个人绿色消费的绿色程度呢？从根本上说即新时代绿色生活方式的衡量标准是什么呢？这些都是很难回答的问题。但是我们可以确定的是绿色消费的主体在其个性的基础上，无论是其生产还是消费产品都遵循绿色消费的原则或者是价值属性。当然，这是一个过程，若一个人开始思考自己真正想要什么、需要什么以及想成为真正的自己，那么这个人就距离绿色消费不远了，因为在一定程度上绿色消费的消费程度首先体现为消费对象是必需品，是物品的使用价值。这个时代是趋向所谓接近自我的时代，人们对于"真正的自我"的追求越来越强烈，消费早已超越了消费本身。人们开始不断思考自己究竟想成为什么样的人，什么样的自己才是真正的自己，自己究竟想变成什么样，然而越来越多的人开始找不到答案了。但是可以确定自己的身份：自己是不是一个绿色消费者？从绿色消费理念、消费的物品、消费行为等方面来判断。也就是说成为绿色消费者的过程也是一个人在思考人与自然的关系、人与人之间的关系，最重要的是人与自身的关系是否和谐并遵于本心。那什么样的人才拥有绿色身份呢？可以如此判断：拥有绿色理念，消费的是绿色产品且是必需品，其消费行为不会给自然以及他人带来损害。而究其绿色程度，只能因人的综合条件而异，也随着时代的发展不断深化，这是新时代绿色生活方式的践行过程与程度的递进性。

（三）绿色消费消费的是什么：绿色产品与消费程度

既然狭义的绿色消费已经成为解决生活舒适和环境保护之间矛盾的理论和实践的一种方式，且得到人们的认可，那么这可以说其是一种值得推广的方式。但是新时代绿色生活方式中的绿色消费还是在此基础上有着更宽泛的内涵，要求不能被"物"所奴役，不仅提出了我们需要远离不必要的消费，也提出了什么商品是必要的，对谁来说是必要的，什么商品是绿色的，对谁来说是绿色的。其中还包含了人与人之间的关系，比如"人一旦被物质占有欲所控制，就会整天在头脑里计算，如何让财产更快、更安全地增值，人便会成为金钱的附庸，对家族亲人会变得形同陌路，对社会公益事业更是袖手旁观，绝不会主动关心"[①]，这肯定不是新时代绿色生活方式所倡导的，因此必须要形成

---

① 〔日〕中野孝次：《清贫思想》，邵宇达译，中国青年出版社，2015，第148页。

绿色价值观念，并在这种观念下生产或者购买绿色产品（商品），最重要的是我们在选择所有东西时都可以在质和量之间进行权衡，尤其是对绿色产品的选择。比如说我们对绿色产品（商品）选择的顺序，首先是在设计或者生产前，要考虑资源和能源的保护和利用，考虑到资源和能源消耗量最小，最为经济（"经济消费"）；在生产中采用无废少废的技术和清洁生产的工艺，产生的废弃物和污染物最少（"清洁消费"）；同时保证其生产出的产品是无污染的且是健康的，对自然和人体都无害（"安全消费"），最好是有益健康的。其次是生产的产品的有用性，即具有使用价值且耐用，最好避免一次性的，即使是一次性的也要能回收利用。最后是在废弃阶段也不会污染环境，或者说考虑到产品易于回收和处置，即消费结果对人类及后代人需求的危害最小（"可持续消费"）。也就是说绿色产品是在保证其质量和安全性能的基础上，在其设计、生产、包装、使用、处置的全过程都注重绿色价值理念。

从消费的绿色产品中我们就可以看到其绿色程度，但是这些产品并未完全反映其消费程度。绿色消费仍然是消费，这是毋庸置疑的，但究竟消费到什么程度呢？这个在新时代绿色生活方式中是有所界定的，上述的绿色产品也能说明一二：一是绿色消费中的消费，消费的是我们的必需品，不是贪婪的欲望所带来的"必欲品"，并且最为看重的是其使用价值，而不是为了生产而生产，为了消费而消费；二是希望人们可以用最少的物品过最舒适的生活，不为"物"所控制，尽可能消费的是绿色产品；三是这个消费表面是维持人的生存，其最终是为了人的发展和生活得更好，尤其是在消费的过程中可以得到充实的感受，并且延长其使用过程，而不是一时冲动的愉悦，只是获得一时的愉悦，随后就会为这个冲动支付不必要的"账单"。

二 绿色消费理念：一个更好的选择

法国的让·鲍德里亚在其《消费社会》一书中指出："今天，在我们的周围，存在着一种由不断增长的物、服务和物质财富所构成的惊人的消费和丰盛现象。它构成了人类自然环境中的一种根本变化。恰当地说，富裕的人们不再像过去那样受到人的包围，而是受到物的包围。"[1]这也正如日本学者中野孝次

---

① 〔法〕让·鲍德里亚:《消费社会》，刘成富、全志钢译，南京大学出版社，2014，第1页。

所说:"现代文明就像晕眼药,使我们的目光从内省转移到尘世。"[①]随着物品种类的丰富,公众的选择也便增多,原本的自由闲暇时间也被占用去做不断的选择,这就有可能让现代人在一个接一个的选择面前产生迷茫,加上人们的欲望往往会向追求权力的方向发展,将更多、更快的消费作为一种炫耀的资本,拼命让自己与众不同的时代又得以苟延残喘,并导致新的消费时代推迟来临。新时代绿色生活方式中所包含的绿色生活理念、绿色消费理念就是消费社会病理的自我探寻。

绿色消费理念最直接的一个体现就是绿色选择,毕竟理念只是人头脑中的东西,即使说出来也只是为人所知道,并不是直观的效果,但是可以从绿色选择中直接呈现,这个选择无论是从哪一个层面来讲都是一个健康的选择、一个更好的选择。学界对于绿色消费的选择研究涉及了制度选择[②]、路径选择[③]等比较大的方面,更多的是牵扯到政府、企业的责任,而且早在2006年,自然之友与几家民间环保组织就开通了一个名为"绿色选择"的公益性网站,但是到了2010年这个网站就已经被人们忘却了。也就是说"绿色选择"在理论上并没有被大众所熟知并选择。尤其是对于绿色生活方式的选择,很多人也认为是一种被迫的选择,而不是大众的主动选择,也就是说从源头来看,绿色生活理念和绿色消费理念并未深入人心,所以就这个角度而言绿色消费对于公众来说还不是一种更好的选择。绿色消费理念没有深入人心还有一个重要的原因是伴随绿色消费理念的提出,新的"消费主义"出现,这种消费主义仍然没有考虑到食物和商品的来源地、参与其生产的人们的生活和工作条件,以及这些产品被替换或不再被需要时所产生的浪费,还有人将其称为"绿色消费主义",其原因之一是一些绿色产品、有机产品的价格高于同类产品或者商品的价格,导致新一轮的"身份符号"出现。可见,让绿色消费真正消费的绿色产品或商品的价格成为人人都买得起并乐意消费的商品时,绿色消费从这个层面才可以得以彻底贯彻,服务于人们的真实需要,而不是再次陷入新的"消费主义"。新时代绿色生活方式既然成为消费社会病理的自我探寻,那么就要寻根,要从自身着手,就是让大众理解到底

---

① 〔日〕中野孝次:《清贫思想》,邵宇达译,中国青年出版社,2015,第215页。
② 刘晓薇、郭航帆:《绿色消费的制度选择》,《当代经济研究》2011年第3期,第39~42页。
③ 付伟、冷天玉、杨丽:《生态文明视角下绿色消费的路径依赖及路径选择》,《生态经济》2018年第7期,第227~231页。

什么是真正的绿色生活方式，这点在本书的第二章已经阐述，而绿色消费理念为什么是一种更好的选择也要说清，这也是新时代绿色生活方式最重要的表现。

绿色消费理念更多地体现为不同人的个人化消费理念，首先是一种精心的选择，是自尊心的一种表现，"它尊重你在自己所拥有的物质财富中投入的精力。通过精心消费节省下精力，进而节省时间，这才是对自己最大的尊重"①，也就是说用尽可能少的物质和时间的消耗，获得尽可能高的生活质量。其次是一种更健康的选择，无论是生产产品还是消费，其所选择的产品都是有利于人的身体健康的，而不是含有有毒化学成分的产品。再次是一种经济的选择，包括选择绿色产品更经济以及对自然环境的影响也更经济（一旦危害到自然环境，受到生命威胁的依然是人类自己）。虽然就目前而言，绿色营销和绿色标签无法描述生产和处置的总成本——生命周期评估，而且绿色产品或者有机食品要比平常的商品贵得多，但是随着技术的发展和绿色消费理念的推行这种情况会逐渐改变，绿色和有机的产品或食品将是每一个人都能消费得起的。最后，这种选择也是一种更好的选择，因为人们的基本需求一旦得到满足，人们对美好生活的向往就更多地依赖于健康、优美舒适的自然环境、社会关系、富裕的时间和其他因素，而这种选择直接跟美好生活挂钩。

三　绿色身份认同：绿色态度与绿色行为合一

在绿色身份的认同和建构方面，不仅大众，而且有很多学者存在认识偏差，他们认为"环境保护的受益者不是消费者个人而是整个社会，不是当前而是更长远的未来"②，本书很不赞同这种观点，如果一种消费或者行为是对自己、对现在是无益的，哪怕是对社会、对未来是有益的，可能人们在选择的时候也会犹豫再三。这也是为什么绿色消费一直没有得到认可或者说得到认可后并没有产生直接的实践效果的重要因素之一。因此，有学者就从心理学的角度研究了绿色消费情境下消费者为什么会言行不一，最终得到这么一个结果："绿色

---

① 转引自〔美〕约翰·雷恩《自愿简单》，容冰译，中信出版社，2004，第110页。
② 王财玉、郑晓旭、余秋婷、雷雳：《绿色消费的困境：身份建构抑或环境关心？》，《心理科学进展》2019年第8期，第1507页。

消费情境下的态度-行为差异表现为个体对绿色产品所持态度与实际购买行为之间的不一致性。"①这种不一致说明：在消费的过程中消费主体所形成的绿色身份并非真正的绿色身份。

可能对于绿色身份的建构和认同很不好阐述或者人们很不好理解，我们可以借助与绿色消费相反的消费主义来进行对比与举例，这样就会很好厘清。在这一点上国外学者就讲过一个很生动的案例，我们将消费主义定义为获取和使人们期望实现其身份动机的特定产品或活动，而不是获取和使用、从事或促进特定活动所需的产品或服务。因此，购买跑鞋是不被认为是消费主义，但购买跑鞋的目的是通过品牌象征直接提高自身身份就会被认为是消费主义。②他们还界定了何为身份目标追求，给绿色身份的建构提供了一个很好的说明。也就是说人们不仅通过消费来满足自己的基本生活需求，还通过消费来实现自我身份的建构，即个人消费的对象、产品、经验和服务有助于实现自身身份的建构，而"消费了什么？消费了多少？如何消费的？其目的和后果是什么……"表示了人们通过符号消费进行身份维护和建构的程度③。要想更多地获得和用占有物来建构和保持自我认同，更多地强调使用而不是获取，也就是说，使用产品是身份建构的主要工具，获取行为只是实现这一目标的一种手段，而自尊、连续性、独特性、归属感、功效和意义六个动机是身份建构的关键④。

如此，我们就能很好地理解绿色身份的建构与认同了，并且能明确绿色态度与行为是如何合一的了。一是关于自尊或者是自尊心的一种表现，即保持和增强积极的自我概念、绿色消费理念，可能具有道德象征意义，也就是前文

---

① 戚海峰、于辉、向伟林、孙韵益、徐昌皓：《绿色消费情境下消费者为什么会言行不一？》，《心理科学进展》2019年第7期，第1307页。
② L. J. Shrum, Nancy Wong, Farrah Arif, Sunaina K. Chugani, Alexander Gunz, Tina M. Lowrey, Agnes Nairn, Mario Pandelaere, Spencer M. Ross, Ayalla Ruvio, Kristin Scott, Jill Sundie, "Reconceptualizing Materialism as Identity Goal Pursuits: Functions, Processes, and Consequences," *Journal of Business Research* 66 (2013): 1180.
③ L. J. Shrum, Nancy Wong, Farrah Arif, Sunaina K. Chugani, Alexander Gunz, Tina M. Lowrey, Agnes Nairn, Mario Pandelaere, Spencer M. Ross, Ayalla Ruvio, Kristin Scott, Jill Sundie, "Reconceptualizing Materialism as Identity Goal Pursuits: Functions, Processes, and Consequences," *Journal of Business Research* 66 (2013): 1180.
④ L. J. Shrum, Nancy Wong, Farrah Arif, Sunaina K. Chugani, Alexander Gunz, Tina M. Lowrey, Agnes Nairn, Mario Pandelaere, Spencer M. Ross, Ayalla Ruvio, Kristin Scott, Jill Sundie, "Reconceptualizing Materialism as Identity Goal Pursuits: Functions, Processes, and Consequences," *Journal of Business Research* 66 (2013): 1180.

所说的绿色消费理念是一种精心的选择。二是连续性，在各种情况下都保持自己的绿色身份。三是独特性，每个人的绿色消费的能力，对绿色消费的认识及所需要的绿色产品等都有所差异，因此，绿色生活方式允许这种个性化的存在，因为没有理由让所有人的生活同一化，也不可能同一化。四是归属感，这里指人与自然、人与人之间的亲近关系，可以理解为社会关系的合理化，是人们正常的交往所获得的感觉，如家人关系、朋友关系等，可以促进人们对幸福生活的体验。五是功效，在绿色生活方式中是指保持和增强绿色消费的能力和理念，以达到其生活的目的。六是意义，即人生的价值与意义、生活的价值与意义，即通过绿色消费来反思我们的身份，我们真正想要的是什么以及成为什么样的人，就是马克思所说的"个人怎样表现自己的生命，他们自己就是怎样"①。

通过消费绿色商品来改变个人生活方式，而不是消费较少的商品和更多的公共资源，是形成绿色生活方式的解决办法，在狭义定义的基础上似乎是可以实现的。但是相对于关注人们的是否消费绿色商品、消费行为是不是绿色的，更重要的是找出他们为什么会选择这样的行为，也就是他们消费的目标和行为背后的动机，因为人们不进行绿色消费的动机是不一样的，有的可能是因为经济条件，有的可能是因为没有形成绿色消费理念，有的可能没有绿色产品供他们购买，等等。

第三节　全面介入与合理化的交往生活方式

很多人可能不是很明白为什么新时代绿色生活方式的主要表现形式之一有交往生活方式和与合理化的社会关系，因此，在论述其表现形式之前，必须要先解决这个"为什么"。在我国社会主义现代化建设进程中，交往方式现代化的过程就是交往方式合理化的过程，其目标就是建立一个合理化的理想社会交往模式，以此来进一步调整和推动形成绿色生活方式，促进我国社会进步和人的全面发展。

---

① 《马克思恩格斯文集》（第1卷），人民出版社，2009，第520页。

一 何以成为新时代绿色生活方式的重要一环？

2020年初发生的疫情足以让人类明白人与自然、人与人之间的共生关系，尤其是病毒的"人传人"再次告诉了人类什么是"共生交往"，所谓的社会关系也不再是传统意义上的狭义的生产关系，或者等同于亲朋、同事关系或庸俗关系学。为了说明人类交往方式和社会关系的关联性与绿色生活方式之间的关系，也就是说可以作为一种方式表现人们的生活方式是否"绿色化"，还是很有必要再次回到马克思恩格斯那里寻找答案并说明问题的。人作为"现实的人"、从事"物质生产的人"，其本质已经决定了人不可能成为独立生存的高级动物，即人的本质"是一切社会关系的总和"。① 人存在于这个世界，通过生产和再生产必然会与其他人产生关系，这些关系是实实在在地存在着的，人不能脱离这些人与人之间的关系或者其所形成的社会关系而独立存在。而人又作为"社会的人""自然的人"，通过实践改变自然，又被赋予了自然的社会性，自然成为"社会的自然"，社会成为"自然的社会"，人、社会、自然三者之间便形成了一个无法分割的整体，成为一个完整的系统。

（一）人与自然界的关系直接就是人与人之间的关系

马克思恩格斯直接指出了人与自然界的共生关系："在这种自然的类关系中，人对自然的关系直接就是人对人的关系，正像人对人的关系直接就是人对自然的关系，就是他自己的自然的规定。"② 这也在某种程度上说明我们从人与人、人与自然的关系中直接可以看出人的教养程度以及人对其自身所处的自然界、社会制度以及本身的认知。从另一个角度来说，"这种关系还表明，人的需要在何种程度上成为合乎人性的需要，就是说，别人作为人在何种程度上对他说来成为需要，他作为最具有个体性的存在在何种程度上同时又是社会存在物"③。马克思恩格斯还提到了男女之间的关系，这直接关系到人的生产，即繁衍，这就会牵扯到家庭，加上本章前两节所涉及的劳动生活方式、个人闲暇的时间影响着人的发展以及绿色消费满足人的生活和发展，家庭生活方式也是绿色生活方式的表现之一也就不难理解了。

---

① 《马克思恩格斯文集》（第1卷），人民出版社，2009，第501页。
② 《马克思恩格斯文集》（第1卷），人民出版社，2009，第184页。
③ 《马克思恩格斯文集》（第1卷），人民出版社，2009，第85页。

（二）人与自身、自然界的关系表现在与他人发生的关系上

对于人的本质的认识以及人自身的探索，马克思早就给出了答案，"人只须认识自身，使自己成为衡量一切生活关系的尺度，按照自己的本质去评价这些关系，根据人的本性的要求，真正依照人的方式来安排世界，这样，他就会解开现代的谜语了"[①]。那么人与自身的关系怎么表现出来呢？首先，关于人与自身的关系，"只有通过他同他人的关系，才成为对他说来是对象性的、现实的关系。……人同自身和自然界的任何自我异化，都表现在他使自身和自然界跟另一个与他不同的人发生的关系上"[②]。也就说，人与自身、自然界的关系无论是异化还是合理化，都表现在与他不同的人发生的关系上。其次，人与自然的关系，直接表现为人与人之间的关系，那么马克思的劳动异化所阐述的人的异化也可以看成社会关系的不合理化。可见，生态危机、生活方式的问题都是人与自然、人与自身、人与人关系不合理化的直接结果。

（三）交往生活方式直接影响着人的全面发展

解决了新时代绿色生活方式中牵扯的人与自然、人与自身、人与人之间的关系问题，就可以解决我们提出的问题了，即交往生活方式何以成为绿色生活方式的重要一环？所谓交往生活方式是指"在一定的社会生活条件下，在一定的价值观的指导下，满足交往主体的生活需要的主体之间相互联系、相互作用的具体的活动方式"[③]，而"一个人的发展取决于和他直接或间接进行交往的其他一切人的发展"[④]，而且所形成的"社会关系实际上决定着一个人能够发展到什么程度"[⑤]。所以，现实的个人是具有社会关系性的，只有在真实的社会关系中才能实现自我完善和发展。而交往生活方式是否合理化直接影响着人的存在和人的全面发展，即直接影响着新时代绿色生活方式的建构，也就是其是否形成的表现形式之一。由此可见，交往生活方式作为新时代绿色生活方式的重要一环，也是其内容的一部分，我们必须对其有所阐述。

---

① 《马克思恩格斯全集》（第3卷）（第2版），人民出版社，2002，第521页。
② 《马克思恩格斯全集》（第42卷），人民出版社，1979，第99页。
③ 王雅林主编《生活方式概论》，黑龙江人民出版社，1989，第223页。
④ 《马克思恩格斯全集》（第3卷），人民出版社，1960，第515页。
⑤ 《马克思恩格斯全集》（第3卷），人民出版社，1960，第295页。

二 生活交往的新样态：以极大的丰富性"全面介入"

马克思认为："社会关系和生产力密切相联。随着新生产力的获得，人们改变自己的生产方式，随着生产方式即谋生的方式的改变，人们也就会改变自己的一切社会关系。"[①]当代以网络科技为核心的交往手段革命直接推动了当代交往方式的深刻变革，甚至是生活方式的变革，人除了拥有传统的现实空间生活外又有了虚拟的生活空间，而这种虚拟空间的人可以被称为"信息人"，与现实中的人是同一个人但又非同一个人，是同一个人是因为这个人无论是在现实空间还是虚拟的网络空间，始终是自身，不是同一个人是因为其在现实空间和网络空间所呈现的外化形象对于其他人而言非同一个人。因此，交往方式也便呈现不同的状态。这种新的交往方式不仅突破了交往的时空限制，极大地拓展了人们社会交往的范围，赋予交往以新的内容，而且在很大程度上改变了人与自然、人与人、人与社会的各种交往关系。最重要的是网络空间可以将跨越国界的人与人、人与物等联系在一起，成为更大意义上的"共同体"，甚至是"自由人的联合体"，为连接世界各国人民，实现真正意义上的"人类命运共同体"提供了可能。交往生活方式广泛地渗透到人们的劳动、消费、闲暇、家庭等生活方式领域，并且随着社会生产力和社会关系的发展而日益成为人们生活的重要领域，以极大的丰富性"全面介入"人们的生活，这对新时代绿色生活方式的形成以及内容表现有着极大的作用，同时交往方式可以直接体现出绿色生活方式是怎样的。

（一）绿色的生产、消费关系与交往方式：实现人安全、健康生活的再造

科学技术的发展，尤其是网络技术的发展改变了人与人之间的空间距离，与此同时也改变了人与自然的空间距离，更重要的是时间距离，即新鲜度与安全度。发达的科学技术不仅重新定义了人们维持生存的"食品"这一概念，即我们现在吃的食品的"生产和消费在时间和空间上的联系越来越被切断，农业生产越来越脱离具体的情境，脱离当地特殊的生态系统和社会属性"[②]，食品的各种营养元素也被分解，对于其来自哪里已经不再重要，但是重要的是这个食品的各种关系被切断了。而这背后的实质是人与自然之间生产关系被切断，我

[①]《马克思恩格斯文集》（第1卷），人民出版社，2009，第602页。
[②]〔荷〕扬·杜威·范德普勒格：《新小农阶级——世界农业的趋势与模式》（修订版），潘璐、叶敬忠等译，社会科学文献出版社，2016，"序"第19页。

们平常吃的各种肉类可能大都不是真正的"肉类",食品不再具有原生态而成了"仿真食品",至于安全的问题,是新时代绿色生活方式最为关注的。还有就是新鲜度的问题,人们不仅对"食品"进行了重新定义,还彻底改变了"新鲜"的含义。我们现在所说的"新鲜"不再是从自然界刚刚获得的"新鲜",而是通过技术干预使这个"新鲜"延长几个星期、几个月,甚至更久。而如果人与人的交往被物质所控制,诚信缺失,食品安全问题又会卷土重来,就更不要提新时代绿色生活方式所要求的"绿色内容"了,比如绿色生产、绿色产品、绿色消费、绿色理念等。这种落入生产与消费领域的人与人的交往,只能靠良心、诚信等整体素质的提高才能保证人可以安全、健康地生活。也就是说绿色生产、绿色消费中所呈现的人的交往方式是一种非常重要的社会关系,其中交往的主体所坚持的理念可以直接体现出是不是新时代绿色生活方式。

（二）交往方式的多元化、丰富性与全面性：人的全面发展

网络科技给社会交往方式的革命播下了种子,当代交往方式的信息化,最根本、最突出的表现是交往手段的信息化。劳动生活方式的绿色化,以及"劳动–闲暇"活动的合理配置与价值调适,让人们拥有足够多的自由闲暇时间从事交往活动,而这时的交往活动往往是以交往者的主体自主性为前提的,也就说是个人自由选择的,因此具有目标性、多样化、多维性的特点,尤其是现代的交通、通信设施使交往的时间"消灭"了空间,使其具有快捷性的特点。交往方式表现在新时代绿色生活方式中最突出的特点就是绿色消费中所形成的社会关系,其所消费的产品选择不仅具有绿色性,而且其主要目的是在维持生存的基础上达到人的发展这一个层面,因此无论是所消费的产品,如书籍、课程等,更多地将精神享受与个人的人生价值相联系,还是其在消费产品中与人产生的关系都能体现出人的真实需要并可以在一定程度上提升人的素养。

新时代所带给我们的除了"物"的丰富性,还有交往的丰富性与多元化,以及短暂性,而这种短暂性更考验人的整体素质,自己是否具有绿色理念,即了解到商家以缩短产品消耗时间来营利的做法,是否还愿意去买。而且随着人们对社会关系的正确认识,交往多元化必然导致交往的全面性,而这个全面性却渗透到交往方式之中,具有如此特征的交往方式以"全面介入"的形式又渗透到生活方式的各个领域,在实践中以人为本,以合乎人性和道德性的行为推动新时代绿色生活方式的形成。那么我们来看看交往方式中的各个结构所呈现

的新变化吧。其一，交往手段的信息化与自由化。由于人类交往手段实现了信息化，现实的交往主体获得了比以往任何时代都强大的交往力量，而在新时代的大背景下，在我国社会主义的原则下，现实的交往更加自由、更加和谐、更加合乎道德。同时，交往手段信息化的实现在给人们带来便利性的同时也使人们生活中出现了需要解决的新问题，主要表现在交往技术手段占有的不平衡，如疫情防控期间老年人没有智能手机出示健康码，上网课期间很多大山的孩子没有网络、没有智能手机等，不过这些问题后续都得到了社会单位或者政府的很好解决，这是我国社会主义制度优越性的体现。其二，交往的客体域基本不受空间限制，交往的平等性突出。信息技术使交往的活动域也相应得到了多维度的拓展与延伸，也就是在很大程度上减少了地域问题，交往受到的空间限制大幅度减小，将"天涯若比邻"变成现实。交往活动呈现交往空间的虚拟性、快捷性与自由性等特征，尤其是匿名或者网络用名的交往，使人与人之间的交往刨除了性别、年龄、身份、财富、地位等方面的差别，变成了平等、自由的交往。如果去除这种虚拟交往的弊端，这种变化必然会积极地影响社会的发展和人的全面发展，这与新时代绿色生活方式的发展目标是一致的。

三 交往方式的合理化：合乎规律性与合乎目的性的统一

美国哲学家劳丹就曾说："二十世纪哲学最棘手的问题之一是合理性问题。"[①] 而目前这仍然是一个很棘手的问题，尤其是处于现代化进程中交往的合理性关系人的生存、生活和发展。有学者认为现代化之所以会引发人类生存与发展的危机，乃是因为现代化本身就蕴含着许多自身无法克服的困境与悖论，主要表现在以下几个方面："第一，现代化蕴含着人与自然的内在冲突与矛盾；第二，现代化蕴含着个体与社会、主体自由追求与客体制约的难解悖论；第三，现代化蕴含着人类价值追求的稳定性与多变性的内在冲突；第四，现代化蕴含着全球化与民族化的内在冲突与矛盾。"[②] 这些困境与悖论恰好是绿色生活方式正准备解决的问题。在现代化的进程中，在这些内在的冲突与矛盾在解决的过程中，主体间的交往从封闭到开放、从自在到自为、从自发向自觉的方向

[①] 〔美〕拉瑞·劳丹：《进步及其问题》，刘新民译，华夏出版社，1990，第116页。
[②] 张治库：《现代社会关系视阈下人的发展研究》，光明日报出版社，2010，第2~4页。

转变，这不仅为建立一种健全合理的人类社会关系奠定了坚实的基础，而且可以促进人的自由而全面的发展。

那么所谓交往方式的合理性或者合理化是指什么呢？或者说什么样的交往是合理的呢？而什么又是合理性或者合理化呢？其具体的内涵还是要通过"人的生存发展及人性的丰富和自由度予以澄明"①。新时代绿色生活方式的建构是在全面建成小康社会的基础上，与以往克服贫困问题时代的交往目标有很大的不同。新时代的交往目标更多的是指向怎样合理、科学地利用资源，进而创造出更富有效率、更加公正、更加自由、更加符合人性、更有意义的交往方式，以加速实现人们对美好生活的向往以及人的自由而全面发展。所谓合理性，单从词义上来说就是合乎理性，而这个合理性的性质问题首先是生活实践的问题，而且是因为生态危机才引起了人们的广泛注意。其实很多年前胡塞尔、海德格尔、马克斯·韦伯等人就已经开始研究这个问题，在很大程度上正是这些思想家确定了当今讨论合理性的角度，即关于生活世界和人的活动的形式构成原则问题，该原则规定人与自然界及自身之间的关系。②而本书所阐述的合理性是合乎规律性与合乎目的性的统一，从而把尊重客观规律和发挥人的主体能动性两个方面高度统一起来。因为人们必须尊重客观规律、自然规律，按照人的目的、需要去改造世界，处理好人与人、人与自然之间的关系，才能使最终结果符合主体目的、需要的变化，进而满足人的需要。而交往方式的合理性也就是交往行为的合乎规律性与合乎目的性的统一表现为人类对自身生存及其状态的不断论证、重新确认和持续提出诉求的过程，而这一切都是以人的自由而全面发展为旨归的，是人与人、人与自然、人与自身关系的真正解决，也是新时代绿色生活方式所追求的最终价值目标。

第四节　绿色化与多样化的家庭生活方式

孟子曰："天下之本在国，国之本在家，家之本在身。"③家庭作为社会的基本单元，是社会的基石，不仅能透视个人生活质量、幸福指数和一个家庭的兴衰，还能体察一个社会之变迁，更关涉国家的发展。因此，习近平总书记曾

---

① 李素霞：《交往手段革命与交往方式变迁》，人民出版社，2005，第256页。
② П.П.盖坚科、余青：《20世纪末的合理性问题》，《哲学译丛》1992年第4期，第20页。
③ 《孟子》，杨伯峻、杨逢彬注译，岳麓书社，2000，第120页。

明确指出:"不论时代发生多大变化,不论生活格局发生多大变化,我们都要重视家庭建设,注重家庭、注重家教、注重家风。"①党的十九大报告还提及了"绿色家庭"。所谓家庭生活方式是指"在一定的社会生活条件下,家庭群体在一定的生活价值观的指导下,以满足家庭整体或个人需要为目的的生活活动方式"②。而家庭生活方式作为社会生活方式的缩影,我们在考察新时代绿色生活方式的表现形式时,自然必须要对其进行考察。

一 新时代家庭的"大裂变"与走向"绿色化"

讨论完交往方式与人际关系,其中最为自由、亲密和温暖的关系莫过于家庭中的夫妻关系,而且在以往的家庭意义上,"稳定的、包容一切的和有意义的关系只有在夫妇式家庭中才能找到,而婚姻是人们自我发现和自我实现的恰当场所"③。如今不仅人际关系发生了变化,家庭也出现前所未有的"大裂变",而且这个"大裂变"已为现代人所接受,也伴随病理性的现象。那么,在新时代绿色生活方式中的家庭应该是什么样呢?其生活方式有着什么样的呈现?要想回答以上问题,首先要回答目前家庭的现状以及未来走向,以及一个几乎人人都很关心的问题:家庭会消亡吗?之所以讨论家庭是否会消亡这个问题,是因为其牵扯到新时代绿色生活方式的最终目标,因为没有家庭的"人"到底还算是"人"吗?对这个问题的回答非常重要。

(一)新时代家庭的"大裂变"已被接受

人们对于家庭的定义历来有争议,尤其要区分"家"与"家庭"。"家"更多代表的是一个住所,即空间的概念;"家庭"则通常指因血缘和婚姻关系联结起来的群体,但是这种说法其实并不适用于现代的收养家庭。马克思也给家庭下过定义,即"每日都在重新生产自己生命的人们开始生产另外一些人,即繁殖。这就是夫妻之间的关系,父母和子女之间的关系,也就是家庭"④。本书以此来作为家庭的定义,即家庭包含夫妻之间的关系、父母与子女之间的关

---

① 习近平:《在2015年春节团拜会上的讲话》,《人民日报》2015年2月18日,第2版。
② 王雅林主编《生活方式概论》,黑龙江人民出版社,1989,第255页。
③ 〔英〕艾略特:《家庭:变革还是继续?》,何世念等译,中国人民大学出版社,1992,第123页。
④ 《马克思恩格斯文集》(第1卷),人民出版社,2009,第532页。

系。因为无论如何人都是通过人生产出来的,这个是不变的,无论是单身父亲还是单身母亲的家庭,都不会违背这个原则,至于收养家庭和同性婚姻只能作为家庭的一种多样化存在形式,人类的两种生产是不会变的。有些人认为家庭会消亡,甚至到马克思恩格斯那里去寻找证据,然后在不理解前后文的基础上将资产阶级不合理的家庭消亡变换形式认为未来家庭会消亡,而且给予期限,即共产主义社会到来时,依然没有看到社会主义者所批判和消灭的家庭是指资产阶级形式的家庭。由此还进一步指出未来人类或许可以不用自己生产,可以像影视剧里讲的那样,建立人类生产工厂,不仅可以批量生产,还可以将人类不好的基因筛选掉直接升级人类,或植入芯片让人无所不能。如果真的到这一步的话,家庭确实没有存在的必要了。但是那时候的所谓的"芯片人"还是人类吗?如果都不是人类了,就意味着我们这种人类已经灭亡了,那么何谈实现人自由而全面的发展呢?本书谈论家庭的前提是家庭不会消亡,人依然会通过生产组建家庭,只不过未来的家庭形式将会更加多样化。

新时代的家庭将面临"大裂变",正在向托夫勒所描述的第三次浪潮文明中的家庭发展,即"广大人民群众将不再生活在同一的家庭模式中,而是沿着个人爱好,或者'已经习惯了的'轨道,在新制度下度过他们的一生"[1]。如现如今出现的各种家庭模式,也可以说不是严格意义的家庭,但是接近家庭模式,是属于现代社会对家庭多样化的一种认可,如婚前同居建立的暂时性关系、丁克家庭、同性夫妻、单身父亲或者单身母亲、"两头婚",甚至是群体共同抚养孩子等。所谓的"大裂变"一是相对传统家庭而言,二是家庭组合方式变化。这些"裂变"对于现代的家庭来说都已经逐渐被接受,且自由、平等、自愿与以爱情为基础的婚姻也普遍存在。只是,慢慢地家庭不再作为一个物质生产单位而存在了,更多的是作为一个消费单位而存在,女性与男性拥有同等的权利。

(二)"家之本在身":"身"是"家身",走向绿色化

"家之本在身"[2]中的"家"指的是家庭,而不是作为居所占据时空的家。这是我国优秀传统文化中的哲学解读,这里的"身"可以理解为具有传承意

---

[1] 〔美〕阿尔温·托夫勒:《第三次浪潮》,朱志焱、潘琪、张焱译,生活·读书·新知三联书店,1983,第281页。
[2] 《孟子》,杨伯峻、杨逢彬注译,岳麓书社,2000,第120页。

义的个人,指人的身体,这个身体不是单纯的躯体,而是与父母和子女有着血缘或者家庭关系的个人,也可以理解为家庭里的每一个人,也就是亲人。这种"亲人关系"很大程度上影响着一个人成为一个什么样的人、有着什么样的价值观念,因为其从出生的那一刻起,其所在家庭的阶层、物质基础等都接近成形,对其成长与生活有着重要的影响,可见家庭里这个"家身"的重要性。人作为一个现实的人,其所形成的第一个关系也处于家庭之中,如亲子关系,有学者认为破除人与人之间关系的异化要靠这种"亲人关系",因为"父母对子女的爱、子女对父母的爱,都是完全自发的、纯真的、不虚伪的"[①]。所以,人是如何表现自己的生命的,他(不做性别使用,单纯地表现为人,本书类似的表达都是此意)的生活方式就会呈现出什么样,他与爱人、子女、父母的关系就会成为什么样,这是就社会关系或者交往而言的。而对于其生存和发展,以及成为什么样的人,其生活方式是否是绿色的,则与其家庭有直接的联系。

虽然现代的家庭物质生产能力减弱,有的甚至直接变成了消费单位,但是其中的每一个人从劳动(满足生存和生活需求)、自由闲暇时间(满足精神和发展需求)、交往(拓展发展全面性的社会需求)等方面在新时代绿色生活方式的引导下无论是生产还是消费都在朝着绿色方向发展,也就是在人与自然、人与自身以及人与人之间的关系中走向和谐。

二 新时代家庭生活方式的"绿色化"转型

现代家庭是以强调家庭成员的平等和个性为理论基础的,这个理论强调通过感情上相互辅助的家庭关系来获得个人幸福。正如托夫勒所说:"第三次浪潮不会强迫每个人生活在一种家庭形式里。因此,新兴的家庭制度,将使个人在选择他们的生活道路上获得解放,他们可以根据个人愿望和需要,选择或创造自己的家庭形式。"[②] 而且无论是在"劳动-闲暇"、家庭消费以及人际交往方面都朝着绿色化转型。

一是家庭个人"劳动-闲暇"的绿色化。家庭中个人的劳动,我们也可以

---

① 张祥龙、张恒:《家的本质与中国家庭生活的重建——张祥龙教授访谈录》,《河北学刊》2018年第3期,第3页。
② 〔美〕阿尔温·托夫勒:《第三次浪潮》,朱志焱、潘琪、张焱译,生活·读书·新知三联书店,1983,第291页。

直接称之为工作，其目的已经不仅仅是维持自身的生存和发展了，还要承担照料家庭中没有劳动能力的其他成员生活的责任，如老人、孩子等（虽然社会和国家也会承担部分）。此时的女性与男性拥有同样的工作机会与权利，在各方面是平等的。当然，如果他从事的工作是直接生产物品，那么也会是绿色生产；如果作为管理层成员也会敦促相关人员将产品对自然的污染降到最低，保证生产的产品不会危害人们的身体健康。而相对于自由闲暇时间而言，男女双方已经没有明显的"男主外女主内"的传统界限，男性也会承担教育子女、照顾老人以及做家务等方面的责任，女性也会利用其自由闲暇时间发展、提升自己，拥有属于自身的精神文化生活，毕竟"自由时间——不论是闲暇时间还是从事较高级活动的时间——自然要把占有它的人变为另一主体，于是他作为这另一主体又加入直接生产过程。对于正在成长的人来说，这个直接生产过程同时就是训练，而对于头脑里具有积累起来的社会知识的成年人来说，这个过程就是［知识的］运用"①。而且这有利于把家庭维持在一个和谐、良好的氛围之中，对整个家庭的其他成员来讲都是一种相对美好的生活，即在最小的社会单元中的人的劳动生活方式、交往方式是处于合理化的状态中。

二是家庭消费理念、消费产品、消费行为的绿色化转型。家庭生活方式的绿色化转型更多地体现在消费上，虽然也有生产。具体而言，首先是家庭消费理念的绿色化，即根据家庭的经济条件和具体需求进行消费，尽量不要超出家庭所能承受的范围，量力而为，拥有绿色消费理念，消费的产品与行为符合绿色消费的要求。其次是在消费的产品方面，在购买车辆、住房及购买日常的生活用品等时尽量做到绿色化，当然，这个也要与家庭的经济条件相适应，适度而行。比如说购买的住房是绿色建筑，房屋装修的材料都不会污染环境且不会影响家庭成员健康，日常购买的食品都是绿色产品，等等。最后是绿色行为表现，如我们平常生活中所进行的垃圾分类，节约每一度电、每一滴水，随手保护环境，等等。在家庭中，父母的观念和行为会影响孩子，正面的积极的绿色理念可以促进绿色生活方式的可持续性。

三是家庭群体与个人关系的平衡。家庭群体与个人之间的平衡主要体现在家庭成员之间，如夫妻关系、亲子关系中。家庭对于大多数人而言，是幸福的来源，维持好亲子关系，不仅是提升家长心境的过程，更有助于孩子的健康成

---

① 《马克思恩格斯文集》（第8卷），人民出版社，2009，第204页。

长,把家庭当成一个爱的关怀单位,这是每一个家长的责任,是为孩子树立正确的价值观的重要条件,也是新时代绿色生活方式得以持续的基本条件。在夫妻关系方面,当夫妻无法正常生活在一起时,即夫妻感情破裂,离婚被视为一种正确、正常的选择,并不代表着家庭的消亡与亲子关系的结束,这种选择也应该被社会所接纳。毕竟处于新时代的女性已经生活在了如恩格斯所期盼的时代,"如果感情确实已经消失或者已经被新的热烈的爱情所排挤,那就会使离婚无论对于双方或对于社会都成为幸事"[1],而且最重要的是"这一代男子一生中将永远不会用金钱或其他社会权力手段去买得妇女的献身;而这一代妇女除了真正的爱情以外,也永远不会再出于其他某种考虑而委身于男子,或者由于担心经济后果而拒绝委身于她所爱的男子"[2],在男女双方处于真正平等的社会,婚姻中的夫妻关系也随之达到一种最理想的状态。

---

[1] 《马克思恩格斯文集》(第4卷),人民出版社,2009,第96页。
[2] 《马克思恩格斯文集》(第4卷),人民出版社,2009,第96~97页。

第五章

新时代绿色生活方式的建构原则与逻辑

进入新时代,绿色生活方式的建构有了新的时代语境与发展坐标。对此,应遵循一定的建构原则与逻辑开展新时代绿色生活方式的建构实践,以保证建构路径的科学性。

第一节 新时代绿色生活方式的建构原则

"一个民族共同体的文化就是他们共同的生活方式和生活样法"[①],既然把新时代绿色生活方式的建构置于我国社会主义现代化建设的大背景中,就必须符合其远景目标,即新时代绿色生活方式的发展目标与我国社会主义现代化建设的目标一致,而在建构过程中,必须坚持"以发展生产力为基础"和"以人为发

---

① 王雅林:《回家的路:重回生活的社会》,社会科学文献出版社,2017,第298页。

展中心"两个尺度的统一，与此同时，还要坚持其推进速度与人们的社会心理承受能力相适应。

一 发展目标与我国社会主义现代化建设的目标一致

一百多年来，中国共产党领导中国人民的一切奋斗，归根到底都是为了实现社会主义现代化和中华民族伟大复兴这一伟大目标。新时代绿色生活方式的发展目标我们已经明确，整体而言是与我国社会主义现代化建设的目标相一致的，也就是说是我国社会主义现代化建设内容的一部分，且随着其建设过程逐渐推进。同理，新时代绿色生活方式的建构必须与我国社会主义现代化建设目标的发展方向、发展阶段和建设内容保持一致，这样的建构才是既科学又符合我国现代化建设的发展进程的。

首先，新时代绿色生活方式的建构是立足于我国的社会主义现代化建设的"新型现代化"，"体现为历史超越性的'新型现代化'"，[①]这种"新型现代化"具有"目标牵引"作用。从我国社会主义现代化建设目标来看，无论是党的十八大还是党的十九大以及十九届五中全会，都对新时代绿色生活方式具有目标引领作用。而我们需要做的是依据新的发展条件、发展机遇和科学的发展理论，努力在铲除经济、政治、文化、制度上"人的依赖关系"的社会条件的基础上，既发挥市场机制的不可取代的资源配置作用，又减小或避免其消极影响，努力把实现"物"的现代化和人的现代化结合起来，使我们的现代化经受住合乎规律性和合乎目的性的双重检验。

其次，新时代绿色生活方式的发展要与我国社会主义现代化建设的发展阶段保持一致。多年的实践探索证明，"把中国现代化建设的长期性与发展的阶段性相结合，科学划分发展阶段，始终做到分阶段、有步骤地推进社会主义现代化，这是我们党推进社会主义现代化建设的一条成功经验"[②]。因此，新时代绿色生活方式的建构过程和发展阶段除了要立足于我国社会主义现代化建设外，还要与其发展阶段保持一致。党的十八大强调，建设中国特色社会主义，总任务是实现社会主义现代化和中华民族伟大复兴，并提

[①] 王雅林:《回家的路：重回生活的社会》，社会科学文献出版社，2017，第223页。
[②] 《习近平新时代中国特色社会主义思想三十讲》，学习出版社，2018，第127页。

出"两个一百年"奋斗目标。站在接续历史的新的更高起点上，党的十九大围绕新时代实现中华民族伟大复兴新的历史使命，对新时代推进我国社会主义现代化建设，做出新的顶层设计，提出分两步走在本世纪中叶建成社会主义现代化强国的战略安排。"第一个阶段，从二〇二〇年到二〇三五年，在全面建成小康社会的基础上，再奋斗十五年，基本实现社会主义现代化。到那时，我国经济实力、科技实力将大幅跃升……全体人民共同富裕迈出坚实步伐；现代社会治理格局基本形成，社会充满活力又和谐有序；生态环境根本好转，美丽中国目标基本实现。"[1]其中提到的经济、民主、法治、公平、正义、安全、环境等方面的要求与目标也是新时代绿色生活方式发展到那个阶段所必不可缺少的，按照规划，到2020年，公众绿色生活方式的习惯基本养成，绿色低碳的生活方式基本形成；确保到2035年，节约资源和保护生态环境的生活方式总体形成，也就是绿色生活方式的总体形成。

在我国社会主义现代化的"第二个阶段，从二〇三五年到本世纪中叶，在基本实现现代化的基础上，再奋斗十五年，把我国建成富强民主文明和谐美丽的社会主义现代化强国。到那时，我国物质文明、政治文明、精神文明、社会文明、生态文明将全面提升，实现国家治理体系和治理能力现代化，成为综合国力和国际影响力领先的国家，全体人民共同富裕基本实现，我国人民将享有更加幸福安康的生活，中华民族将以更加昂扬的姿态屹立于世界民族之林"[2]。至此，绿色生活方式的形成时间路线图完整呈现。由此可以看出，绿色生活方式的基本形成、总体形成和全面形成是与我国建设社会主义现代化强国的战略部署相一致的。不仅如此，内容也要与我国社会主义现代化建设内容保持一致，这样才能保证绿色生活方式既符合其所处的时代又能引导人们生活方式的转变，才不至于脱离实际，具有物质基础、科学性质和多维度保障。

---

[1] 习近平：《决胜全面建成小康社会 夺取新时代中国特色社会主义伟大胜利——在中国共产党第十九次全国代表大会上的报告》，人民出版社，2017，第36页。
[2] 习近平：《决胜全面建成小康社会 夺取新时代中国特色社会主义伟大胜利——在中国共产党第十九次全国代表大会上的报告》，人民出版社，2017，第36~37页。

二 实现以发展生产力为基础和以人的发展为中心两个尺度的统一

我国的现代化进程既是社会的现代化,也是作为现代化主体的人的现代化。英格尔斯就曾明确指出:"如果一个国家的人民缺乏一种能赋予这些制度以真实生命力的广泛的现代心理基础,如果执行和运用着这些现代制度的人,自身还没有从心理、思想、态度和行为方式上都经历一个向现代化的转变,失败和畸形发展的悲剧结局是不可避免的……要冲破这个牢固的束缚,就必须要求人们在精神上变得现代化起来,形成现代化的态度、价值观、思想和行为方式,并且把这些熔铸在他们的基本人格之中。"[1]因此,在我国现代化进程中建构绿色生活方式的道路与尺度就摆在了我们面前:以发展生产力为基础,以人的发展为中心。这里的发展"既是物质的现实,又是精神上的一种状态;在发展中通过社会的、经济的和制度方面的综合过程,人民获得了过美好生活的手段"[2]。也就是说坚持"以人为发展中心"是因为人类社会发展生产力归根结底是为了满足人们的物质、文化生活需要,并逐步创造使人得到自由而全面发展的条件。人的发展体现经济发展的主要目标,同时也构成主要动力源泉。在很大程度上可以说,发展的核心内涵是人自身的发展。

新时代绿色生活方式的建构,毫无疑问是要实现发展生产力为基础和以人的发展为中心两个尺度的统一,这也是衡量社会发展与进步的两个相互联系又有区别的根本尺度,即生产力发展尺度和人的发展尺度。就发展尺度而言,生产力发展讲的是"物"的发展尺度,而且这个是基础,主要包含两层意思,一是我们生存、生活和发展的基础,二是这个只能作为基础而不能使其超越人成为主导。一旦"物"在人之上,就会继续沦为消费主义(哪怕是绿色消费主义),那么我们新时代绿色生活方式的形成就会更加遥远。人的发展讲的是人自身发展的尺度,是以人为中心,而不是以"物"为中心,一切都是为了人们的美好生活,以及最终的价值目标——人自由而全面的发展——的实现,这也是新时代绿色生活方式的最终价值追求。就评价尺度而言,生产力发展讲的是科学评价的尺度,也就是说衡量社会发展和绿色生活方式是否拥有立足点,如

---

[1] 〔美〕阿历克斯·英格尔斯:《人的现代化:心理·思想·态度·行为》,殷陆君编译,四川人民出版社,1985,第4~6页。

[2] 〔美〕托达罗:《第三世界的经济发展》(上),于同申、苏蓉译,中国人民大学出版社,1988,第126页。

果连物质基础都没有，那么美好生活何从谈起？人的发展讲的是价值评价尺度，也就是说美好生活是否由作为生活主体的人说了算是人的价值和价值追求是否得到满足的根本体现，而绿色生活方式的建构是否符合现实以及深入人心，也是由作为生活主体的人说了算。就合理性方面而言，生产力发展讲的是工具合理性，人的发展讲的是目的合理性，只有工具与目的的合理性得到了统一才能称得上是真正的合理性，二者缺一不可。因此这两个尺度既相互区别又相互依偎，离开一个讲另一个都会对新时代绿色生活方式建构产生副作用。

三 推进速度与人们社会心理承受能力的相适应

在新时代绿色生活方式具体建构中我们会发现有一个值得仔细推敲的问题，在发展阶段中并未详细给予具体的时间节点（十五年的时间节点只能算是大阶段，不能算是详细的规划），虽然说在大的阶段给予了具体说明，可在这两个十五年中的推进速度还要结合区域的不同有所区别，而不是"一刀切"地将城市和农村直接同一化，并且本身具体的个人实践新时代绿色生活方式的程度就不一样。更何况在我国，绿色生活方式被提出的这30多年来，其并没有被人们很好地接受，人们对其还很多误解。因此，在新时代绿色生活方式的建构过程中，其推进速度要考虑到人们的社会心理承受能力，如此才能让新时代绿色生活方式深入人心。

所谓社会心理承受能力是指"人们在一定社会刺激和已有心理基础的交互作用下形成的心理能力结构，它表现为人们对社会生活（广义的）变化的理解、适应、应激、耐受和平衡等方面的能力"[①]，其系统结构如图5-1所示。新时代绿色生活方式的建构，无论是从静态类型维度、刺激内容维度来看，还是从动态反应维度来看都会影响到人们的社会心理承受能力。首先从静态类型维度来看，推动形成新时代绿色生活方式，尤其是对于绿色生活方式的时间规划（基本形成—总体形成—全面形成），必然是按照个体—群体—全社会性的逻辑进行。也就是说推动新时代绿色生活方式形成的速度和程度要考虑到社会心理承受能力的三个层次。一是同一时期全部社会公众的心理承受能力，这是最基

---

① 张大均：《关于社会心理承受能力的几个基本理论问题》，《西南师范大学学报》（哲学社会科学版）1997年第4期，第8页。

本的前提；二是这一时期不同阶层或者城市与农村、发达地区与欠发达地区的公众的心理承受能力；三是同一地区同一阶层不同公众个体的心理承受能力。而刺激内容维度和动态反应维度更多地表现在新时代绿色生活方式的实践上，即行为上。目前对于新时代绿色生活方式推进速度的社会心理承受能力没有特别的方法可以进行直接测量，但是可以肯定的是新时代绿色生活方式的推进速度是要和人们的生活水平、生活质量以及内在需要相适应的。

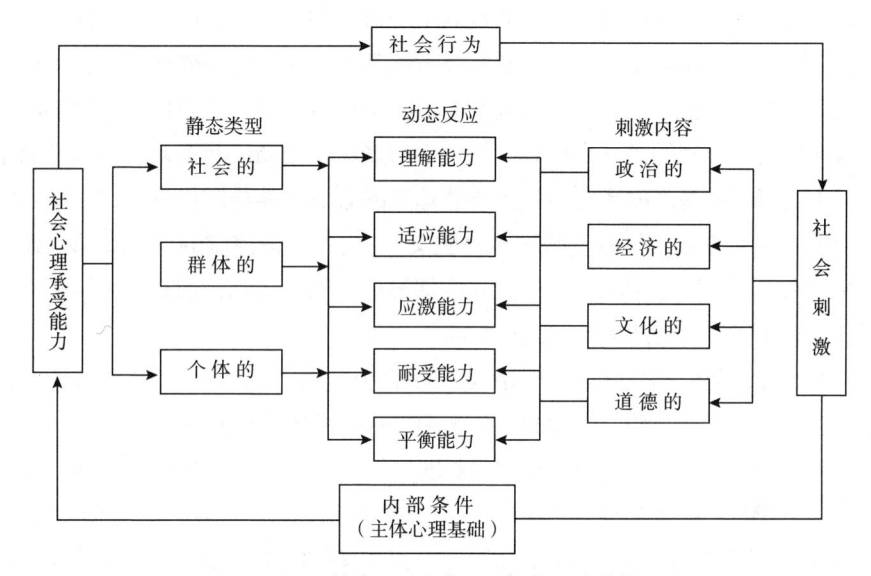

图 5-1　社会心理能力承受能力系统结构

资料来源：张大均《关于社会心理承受能力的几个基本理论问题》，《西南师范大学学报》（哲学社会科学版）1997年第4期，第8页。

第二节　新时代绿色生活方式的建构逻辑

新时代绿色生活方式建构首先要遵循发展逻辑，无论是其中的生活逻辑、人本逻辑还是生态逻辑，都在一定程度上将其区别于传统的生活方式、资本逻辑驾驭的绿色生活方式和虚假的绿色生活方式，赋予绿色生活方式新的价值与意义。作为生活主体的人，其创造性逻辑为发展逻辑提供了动力支撑，在发展逻辑的基础上对新时代绿色生活方式进行创造性转化，而制度逻辑为前面两者提供了切实保障。因此，新时代绿色生活方式整个建构逻辑是以生活的物质基础为逻辑起点，发挥主体的创造性的逻辑过程，并以中国特色社会主义制度为走向保障。

一 物质基础：新时代绿色生活方式建构的逻辑起点

人类的第一个历史活动就是物质生产实践，而物质生产是人们维持自身生存、创造美好生活的前提条件，而发展生产就是要满足人民群众对美好生活的需要。因此，夯实物质基础，不断提高发展动力，在生态现代化、全面生产和绿色生产的基础上，既要满足人们对生存、生活所需的物质条件、自然环境以及精神文化等方面的需求，更要严把生活质量关，推动生活资料的有效供给和合理化配置。这是新时代绿色生活方式建构的必然条件与前提基础，又是它区别于其他生活方式，得以摆脱"生产主义"、资本逻辑控制的现实支撑。如果不在建构新时代绿色生活方式的过程中把握这一物质基础，那么其建构将失去根基，进而丧失自身建构系统的科学性。

新时代绿色生活方式之所以是真正的绿色生活方式，并区别于传统的生活方式及资本逻辑驾驭的、虚假的绿色生活方式的具体体现如下。

一是新时代绿色生活方式建立在新时代的基础上，2020年已全面建成小康社会，为新时代绿色生活方式奠定了一定的物质基础，公众可以在满足生存需要的基础上追求更高层次的生活，由此产生更多的需要，如新的生活需要、生态需要等。公众既有条件去想人与自然的关系，也有能力购买绿色产品，绿色意识便会萌发。自然、人、社会的互利共生则会为公众提供"绿色条件"，使公众将萌发的"绿色"意识转化为"绿色"行动。

二是新时代绿色生活方式建构的物质基础除了要求全面的生产外，还要求绿色的生产方式，这就破除了资本逻辑驾驭的生活方式以及其驾驭的绿色生活方式。首先，资本逻辑具有对劳动的掠夺性、对自然破坏的反生态性以及对社会关系的占有性，其在根本上就否定了人自由而全面发展的可能性。资本的逐利性注定了其生产方式不会是全面的，更不会是绿色的，其驾驭的生活方式自然不是绿色生活方式，更不可能形成新时代绿色生活方式。其次，资本逻辑驾驭的绿色生活方式是在对资本逻辑辩证认识的基础上，但是其生产方式从一定程度上来讲并不是真正意义上的绿色生产方式，哪怕是扬弃资本逻辑，其驾驭的绿色生活方式也是一种狭隘的，甚至是虚伪的绿色生活方式，是区别于新时代绿色生活方式的前提基础与最终目标的。哪怕资本逻辑驾驭的绿色生活方式倡导绿色产品和绿色消费，其生产方式和生产目的注定了其生产的绿色产品是为了生产而生产，且生产前提与生产过程中是否会遵循绿色生产也是不可控的。资本逻辑驾驭的绿色方式所倡导的绿色消费也是一种新的异化形式，是一种幻想性消费或者无意识消费，比如为了促进绿色产品的销售，为其贴上某种有名的"商标"，让人误以为吃、喝或者穿了带有这种"商标"的产品，自身就拥有了某种身份，同时也让人被贴上的这种"商标"支配着去消费。

三是新时代绿色生活方式建构的物质基础有自身的衡量标准，也是一个综合指标，即生活质量。这就打破了虚假的、遮遮掩掩的绿色生活方式。这种虚假的、遮遮掩掩的绿色生活方式，或者说是部分的、有限的绿色生活方式的生活主体，总以各种各样的借口为自己开脱或者说给这种绿色生活方式以正当性、合理性，主要表现在以下几个方面。其一，以生活资料的不完善或不丰富为借口为自身的部分的绿色生活方式开脱，认为这是物质基础没有给生活提供相当的条件或者未能促进其拥有更高的生活追求，如相对于平常的生活资料，绿色产品价格更贵（不可否认的是，这确实也是需要我们反思和改善的），即使不是更贵也想跟随大众进行无意识的消费；其二，经济社会条件满足了其生活质量，尚未达到合理配置，产生社会不公平的想法，加之其并未认可绿色生活方式，将绿色生活方式误解为"限制过现代化的生活"的生活方式，因此未能形成绿色理念，以嘴上说说的形式践行着虚假的绿色生活方式；其三，有效供给与合理化配置未能统一，一些人采用遮遮掩掩的绿色生活方式，并认为这是为与其所处的社会生活环境相匹配，进而给自己的这种选择以正当性。

通过上述分析不难发现，不同社会经济条件所形成的生活方式自然也不一样，不同生活主体在建构行动中的取向也有所不同，如形成了狭义的绿色生活方式、资本逻辑驾驭的绿色生活方式以及部分的绿色生活方式等。因此，以新时代为依据的全面的、绿色的物质基础是建构新时代绿色生活方式的逻辑起点。

二 形成机理：新时代绿色生活方式建构的逻辑过程

新时代绿色生活方式的形成是作为生活主体的人与作为客体的经济社会条件的互动互构，与其他生活方式一样，并非预定生活目标所限定的产物，而是在社会发展过程和解决现实问题的实践中被建构而成的符合人对更好的生活追求的一种新的生活方式。不同时代、不同经济形式、不同国家的人的建构诉求与目标也有所差异，主体建构的逻辑过程形成了不同程度的绿色生活方式或者不同的生活方式。因而，新时代绿色生活方式建构的逻辑过程可以分为生成式建构和"符号式"建构两种，生成式建构是过程和结果，"符号式"建构是外化形式以及作为可持续性的"绿色身份"标志，在社会关系与社会公德中具有引领作用，具体阐述如下。

一是新时代绿色生活方式的生成式建构。新时代绿色生活方式的生成式建构是在其建构的逻辑起点上，在主客体互动互构过程中，主体认同绿色理念，通过调整和重塑社会关系，达到理论认知、价值认可、行为认同的最终统一，是一种由内而外的过程和理论与实践的统一，是过程与结果的相互转化，即生活主体创造性发挥必须基于当时的社会经济条件，当时的物质基础为生活方式的创造性转化提供了可能性和必要性。因此，作为生活主体的人，必须依靠物质基础，并在此条件下充分加强自身实践，两者互动互构才能生成新时代绿色生活方式，实现对自身生命本质的确证并完成对"人活得怎样"的追寻，这是一个创造性转化的过程。这种生成式建构并不是一时的，而是具有过程性和持续性，进而形成结果。

二是新时代绿色生活方式的"符号式"建构。"符号式"的新时代绿色生活方式与其说是其外化的形象标签，不如说是其主要价值的特征之一，具体表现在以下两个方面：首先这种"符号"是一种身份符号，代表的是拥有绿色理念与绿色身份，也就是真正的"绿色主体"，是新时代绿色生活方式的践行者，并外化为劳动生活方式绿色化、绿色消费与环保行为等各种形式；其次，这种"符号"形象具有示范引领和价值导向作用，是新时代绿色生活方式内容与价值的传达，在不具有这种"符号"形象的人看来，这就是新时代绿色生活方式的评价标准，在人际关系中可以起到示范引领作用，实现对真正"生命共同体"的塑造。

三 转化保障：新时代绿色生活方式建构的逻辑走向

推动形成绿色发展方式和生活方式，是发展理念和实践的一场深刻变革，是新时代的发展诉求，也是人们对美好生活的向往，对于建设美丽中国、实现中华民族永续发展意义重大。因此，新时代绿色生活方式的建构具有政策推动性和政府规划性。

新时代绿色生活方式还处于建构过程中，其主要内容并未完全呈现，并不是一个终极化的、具有严格标准的生活方式，很多方面的变化都可以影响其建构的逻辑走向。因此，新时代绿色生活方式建构的逻辑走向不会是单向度的，而是多向度的。具体来看，其蕴含着三个向度：其一，新时代绿色生活方式的可持续性，即继续保持或发展本身；其二，狭义的绿色生活方式甚至是其他生活方式转化为新时代绿色生活方式；其三，新时代的绿色生活方式退变为传统的绿色生活方式甚至不再是绿色生活方式。从中可以看出，在逻辑起点和逻辑过程的基础上，要保证新时代绿色生活方式建构的正确逻辑走向，必须给予多维度的保障，制度保障尤为重要。

在人类文明史上，制度与人的生活方式存在着本质关联。作为实现新时代绿色生活方式建构的根本保障的中国特色社会主义制度，在其发展变迁中与人的生活方式的交互演进，与资本主义相比具有优越性，并"形成了人的生存和制度保障、人的发展与制度变革、人的价值与制度价值的三重结构，其底层结构重在捍卫人的生存权利，中层结构旨在拓宽人的美好生活与发展空间，顶层结构在于实现人的意义与价值"[①]。我国作为社会主义国家具有社会主义制度的优越性和文化优势，这也是新时代绿色生活方式得以建构的根本保障。

---

① 项久雨、潘一坡：《中国制度发展与人的生活方式演进》，《学习与实践》2020年第5期，第14页。

第六章

新时代绿色生活方式的建构路径

  在中国特色社会主义现代化建设的过程中，只有扬弃"物的依赖性"，摆脱资本逻辑，并秉持"自由个性"的实践意旨，新时代绿色生活方式方能完成向"人本身"的"复归"，实现对其本身的建构。首先，实现有效供给，促进"生态、生产、生活"的现代化是物质基础；其次，采用过程式与"符号式"的双重建构，培育绿色发展理念和绿色消费观，实现生活方式的创造性转化，生成并践行新时代绿色生活方式；最后是以制度保障主客体的互动互构，从政策和法制保障、宣传机制等多维度协同推进。由此，新时代绿色生活方式的建构方有可能。

第一节 有效供给:"生态、生产、生活"的现代化

"现代化"是一个涉及多学科的概念,具有多层面的内容。综合而言,现代化是"社会经济生产与社会意识形态之间整体性的更高级、更优越、更适应的一个过程"①,在此过程中,人类的生活、生产、价值观等各方面都发生了很大的改变,并有可能伴随人类社会文明范式的更替。因此,"生态、生产、生活"全面的现代化是建构新时代绿色生活方式的有效供给,也是其区别于其他生活方式的建构基础。

一 生态现代化全面建设:推动"自然、人、社会"的互利共生

无论是新时代绿色生活方式的特征中所阐述的"生态价值优先,生活价值为主"的价值属性,还是国内学者经常说的人与自然和谐共生的现代化就是"以生态导向的现代化",都可以被称为生态现代化。生态现代化理论最早是由德国学者约瑟夫·胡伯创立的,标志着现代化的生态转型,该理论探讨了一种现代化和生态环境相互作用的知识规律,其最终目的是寻找一种变革途径,改变传统发展方式中不可持续的发展模式。

党的十九大报告首次从生态文明的角度明确提出,"我们要建设的现代化是人与自然和谐共生的现代化,既要创造更多物质财富和精神财富以满足人民日益增长的美好生活需要,也要提供更多优质生态产品以满足人民日益增长的优美生态环境需要"②,并提出了建设富强民主文明和谐美丽的社会主义现代化强国的建设目标。那么我们应该如何推进生态现代化的全面建设,实现"自然、人、社会"的互利共生呢?这个问题的解决不仅可以为新时代绿色生活方式提供环境支撑,保证生态质量,实现新时代绿色生活方式发展目标的第一个层次和第二个层次,还可以满足人们在生存的基础上的安全和健康生活的需

---

① 薄海、赵建军:《生态现代化:我国生态文明建设的现实选择》,《科学技术哲学研究》2018年第1期,第100页。

② 习近平:《决胜全面建成小康社会 夺取新时代中国特色社会主义伟大胜利——在中国共产党第十九次全国代表大会上的报告》,人民出版社,2017,第64页。

要，进而促进美好生活目标的实现。

生态问题的解决单靠技术是无法彻底完成的，其更多地涉及社会和政治问题，要想彻底解决该问题还要从制度根源入手。生态现代化也是如此，正如恩格斯所说："要实行这种调节，仅仅有认识还是不够的。为此需要对我们的直到目前为止的生产方式，以及同这种生产方式一起对我们的现今的整个社会制度实行完全的变革。"[①]中国的生态现代化必然是社会主义生态现代化，与资本主义的现代化有着本质的区别，在借鉴西方生态现代化理论的基础上，需要从以下三个方面着手建设。一是在政治方面，为生态现代化提供政治保障，合理干预市场行为，引导生态现代化建设的正确方向，将生态理性和生态关怀置于政治、经济和社会进程。二是强化法律法规体系，为生态现代化建设提供坚实的法律保障，《中共中央关于制定国民经济和社会发展第十四个五年规划和二〇三五年远景目标的建议》明确指出要"全面提高资源利用效率。健全自然资源资产产权制度和法律法规，加强自然资源调查评价监测和确权登记，建立生态产品价值实现机制，完善市场化、多元化生态补偿，推进资源总量管理、科学配置、全面节约、循环利用。实施国家节水行动，建立水资源刚性约束制度。提高海洋资源、矿产资源开发保护水平。完善资源价格形成机制。推行垃圾分类和减量化、资源化。加快构建废旧物资循环利用体系"。三是在经济方面，采取预防原则，促进技术创新，实现经济与环境双赢、人与自然互利共生。从根本上说，生态现代化不是立足于"转移""转嫁"，而是立足于"转变"，与当今发达工业国家所推行的那种生态建设工程的主要区别就在于它立足于预防、创新和结构的转变，是对经典现代化的积极的生态修正，其本质是"高效低耗、无毒无害、脱钩双赢、互利共生"[②]。这在一定程度上为"自然、人、社会"的互利共生奠定了基础。

二 全面、绿色的生产与消费：绿色生产方式与生活方式的协同转化

人们对于美好生活的向往是对更好生活的期待，全面生产与消费是实现美好生活的一种外在表现。在这个物质丰裕的时代，如何在生产中考虑到对

---

① 《马克思恩格斯文集》(第9卷)，人民出版社，2009，第561页。
② 孔繁德、王连龙、谭海霞、赵忠宝：《〈中国现代化报告2007——生态现代化研究〉述评》，《中国环境管理干部学院学报》2007年第3期，第3页。

生产资料、自然资源的节制并保持与自然的平衡，如何不被"物"所控制，思考人活着究竟需要什么、不需要什么，做到真正的内心充实，是当下的人类需要思考的问题。因此，"为了达到真正的富足，也就是内在精神方面的充实与满足，我们有必要重新评估所有欲的限定和一无所有的自由等论点"①。这就需要在进行新时代绿色生活方式的建构时，不仅要思考如何实现"生产、生活、生态"的"三生"合一，更要考察"生活需要、生活时间、生活资料"的相互关系，摆脱资本逻辑的控制，实现绿色生产方式与生活方式的协同转化。

（一）在全面生产中重塑"绿色生产"

对于全面生产的论述，马克思曾明确指出动物的生产和人的生产的不同："动物只生产它自己或它的幼仔所直接需要的东西；动物的生产是片面的，而人的生产是全面的；动物只是在直接的肉体需要的支配下生产，而人甚至不受肉体需要的影响也进行生产，并且只有不受这种需要的影响才进行真正的生产；动物只生产自身，而人再生产整个自然界；动物的产品直接属于它的肉体，而人则自由地面对自己的产品。"②在这里提到了人的生产是全面的，包括物质生活资料的生产（蕴含着"再生产整个自然界"）。接着他又说："宗教、家庭、国家、法、道德、科学、艺术等等，都不过是生产的一些特殊的方式，并且受生产的普遍规律的支配。"③不仅如此，"人如何生产人——他自己和别人；直接体现他的个性的对象如何是他自己为别人的存在……社会本身生产作为人的人一样，社会也是由人生产的"④。这里的生产包括精神的生产、人的生产（家庭的产生）和社会关系的生产（社会、国家），由此形成马克思所说的全面的生产，即整个人类社会的生产和再生产，具体而言，包括四个方面，即物质生活资料的生产、人的生产、精神生产、社会关系的生产。而在全面生产中重塑"绿色生产"就是在这四个方面的生产实现绿色化，实现物质生活资料生产的"绿色化"，就是我们所说的狭义的绿色生产，从生产源头选择对自然危害最小、能源消耗最低的生产资料，并考虑到自然环境

---

① 〔日〕中野孝次：《清贫思想》，邵宇达译，中国青年出版社，2015，第142页。
② 《马克思恩格斯文集》（第1卷），人民出版社，2009，第162~163页。
③ 《马克思恩格斯文集》（第1卷），人民出版社，2009，第186页。
④ 《马克思恩格斯文集》（第1卷），人民出版社，2009，第187页。

的承受力；在生产过程中，生产环境以及生产的物品必须是安全、无污染的，生产中的劳动者也处于一个安全、洁净的空间场所；其生产的结果，即"绿色产品"，不损害人类身体、丢弃时对环境的危害比较小等，这方面的主要推动者和监督者是政府和大众，而主要实施者是各生产单位，如企业。人的生产也就是家庭生产的绿色化，这里更多的是家庭关系的合理化。当然，精神的生产与社会关系的生产主要体现在生态关怀与交往方式合理化等方面。

全面生产中最重要的是绿色生产方式的实现，马克思指出："人们借以进行生产、消费和交换的经济形式是暂时的和历史性的形式。随着新的生产力的获得，人们便改变自己的生产方式，而随着生产方式的改变，他们便改变所有不过是这一特定生产方式的必然关系的经济关系。"①可见，相对于资本主义生产方式来说，绿色生产方式的实现必须同样有一种"新的生产力的获得"。绿色生产方式并不单纯等同于全面生产理论中的绿色生产（狭义的），因为新时代绿色生活方式的建构不仅考虑到了生产力的进步，还考虑到了生产力进步的条件，即人类的生活环境和发展环境，以及相对应的社会制度保障，而这种绿色生产方式的建构还有很长的路要走，尤其是科技的创新与应用促使生产方式的绿色化转型。因此，必须"强化绿色发展的法律和政策保障，发展绿色金融，支持绿色技术创新，推进清洁生产，发展环保产业，推进重点行业和重要领域绿色化改造"②。

从现实考虑出发，我们目前需要的不仅是经济的发展，还需要"五位一体"总体布局的统筹推进，要推动单向的、片面的、低层次的发展观向平衡的、全面的和满足人民群众高层次需要的发展观转变。早在2001年，江泽民同志就明确地指出："推进人的全面发展，同推进经济、文化的发展和改善人民物质文化生活，是互为前提和基础的。人越全面发展，社会的物质文化财富就会创造得越多，人民的生活就越能得到改善，而物质文化条件越充分，又越能推进人的全面发展。"③可见，社会的发展和人的全面发展都是在历史进程中不断推进的，且两者互为基础，并互相推进对方的发展，同时也是衡量发展的标志，这是对于历史和社会发展的总结和思考，是从单向发展到双向发展、全

---

① 《马克思恩格斯文集》（第10卷），人民出版社，2009，第44页。
② 《中共中央关于制定国民经济和社会发展第十四个五年规划和二〇三五年远景目标的建议》，《人民日报》2020年11月4日，第4版。
③ 《江泽民文选》（第3卷），人民出版社，2006，第295页。

面发展的思想转换。所以，新时代绿色生活方式的形成也离不开这样的一个动态过程，也是从片面的、以经济发展为中心的发展转变为现在的全面的、整体的、回归到以人为本的发展。

（二）在全面促进消费中倡导"绿色消费"

《中共中央关于制定国民经济和社会发展第十四个五年规划和二〇三五年远景目标的建议》明确提出了"全面促进消费"，在新时代绿色生活方式的建构中，这里的全面促进消费是指全面提升消费质量、全面激发消费活力、全面释放消费潜能以及全面促进绿色消费。在全面促进消费中，首先要保障人们的基本生活和成为美好生活的基础，满足人们的物质需要，要"增强消费对经济发展的基础性作用，顺应消费升级趋势，提升传统消费，培育新型消费，适当增加公共消费"[①]，在衣、食、住、行以及自由闲暇时间的运用上，要"推动汽车等消费品由购买管理向使用管理转变，促进住房消费健康发展。健全现代流通体系，发展无接触交易服务，降低企业流通成本，促进线上线下消费融合发展，开拓城乡消费市场。发展服务消费，放宽服务消费领域市场准入。完善节假日制度，落实带薪休假制度，扩大节假日消费。培育国际消费中心城市。改善消费环境，强化消费者权益保护"[②]。其次，也是最重要的，是"以质量品牌为重点，促进消费向绿色、健康、安全发展"[③]，即倡导和促进绿色消费。一是要牢牢守住消费安全的底线，进一步规范产品的生产日期、保质期、产地、成分、用途、功效及副作用等信息提示；二是重点加强对食品、药品以及人体直接接触商品的抽查检测力度，建立健全高效透明的消费安全事件应急响应机制；三是通过城市"试点"进一步普及健康生活方式，推进健康消费理念进社区、进家庭、进人心；四是在全社会倡导绿色消费，制定绿色消费发展总体规划，鼓励企业调整绿色生产与供给结构，引导居民用绿色消费理念支配日常生活，形成政府、企业、消费者"三位一体"的绿色消费系统。

---

① 《中共中央关于制定国民经济和社会发展第十四个五年规划和二〇三五年远景目标的建议》，《人民日报》2020年11月4日，第4版。

② 《中共中央关于制定国民经济和社会发展第十四个五年规划和二〇三五年远景目标的建议》，《人民日报》2020年11月4日，第4版。

③ 《中共中央关于制定国民经济和社会发展第十四个五年规划和二〇三五年远景目标的建议》，《人民日报》2020年11月4日，第4版。

(三)摆脱资本束缚:使"美好生活逻辑"超越"资本逻辑"

面对生态危机和生活方式的问题,长期以来学界都把矛头指向资本逻辑,将资本逻辑看成洪水猛兽,下意识地忽略了其文明面。我们要想摆脱资本束缚、超越资本逻辑必须先明白什么是资本、什么是资本逻辑。马克思明确地指出:"资本不是物,而是一定的、社会的、属于一定历史社会形态的生产关系,后者体现在一个物上,并赋予这个物以独特的社会性质。"[①]这时,资本不再是物了,而是"一种以物为中介的人和人之间的社会关系"[②]。马克思曾形象地比喻这种关系,即"黑人就是黑人。只有在一定的关系下,他才成为奴隶。纺纱机是纺棉花的机器。只有在一定的关系下,它才成为资本。脱离了这种关系,它也就不是资本了,就像黄金本身并不是货币,砂糖并不是砂糖的价格一样"[③]。那么,这种"社会关系"是一种什么样的关系呢?其本质上是一种颠倒的"主客体关系",因为,只有在"死劳动"支配"活劳动",即"物"支配"人"的颠倒的资产阶级社会关系里,资本才会真正存在。也就是马克思所说的"按其本质来说,它是对无酬劳动的支配权……资本自行增殖的秘密归结为资本对别人的一定数量的无酬劳动的支配权"[④]。那么何为资本逻辑呢?鲁品越和王珊认为"物化劳动是资本逻辑产生的根源,而资本权力通过生产资料对劳动力的支配是资本逻辑的基础"[⑤],他们在此用的是"资本权力"。而白刚认为"'资本的权利化'发展到极致,就形成了一种起支配和统治作用的强大的、抽象的'同一性'力量——资本逻辑"[⑥],他在此用的是"资本的权利化"。可以想见,"权力"和"权利"还是有着非常大的区别的。明确了以上内容,我们要在批判的基础上辩证地看待资本、资本逻辑,而且目前国内研究算是比较一致地认为资本逻辑是正反两方面的统一体或者说矛盾体,既有推动社会发展的物化的社会关系的力量,也有自我否定的因素;既有使人的本质力量的物质化一方面,也有使物质生产资料人格化的一方面。而无论是当前资本逻辑驾驭的自

---

① 《马克思恩格斯文集》(第7卷),人民出版社,2009,第922页。
② 《马克思恩格斯文集》(第5卷),人民出版社,2009,第878页。
③ 《马克思恩格斯文集》(第1卷),人民出版社,2009,第723页。
④ 《马克思恩格斯文集》(第5卷),人民出版社,2009,第611页。
⑤ 鲁品越、王珊:《论资本逻辑的基本内涵》,《上海财经大学学报》2013年第5期,第3页。
⑥ 白刚:《瓦解资本的逻辑——马克思辩证法的批判本质》,中国社会科学出版社,2009,第108页。

然异化、技术异化、消费异化还是人与人关系的异化，都是人走向最终自由而全面发展，走向共产主义的一个阶段，这种异化不是偏离了人的发展道路或者社会的发展道路，而是其中一个阶段，一个片面的发展阶段，而最终要实现的终极目标是不能跳过这个发展阶段的。

岩佐茂针对"资本逻辑"所主导的消费社会的情况，提出要建立以"生活逻辑"替代"资本逻辑"的社会的设想，由生活逻辑贯穿社会。这里所说的生活逻辑是指"在人的生存或'更好的生存'中发现价值，在劳动生活和消费生活的各个方面重视人的生活的态度和方法"[①]，为"物"的时代画上句号，从而使人类进入重视身心价值的新时代。从中可以看出，生活逻辑实质上体现的是一种价值观，一种重视人的价值、为人追求更好生活提供价值判断依据的价值观。因此，我们必须使资本成为新时代绿色生活方式形成的推动力，以扬弃资本逻辑为核心，围绕着"以人民为中心"，使"美好生活逻辑"成为实现超越资本逻辑的价值归宿，追寻新时代绿色生活方式的生存空间和发展向度，探索其未完成性，进而找出超越之路。这也为探索实现美好生活和人的自由而全面发展的现代化新道路提供了理论指导和思想引领。

三 生活质量现代化：推动生活资料的有效供给和合理化配置

满足了人们生存、生活所需的物质条件、自然环境以及精神文化等方面的需求就满足了人们所向往的美好生活的需要了吗？就建构成了新时代绿色生活方式了吗？也就是说，物质基础和精神生活以及自然环境的满足就一定代表这个社会就是和谐的吗？并不一定，这得看这些组成美好生活的部分是谁在掌握、是谁在享有。那么如何衡量呢？以生活质量的提高作为参考。生活质量现代化是实现美好生活的必由之路。中国科学院中国现代化研究中心何传启研究员主编的《中国现代化报告2019——生活质量现代化研究》明确指出，"2020年中国将基本完成第一次现代化，初步建成现代工业社会，将开始迈向以生活质量为主题的发展阶段"，也就是开启推动美好生活需要的全面有效供给、更加注重生活质量的阶段，这在一定程度上为新时代绿色生活方式的建构提供了

---

① 〔日〕岩佐茂：《环境的思想——环境保护与马克思主义的结合处》（修订版），韩立新、张桂权、刘荣华等译，中央编译出版社，2006，第149页。

坚实的物质基础。

生活质量是衡量美好生活的一个综合指标，而关于什么是生活质量学界也没有给出一个统一的定义。综合来看，首先，生活质量是一种生活状态，是用质量指标和好坏程度衡量的现实生活状态，以生活水平为基础，反映现实生活的健康、舒适、幸福和满意的程度。其次，生活质量是一种生活评价，是对现实生活状态的满意度和幸福度的评价，反映人们对生活各个方面的综合满意度。最后，生活质量是一种生活追求，是对更好、更美、更安全、更健康、更满意和更幸福的美好生活的不懈追求。这就要求在实现新时代绿色生活方式的建构过程中要严把生活质量关，推动生活资料的有效供给和合理化配置，提高生活质量。那么问题来了，供给和配置的范围是什么？如何实现有效供给和合理化配置呢？

第一，关于供给和配置的范围。实现有效供给和合理化配置是一个渐进的过程，从不均衡到均衡，从少到多，从低水平到高水平，从不合理到合理，这也是我国历代领导人坚持以人为本的价值体现。正如胡锦涛强调："我们坚持以人为本，就是要坚持发展为了人民、发展依靠人民、发展成果由人民共享，关注人的价值、权益、自由，关注人的生活质量、发展潜能、幸福指数，最终是为了实现人的全面发展。"[1]从成果的共享性可以看出供给和配置范围的"全民性"。

第二，实现有效供给和合理化配置的实质是解决社会的公平正义问题。它的基础是物质的极大丰富、精神的极大提高，以及良好的生态环境，而其中"只是一件公平的事情，因为每一个人都无可争辩地有权全面发展自己的才能"[2]，这个公平也是全面的公平。而要实现这种全面的公平必须实现社会的全面公平正义，最突出的是要消除贫困和增加公共产品、公共服务的供给，这是公平的基础。

在实现全面供给的物质基础方面，一百多年来，中国共产党团结带领中国人民顽强拼搏，几代人一以贯之、接续奋斗，从"小康之家"到"小康社会"，从"总体小康"到"全面小康"，从"全面建设"到"全面建成"，小康目标不断实现，并在此基础上历史性地解决了绝对贫困问题，为人类走向现代化探索了新路径。而公共产品和公共服务的供给是实现公平的有效途径，解决户籍、

---

[1] 《胡锦涛文选》（第2卷），人民出版社，2016，第438页。
[2] 《马克思恩格斯全集》（第2卷），人民出版社，1957，第614页。

医疗、教育、文化、就业等方面的问题，实现从生存到生活再到发展层面的各种公平。而目前在我们所处的现实社会中，这种真正的全面的公平还不能完全实现，这就更凸显了公平正义的价值。毕竟只有使每个人享有真正的公平，才能实现有效供给和合理化配置，才能使发展的成果由每个人共享。在此基础上，生活的主体才能向新时代绿色生活方式的"绿色"主体转变。

第二节 培育绿色主体：过程式与"符号式"的双重建构

新时代绿色生活方式的建构需要以理念与价值规范来指导人们的实践，规范甚至引领生活主体的行为，使其在虚假的或资本逻辑控制的狭义的绿色生活方式中重新确立绿色理念、培育绿色消费观、调整和重塑社会关系促进新时代绿色生活方式的生成；使公众在自身践行的同时拥有"符号式"的绿色身份，并对他人起到引领示范作用，进而形成社会公德，完成生活主体的创造性转化——培育绿色主体，实现新时代绿色生活方式过程式与"符号式"的双重建构。

一 价值与意义的重新审视：培育绿色理念引领生活主体的行为

绿色发展理念和绿色生活方式形成的最大思想障碍是技术万能论和消费主义，要打破固有、狭隘的认知，个人社会地位的寻找与价值定位变得尤为重要。如果终极关怀是一片空白，我们就不知道人为什么要活着，也便不再追问我们该如何跟别人相处，更谈不上去探索人与自然的关系。那么，我们的人生也就没有了方向，找不着真正活在世界上的意义，便谈不上对于我们怎样生活的思考，就更谈不上建构新时代绿色生活方式了。因此，对于新时代绿色生活方式的建构，我们的首要任务就是要解决个人的社会地位寻找与价值定位问题，并以此为基础，培育绿色理念引领生活主体的绿色消费与绿色行为。

（一）个人与生活：价值与意义的重新审视

对于个人该怎样生活、如何寻找自身的意义，梁漱溟有一段著名的论述："人生没有什么意义可指，如其寻问，就是在人生生活上有其意义；人生没有什么价值可评,如其寻问,那么不论何人当下都已圆足无缺无欠(不待什么事业、功德、学问、名誉,或什么好的成就,而后才有价值)。人生没有什么责任可负,如其寻问,那么只有当下自己所责于自己的。就是人生快乐就在生活本身上,就在活动上,而不在有所享受于外。"[1]这段话明确说明了人生的快乐在于生活本身,在于内心对于个人价值的定位,而不在"享受于外"。一旦人的存在如无对生命价值的唤醒与生活意义的追寻,这个存在便成了时间与空间的"空虚的存在","无价值""无意义"的内核无法区别人与动物的生活,而物欲横流所带给个人的所谓"价值与意义"也不足以支撑人持续生活并追求真正有"价值与意义"的理想生活。因此,对于个人而言,对价值与意义的重新审视是培育绿色理念与绿色消费观的前提条件,体现在新时代绿色生活方式的建构过程中,是让个人明白其想要的生活是怎样的,其对自身的生活规划是什么,尤其是其对于自身价值的定位是什么样的。因为,只有找到自身的地位,明确自身与他人、自然的关系,才能完成对自身生命的价值确证。不仅如此,在此基础上,公众急需提升生命共同体意识,认识到生态价值不是单个人或者单个自然物的生态价值,而是整个生命共同体的系统价值,是我们生存和生活的重要基础。

(二)辨别真实需求与欲望,培育绿色理念

我们生活在这个世上总会有物质的需要,而这些物质是为人服务的,不是人服务于物。不管是消费主义所体现的为了消费而消费,为了面子而消费,为了符号而消费还是其他什么,从根本上来说是个人没有弄清楚自己的真实需求与欲望的区别。费孝通指出:"知足是欲望的自限。"[2]那么什么是知足呢?所谓自限是指的自我限制吗?其实不然。老子曰:"知人者智,自知者明。胜人者有力,自胜者强。知足者富,强行者有志,不失其所者久,死而不亡者寿。"[3]这段话的大致意思是了解别人是件很难的事情,但是比了解别人更难更重要的是了解自己,洞悉自我内心,明白繁生的自我与寂静真实的自我,明白宇宙自然之大道内在于心的真实体验。财富的积累终归是身外之外,所以只能算是暂时地保存着,而非真正富有的证明;内心充实、万物皆备于吾心,常足且知

---

[1] 中国文化书院学术委员会编《梁漱溟全集》(第四卷),山东人民出版社,2005,第688~689页。
[2] 费孝通:《乡土中国》(经典珍藏版),上海人民出版社,2013,第243页。
[3] 老子:《道德经》(图文本),徐华注评,凤凰出版社,2019,第84页。

足，是为真正的富有。其中所说的"有志"，是个人心之所向，心愿所往。在了解自身的基础上，辨别自己真正想要的是什么，而不是成为别人眼中的"身份符号"。所以，在我们冲动消费前，先问问自己：这件物品真的是我所需要的吗？还是说为了别人眼中的我才需要的？然后再衡量一下自己真实的经济情况。只有弄清楚自己的真实需要与欲望的区别，才能培养真正的绿色消费观，做到真正的绿色消费，并且自身行动过程中还会尊重不同人的个性化的绿色消费理念和绿色生活程度，"以质量品牌为重点，促进消费向绿色、健康、安全发展"①，在追求生命价值和生活意义存在的基础上，辨别自身的真实需求与欲望，靠消耗最小的力量、更少的资源，过具有绿色形态的美好生活。

（三）真正绿色生活方式的践行：理论认知—价值认可—行为认同

汤因比说："我相信，人可以在力所能及的范围内自由地做出选择。我还相信，历史告诉我们，人类可以学会如何做出选择，只要学会与超越人类的现实（这种超越人类的现实虽然是触摸不到的，但却可以感觉到）达成和谐关系，这种选择不仅是自由的，而且是切实可行的。"②正如选择是否过绿色生活方式一样，这种选择是自由的，更是切实可行的，而真要践行新时代绿色生活方式，尤其是践行真正的绿色生活方式，首先在理论认知上要了解真正的绿色生活方式的核心内涵，其目的是实现人更好的生活、更全面的发展，而不是限制人们生活。其次是在了解的基础上认同绿色价值理念，这种价值观念是在内心的接受，而不是在口头上的认可，不然就会出现态度和行为上的不一致。最后才是行为认同，即在现实中真正践行，而且这种践行具有可持续性和长久性，不是"一时兴起"或者"三分钟热度"，而是在理论认知和价值认可的基础上真正的践行。这就是生活主体的创造性转化的具体过程。这个创造性转化的具体过程主要体现了新时代绿色生活方式表现形式中的绿色消费方式。

至于主体创造性转化的新时代绿色生活方式的程度与评价标准，则很难给出一个统一的答案。就目前而言，每个人的经济状况、所处环境等存在差异，其外化出的绿色生活方式的表现形式也不能一概而论。非要有个标准的话，还

---

① 《中共中央关于制定国民经济和社会发展第十四个五年规划和二〇三五年远景目标的建议》，《人民日报》2020年11月4日，第4版。
② 〔英〕阿诺德·汤因比：《历史研究》（修订插图本），刘北成、郭小凌译，上海人民出版社，2000，第421页。

是要回到马克思那里，"靠消耗最小的力量，在最无愧于和最适合于他们的人类本性的条件下来进行这种物质变换"①。

二 重塑社会关系：自身"符号式"建构的实现与再现

马克思明确指出了只有通过实现社会关系的合理化才能克服资本主义社会存在的异化现象。而社会关系是以人与人的关系为基础的，"一个人的发展取决于和他直接或间接进行交往的其他一切人的发展"②，"社会关系实际上决定着一个人能够发展到什么程度"③。所以，现实的个人是具有社会关系性的，只有在真实的社会关系中才能获得自我完善和发展。

在日常生活中最常见的社会关系是家庭关系，其次是人与人之间的交往关系。体现在家庭中，无论是夫妻关系还是亲子关系都应该以和谐为中心，尤其是我们中国特殊的家庭文化，现在为止还有四世同堂甚至是五世同堂。在全球化和现代化的冲击下，多种家庭方式开始被人们所接受，对个人精神的强调，使我们开始去思考该如何平衡个人与家庭的关系，如何处理好各类家庭矛盾，如夫妻矛盾、亲子矛盾、婆媳矛盾等。这些矛盾的解决急需合理化的社会关系的建立，否则作为"符号式"建构的具有绿色身份标识的个人在实践新时代绿色生活方式时会遇到重重阻碍，新时代绿色生活方式的可持续性和社会功能性会遭到破坏，更不用说其价值引导作用了。那么，如何建立合理化的社会关系呢？这与理想的社会状态和个人状态有直接的关系，毕竟"理想的个人状态取决于理想的社会关系"④。目前不合理社会关系导致个人状态的不理想并对绿色生产、绿色消费以及人与人之间的关系造成损害，比如说不诚信问题，比如说为了钱财去出售损害他人身体健康的食品，或者对大自然索取无度等。而要从根本上解决这些问题，必须从个人的价值定位和绿色理念树立开始，其中包含了道德的成分。交往方式的合理化更多地直接表现为交往行为的合理化。哈贝马斯把行为分为四种类型：目的性行为、规范调节行为、戏剧性行为、交往行为。这四种行为有各自的活动领域，首先体现平等的交互性原则，也就是说，

---

① 《马克思恩格斯文集》(第7卷)，人民出版社，2009，第928~929页。
② 《马克思恩格斯全集》(第3卷)，人民出版社，1960，第515页。
③ 《马克思恩格斯全集》(第3卷)，人民出版社，1960，第295页。
④ 魏小萍：《探求马克思——〈德意志意识形态〉原文文本的解读与分析》，人民出版社，2010，第288页。

交往行为的合理化首先体现为一种道德实践方面的合理化，而不是工具行为的合理化。这就要求人的综合素质有所提高，而这种提高是一个漫长的过程，却也是可能的且在现实生活中一直存在，难点是要使人人都如此。因此，要重塑社会关系，使其走向合理化，进而推动形成绿色生活方式，如今狭义的绿色生活方式是已经成为现实的事情，而形成广义的绿色生活方式即新时代绿色生活方式还需要时间。

重塑社会关系主要体现在家庭关系与交往方式的合理化方面，是因为绿色理念与绿色消费观念的培育与传播最明显的联结便是社会关系，它不仅是主体创造性转化与否的指示器，更是可以直接以"符号化"的形式表示出自身是否拥有绿色意识和绿色身份，以及在人际交往中是否展示出这两重的建构——生活主体的创造性转化生成新时代绿色生活方式，自身践行以及他人看到这种"符号式"的新时代绿色生活方式的践行。

三 "符号式"建构的价值导向：公共精神、社会公德的建设与践行

新时代绿色生活方式的"符号式"建构，虽说是作为生活主体的人的评价标准，但其本身所具有的"符号式"的引领作用和价值导向才是形成有向心力的健康社会的关键，这就需要形成公共精神，也可以称其为社会公德。

2019年10月27日，中共中央、国务院颁布《新时代公民道德建设实施纲要》（以下简称《新纲要》），提出把社会公德、职业道德、家庭美德、个人品德建设作为新时代道德建设的着力点[1]。与传统社会相比，新时代中国的社会公共生活发生了前所未有的巨变。对于社会公德的要求也便提高了，这也是有些学者对绿色生活方式持悲观态度的原因之一，认为我国缺乏公共精神，社会公德的建立还需要一段很长的时间。所谓公德，从狭义上看，是处理个人与群体关系的道德规范。梁启超强调"德之所由起，起于人与人之有交涉……故无论泰东泰西之所谓道德，皆谓其有赞于公安公益者云尔；其所谓不德，皆谓其有戕于公安公益者云尔"[2]，为他人和社会公共利益做出贡献，但是这种利益应该是私人利益与公共利益的统一。正如马克思所说："既然正确理解的利益是全

---

[1] 《新时代公民道德建设实施纲要》，《人民日报》2019年10月28日，第6版。
[2] 梁启超：《新民说》，宋志明选注，辽宁人民出版社，1994，第163页。

部道德的原则,那就必须使人们的私人利益符合于人类的利益。"[①]道德作为人类把握世界的特殊精神方式,与其他把握世界的实践活动不同,即在改造客观世界的同时,人的主观世界也得到改造,道德能够保障社会存在与发展和促进人类自身的发展与完善,"道德的基础是人类精神的自律"[②]。因此,新时代的公德建设非常有必要。

社会公德的治理既着眼于良好社会公共生活秩序的建构和未来发展,也着眼于对现有社会公德问题的整肃和消除,同时也着眼于将社会公德失范问题治理于未然状态,体现在中国文化中更多的是指共同生活的文化,或者是一套共同的生活方式所呈现的价值观念,体现在日常生活中具有鲜明的自律性与强制性,体现在新时代绿色生活方式的建构中为个人公共精神、社会公德的建设与践行,为此,要着眼于以下几点。其一,通过弘扬中华优秀传统文化培育现代公民的公共精神和社会责任意识,夯实社会公德的利益基础,让人们意识到新时代绿色生活方式的主体是生活共同体、生命共同体以及命运共同体,我们有共同的利益基础;其二,拓展公民参与公共事务的渠道,利用各种影视剧、动漫、漫画墙、短视频等多种文化方式传播新时代绿色生活方式,让公众以"符号式"的绿色身份进行互相影响;其三,社会公德的建设需要政府、社会和公民共同携手,综合运用多种保障手段,建构良好公共生活秩序,进而建构新时代绿色生活方式,使"符号式"的建构得以完成,并以"符号式"的绿色标识为价值导向,进一步促进社会公德的建设。

第三节　制度保障:规范有序的引导机制与价值体系的统一

在现实生活中,要推动形成新时代绿色生活方式,必须发挥社会主义制度的优越性,并将其与中华优秀传统文化的创造性转化相结合,保障主客体的互动互构,从政策和法制保障、宣传机制等多维度协同推进。尤其是"保护生态环境必须依靠制度、依靠法治。只有实行最严格的制度、最严密的法治,才能为生态文明建设提供可靠保障"[③],还要提高宣传机制和价值引领,跳过"KAP

[①]《马克思恩格斯文集》(第1卷),人民出版社,2009,第335页。
[②]《马克思恩格斯全集》(第1卷)(第2版),人民出版社,1995,第119页。
[③]《习近平关于社会主义生态文明建设论述摘编》,中央文献出版社,2017,第99页。

鸿沟",加强绿色公共设施的建设与政府的监督、管理,确保加快推动形成绿色生活方式。

一 社会制度的优越性与中华优秀传统文化的创造性转化相结合

道格拉斯·C.诺思认为:"制度在一个社会中的主要作用是通过建立一个人们相互作用的稳定的(但不一定是有效的)结构来减少不确定性。但是制度的稳定性丝毫也没有否定它们是处于变迁之中的这一事实。从习俗、行为准则、行为规范到法律以及人们之间的合约。制度是处于演进之中的,因而在不断改变着我们所能获得的选择。"[1]而以制度文明的大历史观之,"现代中国的制度变迁乃是在中华文明复兴与社会主义现代化的双重主题中展开的,其根本诉求在于为现代中国人的生活方式确立内在的规则支撑"[2],加上中国文化以人民为中心的特性,以及人与自然密切相关的依附关系,中华优秀传统文化的创造性转化和创新性发展是新时代绿色生活方式建构的必然选择与实践路径。而社会制度的保障和优秀传统文化的创造性转化相结合则更能体现我国社会主义制度的优越性以及以人民为中心的发展思想,对于新时代绿色生活方式的建构有着非常重要的价值引领和保障作用。

从社会制度的优越性而言,也就是"构建系统完备、科学规范、运行有效的制度体系,使各方面制度更加成熟更加定型"[3],其多维度保障主要体现在以下四个方面。

第一,经济制度的保障。中国特色社会主义经济制度是以基本经济制度为基础的制度体系,它包括以公有制为主体、多种所有制经济共同发展的基本经济制度,突出特征表现在三个方面。一是在生产资料所有制上,坚持公有制为主体,多种所有制经济共同发展;二是在收入分配方式上,坚持按劳分配为主体、多种分配方式并存;三是在经济运行方式上,把社会主义制度和市场经济有机结合起来,坚持和完善社会主义市场经济体制,充分发挥市场在资源配置中的决定性作用,更好地发挥政府的作用。上述特征表明,我国社会主义基本

---

[1] 〔美〕道格拉斯·C.诺思:《制度、制度变迁与经济绩效》,杭行译,格致出版社、上海人民出版社,2016,第7页。
[2] 项久雨、潘一坡:《中国制度发展与人的生活方式演进》,《学习与实践》2020年第5期,第1页。
[3] 《中国共产党第十八次全国代表大会文件汇编》,人民出版社,2012,第17页。

经济制度是生产机制、分配机制和运行机制的有机统一，是党和人民的伟大创造，是以人民为中心的发展思想与社会主义基本经济制度的结合，从根本上保障了新时代绿色生活方式的物质基础、分配方式，有利于扬弃"资本逻辑"。

第二，政治制度的保障。坚持中国共产党的领导，坚持人民主体地位，将中华优秀传统文化中的"为政以德""兼收并蓄"等思想与中国特色社会主义民主政治制度相结合，坚持以人民为中心。在此方面，本书比较认同项久雨和潘一坡对于人民主体性制度的建构，他们认为现代中国制度变迁的宏观路径主要包括建构"以人民为中心"的现代制度体系、恪守"以正义为追求"的制度价值内核、遵循"以效率为导向"的制度优化进路、强化"以善治为目标"的制度执行能力四个方面。[1]任何一种制度形式本身所具有的活力决定了人的活动所能展开的现实空间。作为人民主体性制度的现代中国制度，其旨归在于"使一切有利于社会进步的创造愿望得到尊重，创造活动得到支持，创造才能得到发挥，创造成果得到肯定"[2]。人民创造活力的激活与涌现进一步塑造着现代中国制度，这样的制度特质既彰显了制度效能，又成就了人的积极性生活。而我国的政治制度对于"现代性"的扬弃，使制度的价值理性与道德理性重新确立，使人在制度生活与共同体生活中得以更好地反思自我、实现自我、超越自我，不断创造积极性生活。[3]这为新时代绿色生活方式提供了坚实的政治制度保障。

第三，思想文化制度的保障。作为两种不同社会关系的调节方式，制度和价值观在人们的日常生活中发挥着不同的规范行为的作用。事实上，制度和价值观之间并不是相互隔绝的，更不是刚性规则的外在与柔性观念的内在这样的简单关系。"态度、价值观、信念，有时笼统地称之为'文化'，它们在人类行为和进步的过程中，无疑起着作用"[4]，价值观可以视作文化的核心，对人类的文明进步具有潜在的、持久的影响力。必须承认，以价值观为核心的文化不是一个"自变量"，不是脱离于社会经济、政治存在的，"文化是体制之母，从长远看，这当然正确。就短期来看，体制上的变更——往往是由政治促成的

---

[1] 项久雨、潘一坡：《中国制度发展与人的生活方式演进》，《学习与实践》2020年第5期，第14页。
[2] 《十六大以来重要文献选编》（中），中央文献出版社，2006，第706页。
[3] 项久雨、潘一坡：《中国制度发展与人的生活方式演进》，《学习与实践》2020年第5期，第20页。
[4] 〔美〕塞缪尔·亨廷顿、劳伦斯·哈里森主编《文化的重要作用：价值观如何影响人类进步》，程克雄译，新华出版社，2010，第60页。

变更——可能对文化产生影响"①。也就是说，有效的、广为社会认同和接受的制度安排，有可能对社会文化产生强有力的塑造作用。因此，全面规范的制度安排、科学有效的制度运行是凝心聚力、弘扬中国精神的根本保障。中华优秀传统文化是中华民族独特性的精神标识，在新的时代背景下，必须以客观、科学、礼敬的态度对待中华优秀传统文化，"保全它的生命营养，发扬它的精神信念"②，进而进行创造性转化，在中国精神中塑造新时代绿色生活方式。尤其是中华优秀传统文化提出的许多思想理念，如"以民为本、天下为公，都可以与现代概念相衔接，而且仍然富有引领的意义"③。比如说在时间观念方面，西方文明聚焦于当下，中国人选择了过去、现在、未来无始无终的延续，这也是中华优秀传统文化在新时代绿色生活方式建构中帮助其回答的"人生三问"的部分问题，使得生活意义、绿色意识等得以在人脑中形成。

第四，生态文明制度的保障。习近平总书记就推动形成绿色发展方式和生活方式提出六项重点任务，第六项就是要完善生态文明制度体系。"推动绿色发展，建设生态文明，重在建章立制，用最严格的制度、最严密的法治保护生态环境……要健全自然资源资产管理体制，加强自然资源和生态环境监管，推进环境保护督察，落实生态环境损害赔偿制度，完善环境保护公众参与制度"④，即从立法、管理体制、监管机制、赔偿机制以及公民的参与制度全方位的保障生态文明，实现人与自然的和谐。

二 政策支持和法律保障机制

为了推行绿色生活方式，世界各国纷纷制定出台了涵盖各个领域的激励政策和法律保障。如在政策激励方面有绿色出行激励政策、新能源电动汽车推广政策、垃圾分类政策、废弃物回收利用政策等。多数研究表明现有引导政策可以直接促进个体实施绿色生活方式，并且政策力度越大，公众践行绿色生

---

① 〔美〕塞缪尔·亨廷顿、劳伦斯·哈里森主编《文化的重要作用：价值观如何影响人类进步》，程克雄译，新华出版社，2010，第37页。
② 陈来：《中华文化的当代价值与意义（找准精神的根脉：传统文化系列谈①）》，《人民日报》2017年3月16日，第24版。
③ 陈来：《中华文化的当代价值与意义（找准精神的根脉：传统文化系列谈①）》，《人民日报》2017年3月16日，第24版。
④ 《习近平关于社会主义生态文明建设论述摘编》，中央文献出版社，2017，第110页。

活方式的意愿越强烈。党的十八大以来,为推动绿色生活方式的形成,国家逐步加大了经济、行政、技术、宣教等政策的支持力度,制定出台了涵盖采购、生产、包装、销售、回收等程序的一系列措施,为推行绿色生活方式营造了良好的政策环境。在法规政策方面,我国陆续颁布了《环境保护法》《中共中央 国务院关于加快推进生态文明建设的意见》《环境保护部关于加快推动生活方式绿色化的实施意见》《公民生态环境行为规范(试行)》《绿色生活创建行动总体方案》等方面的法规政策。总体来看,在这些政策的引导下,我国城市居民生活方式中不符合环保理念的行为习惯已经出现明显好转,在狭义的绿色生活方式方面取得了一些效果,但未达到预期目标,主要表现在"绿色生活方式的推行往往表现为一种单一的、强势的政府行动,社会集体行动严重滞后"[1]。究其原因还是引导政策的制定者和目标群体之间的差异性,两者是两个完全不同的行为主体,所追求的目标本身存在的差异就会导致"错位"的现象。也就是说,两者的"错位"暗含着政府在引导城市居民绿色生活过程中出现了微观个体接受意愿层面与政府政策方向层面的分离,这使得个体在评估绿色生活方式引导政策时认为自己的预期目标无法得到满足,得出"不符合自身意愿"或者"不值得"执行该政策的结论,致使相关政策失灵,这就涉及新时代绿色生活方式的建构原则之一,即推进速度与人们的心理承受能力与目标相一致。

那么,如何降低新时代绿色生活方式引导政策效用"错位度"呢?所谓决策效用,指的是"政府在出台某一政策时预期在一定阶段达到的目的、要求和结果,涵盖经济发展、社会问题和生态环境多个方面"[2],主要包括传达政府政策规划愿景、沟通消除政策争议、解决特定公共问题和提升政府形象四个方面。[3]如空气质量达标率、绿色产品市场占有率、公众环保行为践行度等。要想降低这种决策效用的"错位度",从政策制定者方面而言的具体措施如下。一是在制定政策时,在加快推进绿色生活方式的基础上,应该首先考虑到政策措

---

[1] 程秀:《效用错位视角下城市居民绿色生活方式引导政策及仿真研究》,博士学位论文,中国矿业大学,2020。

[2] 程秀:《效用错位视角下城市居民绿色生活方式引导政策及仿真研究》,博士学位论文,中国矿业大学,2020。

[3] 徐媛媛、严强:《公共政策工具的类型、功能、选择与组合——以我国城市房屋拆迁政策为例》,《南京社会科学》2011年第12期,第73~79页。

施的科学性、具体化、可操作化与人们的接受程度，一旦脱离人民群众的实际生活，政策就很难起到规范人们行为的作用。二是应该关注政策措施选择的合理性与实践的科学性，根据地区的不同特性结合实际情况选择合理的、科学的政策措施，比如在农村和城市不能推行同样的绿色生活方式强制政策，并且要在合理性与科学性的基础上，采用循序渐进的方式，不能一蹴而就，如先建设垃圾分类城市示范点。三是要加强对政策措施落实过程的追踪与检测，并根据落实情况及时调整与优化相关政策，比如上海的垃圾分类政策需要根据公众的真实反映进行优化，相关部门要及时了解定时定点的投放是否符合人们的生活习惯，是否某些举措给公众的日常生活带来了困扰等。不仅如此，还要通过对政策措施决策和实施的全过程进行管控，提高政策决策效用的落实程度，达到降低政策效用"错位度"的目的。

依法治国是中国特色社会主义制度的题中应有之义，中国特色社会主义法治体系是其文本体现和规范表达，在加快推动绿色生活方式的进程中起着非常重要的作用。特别是在生态文明建设方面，只有坚持法治，才能为构建中国特色社会主义生态文明发展道路提供强有力的法制保障。具体而言，法治对于推进生态文明建设的功能表现在三个方面：一是立法，对目前生产方式、生活方式问题造成的环境问题进行纠正和改革，加以立法，给予自然以生态关怀；二是通过执法和司法，做到对主体行为的纠偏，将措施落到实处，促进生态系统的良好运行，减少生态破坏、恢复优美环境；三是通过公众对于法律的遵守，强化国家意志和全民行动，深化生态文明体制改革，改革生态环境保护管理体制，促进新时代绿色生活方式的形成。

三 提高宣传机制和价值引领，跳过"KAP鸿沟"

绿色生活方式自提出以来，其传播从内容到形式都遇到了"KAP鸿沟"阻碍，即"相对较高的知识（knowledge）、比较肯定的态度（attitude）、相对较低的采用率（practice）"[①]。从理论上说，即在学界领域中，学者大都拥有较高的专业水平，政府的顶层设计和价值引领也比较到位，"生态是最公平的产品"

---

① 〔美〕E. M. 罗杰斯：《创新的扩散》（第五版），唐兴通、郑常青、张延臣译，电子工业出版社，2016，第72页。

也得到了许多人的认可，也就是说大众对绿色生活方式的发展目标在还是持一种比较肯定的态度。但现实是，让人们实践绿色生活方式，哪怕是狭义的绿色生活方式也有着不小的难度，这也是在党的十八大之前多数学者还是持悲观态度的原因之一。这就需要我们在价值引领与宣传机制方面跳过"KAP鸿沟"，不断优化宣传的形式与内容。

第一，新时代绿色生活方式的传播站在相对较高的知识层次上，包括三个要素："知晓性知识"（awareness-knowledge）、"如何使用的知识"（how-to knowledge）和"原理性知识"（principles knowledge）。[1] 首先，要在完整准确地把握新时代绿色生活方式内涵和核心价值的基础上，引导学界以及大众走出对绿色生活方式的理解误区，尤其是要树立正确的绿色价值理念。其次，在宣传新时代绿色生活方式时，必须确保宣传人员拥有相关专业性的知识，即最起码可以清楚何为真正的绿色生活方式，不仅如此，传播者必须清楚能实施多少、实施程度、怎样正确使用这些知识、怎样传播有利于大众所接受等诸如此类的问题，且要保证不仅自身知道何为绿色生活方式、如何践行，也要使大众明白真正的绿色生活方式并不是要限制、阻碍他们的生活或者剥夺他们自由选择生活方式的权利，而是为了让人们更好生活，甚至是实现美好生活，要让大众明白如何践行才算拥有绿色身份，进而对其他人有正向影响。最后，是对"原理性知识"的解读和认知，因为如果不能将真正的绿色生活方式相关内容，尤其是其所倡导的价值理念和最终价值目标传播出去，使公众从内心接受新时代绿色生活方式并外化于行，公众有可能对新时代绿色生活方式的相关内容产生错误认知，若如此，就更谈不上接受和践行了。

第二，新时代绿色生活方式的宣传与传播过程需要比较肯定的态度（attitude）。任何理论或者知识在作用层次和开展方式上，都必须要清楚其针对性和有限性，作为新时代绿色生活方式的传播者在拥有相对较高的知识水平（新时代绿色生活方式方面的知识）的前提下，完整准确地表达和运用而不是泛化和滥用相关内容，对自身的立场和新时代绿色生活方式的价值理念要有比较肯定的态度。而对于接受者的大众，每个宣传者都希望缩短从传播到接受的时间，而大众对新的传播知识的认知要先于采用，且认知率远高于采用率，所

---

[1] 〔美〕E. M. 罗杰斯：《创新的扩散》（第五版），唐兴通、郑常青、张延臣译，电子工业出版社，2016，第179页。

以要在采用比较有影响且被广泛认为"接地气"的方式和使大众接受的基础上,有针对性地解决大众的困惑并满足他们的美好生活需求,使他们保持比较肯定的态度,因为比较肯定的态度决定了其"入脑率"、"入心率"、采用率。

第三,追求传播效果,即作为绿色生活方式接受主体的采用率。采用率是指"社会体系成员接受创新的相对速度,通常是以某段时间内(如一年)接受创新的总人数来衡量"①,影响采用率的因素有认知属性、沟通渠道的特性、社会体系的特性和推广人员的努力程度等。②因此,在新时代绿色生活方式相关内容的传播过程中,需要通过传播者加强对于人们的认知、加强自身努力和采用合适的传播或者沟通渠道来提高人们的采用率。首先,传播者可以通过以往的传播去观察人们的采用率(践行率),从过去传播的采用率来预测和提高以后人们的采用率。其次,调整传播渠道或者沟通渠道,依据具体问题具体情景或作为"意见领袖"进行人际沟通,且要注重传播渠道的确定性和正确性,需要注意的是在传播过程中的人际互动程度,因为一个人对于新时代绿色生活方式的践行可以带动另一个人或者整个家庭,并且全面介入与合理化的交往生活方式作为新时代绿色生活方式的表现形式之一,其中和谐的人际关系有利于人的发展和新时代绿色生活方式的践行。最后,是传播者的努力程度。这体现于传播过程中的各个阶段,尤其是在适当的时机、适当的时间会获得较多的回报,即提高新时代绿色生活方式的"入心率"和践行率。因此,完善宣传机制,发挥价值引领作用,提高传播效果,在采用率阶段尤为重要。由此,便跨越了新时代绿色生活方式价值引领与宣传机制的"KAP鸿沟",为新时代绿色生活方式建构提供了宣传保障和部分价值规范。

---

① 〔美〕E. M. 罗杰斯:《创新的扩散》(第五版),唐兴通、郑常青、张延臣译,电子工业出版社,2016,第231页。
② 〔美〕E. M. 罗杰斯:《创新的扩散》(第五版),唐兴通、郑常青、张延臣译,电子工业出版社,2016,第231页。

结　语

　　一个民族的文化精神最重要的莫过于对生命意义的独特理解，究其本质就是对人与天、地、万物以及他人关系的独特认知，在中国人的生活中，自然时空不是外在，而是与自身融合的一个整体。这一特点与欧美将自然与人分为对立的主客二元有根本上的差异。因此，对比国内外学者对于绿色生活方式的研究，无论是最初源于追求简单生活或者极简主义生活方式的国外绿色生活方式，还是我国因生态问题在20世纪90年代开启的对绿色生活方式的研究，无论是狭义的还是广义的绿色生活方式，它们的共同之处在于到目前为止都很难成为一种主流或者被广泛推行的生活方式，而最大的区别还是体现在文化和社会制度上。这让我们不得不反思：一是在现如今的宣传机制下，为何大众对绿色生活方式的认知没有很好地转化为实践？究竟是宣传机制的问题还是大众以及传播者从根本上就没有把握住绿色生活方式的真正内涵？更或者之前学界对绿色生活方式的研究本身就出现了理论困境？二是在绿色生活方式内容澄清的基础上，新时代绿色生活方式面临着哪些障碍？三是这些障碍在我国社会主义现代化进程中是否有逐渐消除的可能性，是否可以借鉴国外的经验？四是在新时代绿色生活方式的建构过程中，政府、企业和社会作为外在推动力，与个人的内生动力是否存在哪个方面更重要的问题？这些问题的解决对新时代绿色生活方式的建构很是重要。

结合以上问题以及本书的建构，从整体上可以得出如下结论。

第一，生活方式有其自身的演变逻辑。依据马克思的观点，人类全部的社会生活在本质上是实践的，而随着人类的实践，人类的生活方式不是固定不变的，每个社会发展阶段都存在着一个与其相对应的生活方式，并在一定条件下由人自己不断地建构着、重构着。生活方式是回答人应该怎样生活的，是建立在人"生活怎样"的现实基础上的，其最终目的是将目前的"实然"变成"应然"，继而成为新的"实然"，进而实现马克思恩格斯对人的终极追求——人自由而全面的发展。这种演变从其基点（建立在人"生活怎样"的现实基础上）来看，就不可能是主观的，而是有着自身的演变逻辑。马克思的社会发展三形态理论为我们考察人类社会生活方式演变的规律和逻辑提供了非常重要的理论视角和依据，指出了个人之间建立社会联系的形式，以及个人在社会生产过程与生活过程的控制程度和自由度。而生活方式是客观的生活条件和作为主体的人的生活活动的统一，因此，任何一个社会形态的生活方式都是两者的互动互构，完成"实然"到"应然"，继而新的"应然"成为"实然"……直到实现马克思提出的人类发展的终极追求。

第二，新时代绿色生活方式是解决现实问题的出路。工业革命以来，日渐严重的全球性的生态危机和现代性危机使人类的发展遭遇前所未有的挑战，迫使人类必须进行生产生活方式的转型，绿色生活方式就是对这一现实的回应，并成为各学科的研究热点。然而诸多研究成果不仅在其概念上出现了理论困境，在实践中也遭到了指责与否定。多年来，之所以大众没有将对绿色生活方式的认知很好地转化为实践，最根本的原因有三：其一，绿色生活方式的理论困境；其二，依据我国当时的社会经济条件，有一小部分人的生存问题还未完全解决，未能达到所有人生活方式转型的物质条件；其三，绿色生活方式主体的生活理念转化同解决我国社会主要矛盾一样，都有一个时间和阶段过程。如今我国进入了新时代，这个新时代是明确了我国已经进入实现强起来的时代，是我国"经济社会发展到一定阶段发生的必然历史飞跃"，明确了我国社会的主要矛盾已经转化为人民日益增长的美好生活需要和不平衡不充分的发展之间的矛盾，是处于马克思所说的从"物的依赖"走向"自由个性"阶段的可能性的时代，是借助新一代信息技术实现各种共享的时代，其主体是"全国各族人民"，建构新时代绿色生活方式成为新时代的发展诉求，加之近年来党中央、国务院高度重视"生活方式绿色化"，将其置于全面建设社会主义现代化的建设进程中，为新时代绿色生活方式的建构提供了科学的发展向度与空间。由此，新时代绿色生活方式建构具有紧迫性、必然性和重要性。

第三，本书着重解决了何为新时代绿色生活方式以及其与以往绿色生活方式的不同的问题，新时代绿色生活方式是新概念，具有新的概念内容和新的特征，这种新的生活方式并非一种刻意而机械地让人体验一时的生活方式，也不是被迫让人接受不让人有选择其他生活方式的自由，更不是与以往生活方式的直接断裂，不让人享受现代化成果，让人类回到"原始绿色"的倒退的生活方式，而是建立在新时代的基础上，具有新的生活理念、发展理念和科学的时间规划的真正的绿色生活方式，是在尽量满足人民生活需要的基础上，真正认识到人与自然的辩证关系，遵循"生态价值优先，生活价值为主"的价值属性、"社会主义属性与民族性相统一"的社会属性，以个性与社会性相统一、实践性与渐进性相统一为特征，表现出不同群体和社会结构的差异性，以绿色化的劳动生活方式与闲暇生活方式、绿色消费方式、全面介入与合理化的交往生活方式、绿色化与多样化的家庭生活方式为主要表现形式，以人活着为出发点进而实现美好生活为社会发展的阶段性目标，最终实现人自由而全面发展的一种新的生活方式。而其最大的社会功能就是要真正回归人的本性，重新反省生命的价值和生活的本来意义究竟是什么。这就从理论层面上区别于资本逻辑驾驭的、虚假的绿色生活方式。在中国特色社会主义现代化建设的过程中，只有扬弃"物的依赖性"，摆脱资本逻辑，并秉持"自由个性"的实践意旨，新时代绿色生活方式才能完成向"人本身"的"复归"，实现对其本身的建构。

第四，以往绿色生活方式面临的障碍，也是目前新时代绿色生活方式所面临的，如消费主义、享乐主义的盛行，绿色发展程度不足，地区发展不平衡（导致绿色生活方式推行程度不一），人们绿色意识薄弱等，这些障碍会在我国社会主义现代化进程中逐渐被处理掉。而随着社会发展，新时代绿色生活方式的形成中也有可能会出现新的障碍，但是我们依然相信我国有能力去处理这些障碍，因为相对于西方国家，我国作为社会主义国家具有制度的优越性和文化优势。究其建构路径，表面上作为外在推力的政府、企业和社会其实是新时代绿色生活方式的最基本、最重要的保障，更是新时代绿色生活方式建构的重要前提；作为生活主体的个人是内生动力，与作为重要前提的外在推力互动互推，共同推动绿色生活方式按照已有的科学时间规划全面形成。

信息时代的到来，使"全面互联"成为现实，也为"自由人的联合体"提供了可能，而处于这个时代的"自由人"究竟该何去何从？在发展过程中，生活在去"空间化"与"中心化"的信息时代的"自由人"也是新时代绿色生活方式的生活主体，其又该以什么样的形式践行新时代绿色生活方式？除此之外，既然新时代绿色生活方式的主体既是生活共同体，又是命运共同体，在这个信息时代又该如何实现全球的互联去践行这种生活方式？这是本书有待进一步研究的问题。

参考文献

一 重要文献

《邓小平文选》(第1~3卷)，人民出版社，1993、1994。
《改革开放三十年重要文献选编》，中央文献出版社，2008。
《胡锦涛文选》(第1~3卷)，人民出版社，2016。
《江泽民文选》(第1~3卷)，人民出版社，2006。
《科学发展观学习读本》，学习出版社，2008。
《科学发展观重要论述摘编》，中央文献出版社、党建读物出版社，2009。
《马克思恩格斯全集》(第16卷)(第2版)，人民出版社，2007。
《马克思恩格斯全集》(第37卷)(第2版)，人民出版社，2019。
《马克思恩格斯全集》(第1卷)(第2版)，人民出版社，1995。
《马克思恩格斯全集》(第38卷)(第2版)，人民出版社，2019。
《马克思恩格斯全集》(第3卷)(第2版)，人民出版社，2002。
《马克思恩格斯全集》(第35卷)，人民出版社，1971。
《马克思恩格斯全集》(第19卷)，人民出版社，1963。
《马克思恩格斯全集》(第3卷)，人民出版社，1960。
《马克思恩格斯全集》(第2卷)，人民出版社，1957。

《马克思恩格斯全集》(第36卷),人民出版社,1975。

《马克思恩格斯全集》(第26卷)(Ⅲ),人民出版社,1974。

《马克思恩格斯全集》(第42卷),人民出版社,1979。

《马克思恩格斯文集》(第1~10卷),人民出版社,2009。

《毛泽东选集》(第1~4卷)(第2版),人民出版社,1991。

《十八大以来重要文献选编》(上、中、下),中央文献出版社,2018。

《十六大以来重要文献选编》(中),中央文献出版社,2006。

习近平:《高举中国特色社会主义伟大旗帜　为全面建设社会主义现代化国家而团结奋斗——在中国共产党第二十次全国代表大会上的报告》,人民出版社,2022。

习近平:《共同构建人与自然生命共同体——在"领导人气候峰会"上的讲话》,《人民日报》2021年4月23日。

《习近平关于社会主义生态文明建设论述摘编》,中央文献出版社,2017。

习近平:《坚决打好污染防治攻坚战　推动生态文明建设迈上新台阶》,《人民日报》2018年5月20日。

《决胜全面建成小康社会　夺取新时代中国特色社会主义伟大胜利——习近平同志代表第十八届中央委员会向大会作的报告摘登》,《人民日报》2017年10月19日。

习近平:《决胜全面建成小康社会　夺取新时代中国特色社会主义伟大胜利——在中国共产党第十九次全国代表大会上的报告》,人民出版社,2017。

习近平:《论坚持人与自然和谐共生》,中央文献出版社,2022。

习近平:《论坚持推动构建人类命运共同体》,中央文献出版社,2018。

《习近平谈治国理政》(第1卷)(第2版),外文出版社,2018。

《习近平谈治国理政》(第2~4卷),外文出版社,2017、2020、2022。

习近平:《推动形成绿色发展方式和生活方式　为人民群众创造良好生产生活环境》,《人民日报》2017年5月28日。

《习近平新时代中国特色社会主义思想三十讲》,学习出版社,2018。

《习近平在第七十五届联合国大会一般性辩论上发表重要讲话》,《人民日报》2020年9月23日。

《习近平在纪念马克思诞辰200周年大会上的讲话》,人民出版社,2018。

习近平:《在2015年春节团拜会上的讲话》,《人民日报》2015年2月

18日。

《习近平总书记系列重要讲话读本》，学习出版社、人民出版社，2016。

《中共十九届四中全会在京举行　中央政治局主持会议　中央委员会总书记习近平作重要讲话》，《人民日报》2019年11月1日。

《中共十九届五中全会在京举行　中央政治局主持会议　中央委员会总书记习近平作重要讲话》，《人民日报》2020年10月30日。

《中共中央关于制定国民经济和社会发展第十四个五年规划和二〇三五年远景目标的建议》，《人民日报》2020年11月4日。

《中共中央　国务院关于加快推进生态文明建设的意见》，《人民日报》2015年5月6日。

《中共中央政治局常务委员会召开会议　研究加强新型冠状病毒感染的肺炎疫情防控工作》，《人民日报》2020年2月4日。

《中国共产党第十八次全国代表大会文件汇编》，人民出版社，2012。

二　著作类

〔美〕阿历克斯·英格尔斯等：《人的现代化——心理·思想·态度·行为》，殷陆君编译，四川人民出版社，1985。

〔英〕阿诺德·汤因比：《历史研究》（修订插图本），刘北成、郭小凌译，上海人民出版社，2000。

〔美〕阿尔温·托夫勒：《第三次浪潮》，朱志焱、潘琪、张焱译，生活·读书·新知三联书店，1983。

〔美〕艾里希·弗洛姆：《健全的社会》，孙恺祥译，贵州人民出版社，1994。

〔英〕艾略特：《家庭：变革还是继续？》，何世念等译，中国人民大学出版社，1992。

〔美〕安东尼·吉登斯：《第三条道路——社会民主主义的复兴》，郑戈译，北京大学出版社、生活·读书·新知三联书店，2000。

〔英〕安东尼·吉登斯：《现代性的后果》，田禾译，译林出版社，2000。

〔爱尔兰〕利亚姆·班农、厄休拉·巴里、奥拉夫·霍尔斯特主编《信息社会》，张新华译，上海译文出版社，1991。

〔加〕本·阿格尔:《西方马克思主义概论》,慎之等译,中国人民大学出版社,1991。

〔加〕彼得·道维尼:《消费的阴影:对全球环境的影响》,蔡媛媛译,江苏人民出版社,2018。

〔美〕彼得·N.斯特恩斯:《世界历史上的消费主义》,邓超译,商务印书馆,2015。

〔加〕查尔斯·泰勒:《现代性之隐忧》,程炼译,中央编译出版社,2001。

陈绍闻主编《中国古代经济文选》(第三分册),上海人民出版社,1982。

陈昕:《救赎与消费——当代中国日常生活中的消费主义》,江苏人民出版社,2003。

陈新岗:《古代中国消费思想史》,兵器工业出版社,2005。

陈学明:《生态文明论》,重庆出版社,2008。

陈学明:《时代的困境与不屈的探索》,黑龙江大学出版社,2007。

陈学明:《谁是罪魁祸首——追寻生态危机的根源》,人民出版社,2012。

陈学明、吴松、远东编《痛苦中的快乐——马尔库塞、弗洛姆论消费主义》,云南人民出版社,1998。

〔美〕大卫·雷·格里芬:《后现代精神》,王成兵译,中央编译出版社,1998。

《大学·中庸》,王国轩译注,中华书局,2007。

〔美〕德内拉·梅多斯、乔根·兰德斯、丹尼斯·梅多斯:《增长的极限》,李涛、王智勇译,机械工业出版社,2013。

〔美〕道格拉斯·C.诺思:《制度、制度变迁与经济绩效》,杭行译,格致出版社、上海人民出版社,2016。

〔美〕菲利普·克莱顿、贾斯廷·海因泽克:《有机马克思主义——生态灾难与资本主义的替代选择》,孟献丽、于桂凤、张丽霞译,人民出版社,2015。

〔德〕斐迪南·滕尼斯:《共同体与社会》,林荣远译,商务印书馆,1999。

费孝通:《乡土中国》(经典珍藏版),上海人民出版社,2013。

冯文光:《马克思的需要理论》,黑龙江人民出版社,1986。

〔法〕弗朗索瓦·佩鲁:《新发展观》,张宁、丰子义译,华夏出版社,1987。

〔英〕弗里德里希·奥古斯特·冯·哈耶克:《通往奴役之路》(精装珍藏

版），王明毅、冯兴元等译，中国社会科学出版社，2019。

〔美〕福斯特：《马克思的生态学——唯物主义与自然》，刘仁胜、肖峰译，高等教育出版社，2006。

〔美〕福斯特：《生态革命——与地球和平相处》，刘仁胜、李晶、董慧译，人民出版社，2015。

《傅佩荣解读易经》，线装书局，2006。

高丙中主编《现代化与民族生活方式的变迁》，天津人民出版社，1997。

〔德〕哈拉尔德·韦尔策尔、汉斯-格奥尔格·泽弗纳、达娜·吉泽克主编《气候风暴：气候变化的社会现实与终极关怀》，金海民等译，中央编译出版社，2013。

〔美〕赫伯特·马尔库塞：《单向度的人——发达工业社会意识形态研究》，刘继译，上海译文出版社，2008。

〔秘鲁〕赫尔南多·德·索托：《资本的秘密》，于海生译，华夏出版社，2007。

黄平、莫少群主编《迈向和谐——当代中国人生活方式的反思与重构》，天津科技出版社，2004。

黄颂杰主编《弗洛姆著作精选——人性·社会·拯救》，上海人民出版社，1989。

〔美〕霍尔姆斯·罗尔斯顿：《哲学走向荒野》，刘耳、叶平译，吉林人民出版社，2001。

姬昌：《周易》，宋祚胤注，岳麓书社，2000。

纪秋发：《中国社会消费主义现象解析》，北京理工大学出版社，2015。

〔法〕居伊·德波：《景观社会评论》，梁虹译，广西师范大学出版社，2007。

〔法〕居伊·德波：《景观社会》，张新木译，南京大学出版社，2017。

〔德〕莱格韦、韦尔策：《我们所知的世界末日》，郑冲译，东方出版社，2013。

〔美〕拉瑞·劳丹：《进步及其问题》，刘新民译，华夏出版社，1990。

老子：《道德经》（图文本），徐华注评，凤凰出版社，2019。

〔美〕蕾切尔·卡逊：《寂静的春天》，吕瑞兰、李长生译，吉林人民出版社，1997。

李素霞:《交往手段革命与交往方式变迁》,人民出版社,2005。

李泽厚:《人类学历史本体论》,青岛出版社,2016。

李泽厚:《中国古代思想史论》,生活·读书·新知三联书店,2017。

李泽厚:《中国近代思想史论》,生活·读书·新知三联书店,2008。

〔美〕巴里·康芒纳:《封闭的循环——自然、人和技术》,侯文蕙译,吉林人民出版社,1997。

〔美〕利奥波德:《沙郡年记》,李静滢译,人民出版社,2010。

刘济良:《生命教育论》,中国社会科学出版社,2004。

卢风:《享乐与生存——现代人的生活方式和环境保护》,广东教育出版社,2000。

卢风:《应用伦理学——现代生活方式的哲学反思》,中央编译出版社,2004。

《论语》,程昌明译注,辽宁民族出版社,1996。

〔美〕E. M. 罗杰斯:《创新的扩散》(第五版),唐兴通、郑常青、张延臣译,电子工业出版社,2016。

罗萍编著《生活方式学概论》,甘肃科学技术出版社,1989。

〔德〕马克斯·韦伯:《新教伦理与资本主义精神》,闫克文译,上海人民出版社,2010。

莽萍:《绿色生活手记》,青岛出版社,1999。

〔英〕梅扎罗斯:《超越资本——关于一种过渡理论》,郑一明等译,中国人民大学出版社,2003。

《孟子》,杨伯峻、杨逢彬注译,岳麓书社,2000。

〔法〕米歇尔·福柯:《主体解释学》,余碧平译,上海人民出版社,2018。

〔加〕莫伊舍·普殊同:《时间、劳动与社会统治:马克思的批判理论再阐释》,康凌译,北京大学出版社,2019。

鲁品越:《资本逻辑与当代现实:经济发展观的哲学沉思》,上海财经大学出版社,2006。

钱俊生、王晓方等主编《可持续发展科技读本》,中共中央党校出版社,2003。

钱俊生、余谋昌主编《生态学》,中共中央党校出版社,2004。

〔美〕乔恩·埃尔斯特:《理解马克思》,何怀远等译,中国人民大学出版社，2008。

曲格平等编《中国大百科全书环境科学卷选编：环境科学基础知识》，中国环境科学出版社，1984。

〔法〕让·鲍德里亚：《符号政治经济学批判》，夏莹译，南京大学出版社，2015。

〔法〕让·鲍德里亚：《生产之镜》，仰海峰译，中央编译出版社，2005。

〔法〕让·波德里亚：《象征交换与死亡》，车槿山译，译林出版社，2006。

〔法〕让·鲍德里亚：《消费社会》，刘成富、全志钢译，南京大学出版社，2014。

〔巴西〕何塞·卢岑贝格：《自然不可改良》，黄凤祝译，生活·读书·新知三联书店，1999。

〔美〕塞缪尔·亨廷顿、劳伦斯·哈里森主编《文化的重要作用——价值观如何影响人类进步》，程克雄译，新华出版社，2010。

〔日〕三浦展：《第4消费时代》，马奈译，东方出版社，2014

〔日〕三浦展：《极简主义者的崛起》，陶小军、张永亮译，东方出版社，2018。

〔日〕三浦展：《下流社会：一个新社会阶层的出现》，陆求实、戴铮译，文汇出版社，2007。

邵腾：《资本的历史极限与社会主义》，上海大学出版社，2005。

《梦溪笔谈选译》，李文泽译注，巴蜀书社，1991。

《十三经注疏》，阮元校刻，中华书局，1982。

世界环境与发展委员会：《我们共同的未来》，王之佳、柯金良等译，吉林人民出版社，1997。

〔苏〕克里斯托斯、杜良等：《社会主义生活方式》，王思斌译，湖南人民出版社，1986。

苏祖荣：《森林哲学散论——走近绿色的哲学》，学林出版社，2009。

《孙子兵法·孙膑兵法》（精编本），龙其林译注，商务印书馆，2015。

孙正聿：《超越意识》，吉林教育出版社，2001。

汤志钧编《章太炎政论选集》（下册），中华书局，1977。

田丰、林凯玄：《岂不怀归：三和青年调查》，海豚出版社，2020。

〔美〕托达罗：《第三世界的经济发展》（上），于同申、苏蓉生译，中国人民大学出版社，1988。

〔法〕托马斯·皮凯蒂：《21世纪资本论》，巴曙松、陈剑、余江、周大昕、李清彬、汤铎铎译，中信出版社，2014。

〔美〕托斯丹·邦德·凡勃伦：《有闲阶级论》，蔡受百译，商务印书馆，2018。

王雅林：《回家的路：重回生活的社会》，社会科学文献出版社，2017。

王雅林、何明升主编《信息化：生存与超越》，黑龙江人民出版社，2004。

王雅林：《人类生活方式的前景》，中国社会科学出版社，1997。

王雅林主编《生活方式概论》，黑龙江人民出版社，1989。

王雨辰：《伦理批判与道德乌托邦——西方马克思主义伦理思想研究》，人民出版社，2014。

王雨辰：《生态学马克思主义与生态文明研究》，人民出版社，2015。

王玉波、王辉、潘允康：《生活方式》，人民出版社，1986。

〔加〕威廉·莱斯：《自然的控制》，岳长岭、李建华译，重庆出版社，2007。

肖贵清：《中国特色社会主义制度基本问题研究》，人民出版社，2013。

〔匈〕卢卡奇：《历史与阶级意识》，杜章智、任立、燕宏远译，商务印书馆，2017。

荀子：《劝学篇》，张觉、吕佳译评，吉林出版集团有限责任公司，2011。

《亚当·斯密全集》（第3卷），郭大力、王亚南译，商务印书馆，2014。

《亚当·斯密全集》（第2卷），郭大力、王亚南译，商务印书馆，2014。

〔古希腊〕亚里士多德：《政治学》，吴寿彭译，商务印书馆，1965。

严耕、杨志华：《生态文明的理论与系统建构》，中央编译出版社，2009。

〔日〕岩佐茂：《环境的思想：环境保护与马克思主义的结合处》，韩立新、张桂权、刘荣华译，中央编译出版社，1997。

〔荷〕扬·杜威·范德普勒格：《新小农阶级——世界农业的趋势与模式》（修订版），潘璐、叶敬忠等译，社会科学文献出版社，2016。

杨通进编《生态》，生活·读书·新知三联书店，2017。

杨通进：《走向深层的环保》，四川人民出版社，2000。

杨文进：《绿色生产》，中国环境出版社，2015。

杨楹、王福民、蒋海怒：《马克思生活哲学引论》，人民出版社，2008。

仰海峰：《走向后马克思：从生产之镜到符号之镜》，中央编译出版社，2004。

〔德〕尤尔根·哈贝马斯：《交往行为理论：行为合理性与社会合理化》，曹卫东译，上海人民出版社，2004。

〔美〕约翰·雷恩：《自愿简单》，容冰译，中信出版社，2004。

〔美〕詹姆斯·奥康纳：《自然的理由——生态学马克思主义研究》，唐正东、臧佩洪译，南京大学出版社，2003。

张岱年：《中国人的人文精神》，贵州人民出版社，2018。

《张横渠集》（三），中华书局，1985。

张敏：《论生态文明及其当代价值》，中国致公出版社，2011。

张雄等：《改变中国人的十四个观念——改革开放40年经济哲学范畴诠释》，上海财经大学出版社，2018。

张治库：《现代社会关系视阈下人的发展研究》，光明日报出版社，2010。

〔韩〕赵永植：《重建人类社会》，清玉、姜日天译，东方出版社，1995。

中国文化书院学术委员会编《梁漱溟全集》（第四卷），山东人民出版社，2005。

〔日〕中野孝次：《清贫思想》，邵宇达译，中国青年出版社，2015。

周穗明等：《现代化：历史、理论与反思——兼论西方左翼的现代化批判》，中央广播电视出版社，2002。

《庄子》，孙通海译注，中华书局，2007。

三　学术期刊论文

〔苏联〕巴布林：《成熟社会主义阶段的生活方式（研究的方法论问题）》，夏伯铭译，《现代外国哲学社会科学文摘》1985年第3期。

鲍金：《从资本逻辑的视角看现代性消费文化的缘起》，《理论导刊》2008年第9期。

〔苏联〕勃·斯·利索维克：《马克思〈资本论〉对研究社会主义生活方式的方法论意义》，翁甲子译，《经济学译丛》1984年第5期。

〔苏联〕布朗利：《现实社会主义社会的生活方式》，袁惠松译，《现代外国哲学社会科学文摘》1985年第3期。

陈春琳：《我国社会主义现代化建设目标的细化及其基本经验》，《科学社会主义》2018年第6期。

陈铭卿：《共产主义理想是社会主义生活方式的灵魂》，《社会科学辑刊》1986年第2期。

陈维明：《试论生产方式和生活方式》，《国内哲学动态》1983年第12期。

陈学明：《从马克思的现代性批判理论看中国道路的合理性》，《马克思主义与现实》2018年第6期。

陈学明、金瑶梅：《以人为本：以"什么样的人"和"人的什么"为本？》，《哲学研究》2009年第8期。

陈学明：《社会主义的生产和生活方式是解决生态问题的根本出路——评福斯特对马克思生态理论当代价值的揭示》，《红旗文稿》2009年第20期。

陈炎：《"文明"与"文化"》，《学术月刊》2002年第2期。

陈永森：《以"生活的逻辑"替代"资本的逻辑"——岩佐茂的"社会主义在本质上是生态社会主义"思想评述》，《福建农林大学学报》（哲学社会科学版）2010年第6期。

陈志尚：《以人为本：马克思主义中国化的典范》，《高校理论战线》2008年第9期。

邓翠华、张伟娟：《生活方式绿色化及其推进机制论析》，《福建师范大学学报》（哲学社会科学版）2017年第4期。

董鸿扬：《劳动生活方式新探》，《学习与探索》1988年第4期。

方世南：《践行人与自然和谐共生平衡的绿色生活方式》，《毛泽东邓小平理论研究》2020年第1期。

冯雷：《马克思的环境思想与循环型社会的构建——日本一桥大学岩佐茂教授访谈录》，《马克思主义与现实》2005年第5期。

冯小芳：《基于新时代人的美好生态需要对绿色生活方式的研究》，《南方论刊》2018年第10期。

付伟、冷天玉、杨丽：《生态文明视角下绿色消费的路径依赖及路径选择》，《生态经济》2018年第7期。

П.П.盖坚科、余青：《20世纪末的合理性问题》，《哲学译丛》1992年第4期。

甘绍平：《寻求共同的绿色价值》，《哲学动态》2017年第3期。

高键、魏胜：《基于计划行为理论的生活方式绿色化形成的双重交互效应研究》,《经济与管理评论》2018年第2期。

高九江:《"生活方式没有主义论"不能成立》,《延安大学学报》(社会科学版)1990年第2期。

高九江:《资本主义生活方式在量上优于社会主义生活方式吗?——兼与段国炼同志商榷》,《河北师范大学学报》(社会科学版)1988年第3期。

顾作义:《社会主义生活方式的主要特征》,《现代哲学》1986年第4期。

郭建宁:《简论社会主义生活方式的发展趋势》,《湖北社会科学》1988年第5期。

郭建宁:《生活方式与历史唯物主义论纲》,《长沙水电师院学报》(社会科学版)1990年第2期。

〔德〕汉克《论社会主义生活方式的本质和多样性》,于汛译,《现代外国哲学社会科学文摘》1985年第3期。

何传启:《生态现代化——中国绿色发展之路(摘要)》,《林业经济》2007年第8期。

何传启:《生态现代化——中国绿色发展之路(摘要)(续)》,《林业经济》2007年第12期。

何娟:《社会主义生态文明视域下的绿色生活方式》,《哈尔滨工业大学学报》(社会科学版)2019年第4期。

贺来:《生存哲学:中国语境及其使命》,《哲学动态》2001年第1期。

洪大用、李阳:《推进绿色生活方式培育的科学化——基于某地农村洁净型生活用煤推广实践的社会学分析》,《广东社会科学》2017年第1期。

《环境保护部:力争到2020年公众绿色生活方式基本养成》,《城市规划通讯》2015年第22期。

黄娟、张涛:《生态文明视域下的我国绿色生产方式初探》,《湖湘论坛》2015年第4期。

黄平:《生活方式与消费文化:一个问题、一种思路》,《江苏社会科学》2003年第3期。

〔日〕角田修一:《马克思经济学和生活方式》,《经济学译丛》1984年第1期。

金淼:《确立有中国特色的社会主义生活方式》,《江汉大学学报》(社会科学版)1985年第4期。

金瑶梅、陈学明:《生存论视域中实践活动的当代反思》,《江西社会科学》2006年第6期。

康秀云:《马克思主义中国化与中国社会生活方式的变革》,《中国特色社会主义研究》2006年第2期。

康渝生、栾广君:《从"现实的个人"到"真正的共同体"——马克思生活方式理论的致思轨迹》,《理论探讨》2014年第6期。

〔苏联〕科索拉波夫、纳达尔内:《社会主义生活方式的经济基础》,邹斯济、潘敖云译,《现代外国哲学社会科学文摘》1986年第1期。

孔繁德、王连龙、谭海霞、赵忠宝:《〈中国现代化报告2007——生态现代化研究〉述评》,《中国环境管理干部学院学报》2007年第3期。

〔苏联〕拉基茨基:《社会主义生活方式的统一性与差异性》,周为青译,《现代外国哲学社会科学文摘》1985年第3期。

李杭锦:《绿色生活方式探讨》,《西南林业大学学报》(社会科学)2018年第6期。

李菊珍:《论建立文明、健康、科学的生活方式》,《沈阳农业大学学报》1995年第3期。

李铭、汤书昆:《马克思生活哲学视域下的"美好生活方式"》,《学术界》2018年第11期。

李权兴:《生活方式变革与精神文明建设》,《毛泽东思想研究》1986年第4期。

李卫国、杨吉华:《生活方式变革与可持续发展》,《江汉论坛》2001年第3期。

李鑫生:《近年来我国生活方式研究概观——兼对全国生活方式研讨会评述》,《东岳论丛》1988年第3期。

李彦文、李慧明:《绿色变革视角下的生态现代化理论:价值与局限》,《山东社会科学》2017年第11期。

李晏墅:《社会主义商品经济的发展与生活方式的变化》,《南京师大学报》(社会科学版)1988年第1期。

李玉龙、庄义春:《社会主义市场经济与生活方式的变革》,《南京政治学院学报》1995年第1期。

林柏:《探解"绿色化":定位、内涵与基本路径》,《学习与实践》2015年第9期。

刘乃刚:《习近平关于绿色生活方式的重要论述研究》,《南京工业大学学报》(社会科学版)2021年第5期。

刘乃刚:《习近平关于绿色生活方式重要论述的理论内涵与现实意义》,《宁夏大学学报》(人文社会科学版)2021年第6期。

刘士国:《绿色化与我国民法典编纂》,《社会科学》2017年第9期。

刘晓薇、郭航帆:《绿色消费的制度选择》,《当代经济研究》2011年第3期。

卢风:《绿色发展与生态文明建设的关键和根本》,《中国地质大学学报》(社会科学版)2017年第1期。

〔美〕罗纳德·英格尔哈特:《变化中的价值观:经济发展与政治变迁》,黄语生译,《国际社会科学杂志》(中文版)1996年第3期。

倪戒非:《改革与社会主义生活方式》,《社会主义研究》1986年第2期。

潘于旭:《马克思"生活方式"的哲学意义》,《哲学研究》2013年第5期。

潘岳:《论社会主义生态文明》,《绿叶》2006年第10期。

戚海峰、于辉、向伟林、孙韵益、徐昌皓:《绿色消费情境下消费者为什么会言行不一?》,《心理科学进展》2019年第7期。

秦书生、曹现伟:《我国推动形成绿色生活方式探析》,《党政干部学刊》2019年第1期。

青连斌:《马克思恩格斯科学的生活方式理论》,《中共福建省委党校学报》1988年第6期。

任帅军、肖巍:《作为人权价值的"绿色"价值》,《上海交通大学学报》(哲学社会科学版)2018年第4期。

盛光华、高键:《生活方式绿色化的转化机理研究——以绿色消费为视角》,《西安交通大学学报》(社会科学版)2016年第4期。

J.斯特恩科普夫:《社会主义生活方式的模式》,《国外社会科学》1986年第2期。

宋德勇、路日亮:《生态文明与人的发展的当代审视——"生态文明与人的发展"学术研讨会暨中国人学学会第15届学术年会综述》,《郑州大学学报》(哲学社会科学版)2014年第2期。

孙德忠:《社会主义核心价值观与绿色生活方式》,《武汉理工大学学报》

（社会科学版）2019年第1期。

唐魁玉：《5G登场：我们生活方式会发生怎样的变化》，《人民论坛》2019年第11期。

陶岳潮：《试论生活方式变革和精神文明建设》，《社会科学研究》1995年第2期。

〔苏联〕鲁特克维奇：《社会主义生活方式：质和量的规定性》，罗宝泰译，《现代外国哲学社会科学文摘》1985年第2期。

〔苏联〕图普奇延科：《社会主义生活方式：概念、实质和发展规律》，夏伯铭译，《现代外国哲学社会科学文摘》1985年第2期。

〔苏联〕托尔斯特赫：《生活方式与科技革命》，夏伯铭译，《现代外国哲学社会科学文摘》1985年第3期。

汪锡奎：《略论我国社会主义生活方式的建设》，《江海学刊》1997年第5期。

王财玉、郑晓旭、余秋婷、雷雳：《绿色消费的困境：身份建构抑或环境关心？》，《心理科学进展》2019年第8期。

王继蕊：《论建设有中国特色社会主义生活方式的基本原则》，《理论与当代》1997年第12期。

王丽丽：《整合与超越：绿色生产方式的实现理路——基于马克思全面生产理论的视角》，《理论月刊》2019年第10期。

王雅林：《社会主义生活方式的本质与基本特征》，《学习与探索》1985年第4期。

王雅林：《生活方式研究的理论定位与当代意义——兼论马克思关于生活方式论述的当代价值》，《社会科学研究》2004年第2期。

王雅林：《生活方式研究的社会理论基础——对马克思历史唯物主义社会理论体系的再诠释》，《南京社会科学》2006年第9期。

王雅林：《生活方式研究40年：学术历程、学科价值与学科化发展》，《西北师大学报》（社会科学版）2019年第3期。

王雅林：《生活方式研究评述》，《社会学研究》1995年第4期。

王雅林：《生活方式研究与"两个文明"建设》，《学习与探索》1984年第6期。

王玉波：《生活方式的哲学思考》，《学习与探索》1985年第2期。

王玉波：《"生活方式"浅探》，《晋阳学刊》1983年第6期。

王正平：《深生态学：一种新的环境价值理念》，《上海师范大学学报》（哲学社会科学版）2000年第4期。

〔德〕魏迪希：《论社会主义生活方式在民主德国的发展》，于汛译，《现代外国哲学社会科学文摘》1985年第3期。

魏锋：《绿色生产理论及其应用》，《生态经济》2002年第1期。

吴征年：《生活方式与人的需求和发展》，《东北林业大学学报》1986年第S2期。

武婵：《生活方式"绿色化"的推进之路》，《人民论坛》2018年第35期。

夏杰：《苏联学术界对生活方式研究的简况》，《社会》1985年第2期。

项久雨、潘一坡：《中国制度发展与人的生活方式演进》，《学习与实践》2020年第5期。

项久雨：《新时代美好生活的样态变革及价值引领》，《中国社会科学》2019年第11期。

项久雨、徐春艳：《马克思主义生态思想的逻辑性及其当代价值》，《学习与实践》2013年第7期。

徐勇：《论社会主义的物质消费生活方式》，《社会主义研究》1987年第2期。

徐勇：《社会主义生活方式探讨》，《社会主义研究》1985年第1期。

徐勇：《社会主义生活方式与社会主义文明》，《江汉论坛》1985年第2期。

徐媛媛、严强：《公共政策工具的类型、功能、选择与组合——以我国城市房屋拆迁政策为例》，《南京社会科学》2011年第12期。

杨博、赵建军：《生产方式绿色化的哲学意蕴与时代价值》，《自然辩证法研究》2018年第2期。

杨湘海、范易慧：《社会主义生活方式的建立》，《长江论坛》1996年第5期。

杨雄：《"隐形贫困"青年的画像、成因及引导》，《人民论坛》2020年第22期。

姚裕群、国福丽：《绿色发展视角下的健康适度劳动问题》，《中国劳动关系学院学报》2018年第6期。

姚裕群、国福丽：《论"绿色经济"背景下我国劳动绿色化问题》，《第一资源》2010年第2期。

姚裕群：《生态社会与和谐社会的思考——兼论现代社会的"绿色劳动"》，《广东社会科学》2005年第6期。

叶生洪、杨宇峰、张传忠：《绿色生产探源》，《科技管理研究》2006年第7期。

于金富：《马克思生产方式理论与中国特色社会主义生产方式》，《中州学刊》2006年第4期。

余源培：《生态文明：马克思主义在当代新的生长点》，《毛泽东邓小平理论研究》2013年第5期。

张大均：《关于社会心理承受能力的几个基本理论问题》，《西南师范大学学报》（哲学社会科学版）1997年第4期。

张辉：《现代生活方式的伦理选择——马克斯·韦伯伦理理性化思想的启迪与反思》，《哈尔滨工业大学学报》（社会科学版）2018年第3期。

张敏：《哈贝马斯交往行为理论的合理性》，《江西社会科学》2014年第8期。

张三元：《绿色发展与绿色生活方式的构建》，《山东社会科学》2018年第3期。

张三元：《绿色生活方式的构建与人的全面发展》，《中国特色社会主义研究》2017年第5期。

张祥龙、张恒：《家的本质与中国家庭生活的重建——张祥龙教授访谈录》，《河北学刊》2018年第3期。

赵万里、朱婷钰：《绿色生活方式中的现代性隐喻——基于CGSS2010数据的实证研究》，《广东社会科学》2017年第1期。

赵喜顺：《论改革与生活方式》，《毛泽东思想研究》1985年第4期。

赵燕：《法国绿色经济和绿色生活方式解析》，《社会科学家》2018年第9期。

周长城、曹亚娟：《绿色生活方式与美好生活构建：政府环保工作的效用分析》，《哈尔滨工业大学学报》（社会科学版）2019年第1期。

周杨：《美好生活视域下的绿色生活方式构建》，《中国特色社会主义研究》2019年第1期。

周银超：《发展模式与生活方式的统一：中国特色社会主义的现代审视》，

《河南师范大学学报》（哲学社会科学版）2014年第3期。

朱媛媛、余斌、曾菊新、韩勇：《国家限制开发区"生产—生活—生态"空间的优化——以湖北省五峰县为例》，《经济地理》2015年第4期。

四　报纸文章

陈来：《中华文化的当代价值与意义（找准精神的根脉：传统文化系列谈①）》，《人民日报》2017年3月16日。

范叶超、薛珂凝：《绿色生活：实践导向的"减碳"策略》，《中国社会科学报》2021年9月8日。

郝亮、陈凯、孟小燕：《推动形成绿色生活方式从何入手？》，《中国环境报》2019年7月11日。

胡荣光、宁聪：《中国特色社会主义生活方式理论雏形：概念、现状与问题》，《山西经济日报》2018年7月24日。

胡雪艳、郭立宏：《引导培育绿色生活方式》，《光明日报》2016年5月3日。

籍海洋：《让绿色生活方式蔚然成风》，《内蒙古日报》（汉）2019年7月8日。

赖正均：《践行绿色生活方式是新时代赋予的责任》，《中国环境报》2018年8月24日。

刘银祥：《让绿色生活方式成为时尚》，《中国环境报》2017年6月7日。

倪琳：《推动绿色生活方式全面形成》，《中国社会科学报》2018年12月4日。

任理轩：《坚持绿色发展——"五大发展理念"解读之三》，《人民日报》2015年12月22日。

王雅林：《新时代生活方式的理论构建与创新》，《光明日报》2018年5月14日。

《协同推进新冠肺炎防控科研攻关为打赢疫情防控阻击战提供科技支撑》，《人民日报》2020年3月3日。

《新时代公民道德建设实施纲要》，《人民日报》2019年10月28日。

徐根兴：《以人文觉悟开启绿色生活方式》，《学习时报》2017年8月21日。

杨平:《绿色生活方式是要求也是机遇》,《扬州日报》2017年8月19日。

张斐男:《打造具有体系性的绿色生活方式》,《中国社会科学报》2021年9月8日。

张厚美:《切实践行简约绿色生活方式》,《广元日报》2017年11月12日。

张云:《积极倡导和培育绿色生活方式》,《河北日报》2017年7月21日。

周洁:《绿色生活方式的内涵、意义及实现路径》,《山西经济日报》2018年11月20日。

周力辉、方世南:《绿色生活方式的内涵及实践路径》,《辽宁日报》2019年1月24日。

五 学位论文类

程秀:《效用错位视角下城市居民绿色生活方式引导政策及仿真研究》,博士学位论文,中国矿业大学,2020。

黄立萍:《基于可持续生活方式的居民环境行为实现过程研究》,博士学位论文,上海师范大学,2020。

栾广君:《唯物史观视域下的生活方式理论研究》,博士学位论文,黑龙江大学,2016。

王江丽:《全球绿色治理如何可能?——论生态安全维护之道》,博士学位论文,浙江大学,2009。

六 会议文集及其他

方世南:《绿色生存方式:人类和谐生存的理性选择》,载《第八届暨第七届全国人学研讨会论文集》,湖北人民出版社,2005。

联合国开发计划署:《人类发展报告1994》(中国国家计委社会发展司编译版),牛津大学出版社,1994。

《陆地系统科学与地理综合研究——黄秉维院士学术思想研讨会论文集》,科学出版社,1999。

林坚:《自然生态、社会生产与人类生活的关系探讨》,载中国自然辩证法研究会《第三届全国科技哲学专家专题论坛"在为国服务中发展自然辩证法"

学术研讨会论文集》，2010。

王雅林：《重提生活方式研究的重大现实意义——当下中国人生活方式的构建》，载冯长根主编《中国休闲研究学术报告2012》，旅游教育出版社，2013。

杨长鑫：《对社会主义生活方式几个问题的探讨》，江苏省科社学会2000年会议论文，2000。

赵建军：《中国绿色发展道路探析》，载《中国环境科学学会学术年会论文集》，2001。

七 外文文献

Agnieszka Chwialkowska, "How Sustainability Influencers Drive Green Lifestyle Adoption on Social Media: The Process of Green Lifestyle Adoption Explained Through the Lenses of the Minority Influence Model and Social Learning Theory," *Management of Sustainable Development Sibiu* 3 (2019).

Amanda L. Popken, Do Green Buildings Influence People's Lifestyle Decisions and Support for Environmental Policy? (Ph. D. diss., The University of Texas at Arlington, 2007).

David Pickering, "Lifestyle: Nailing their 'Green Colours' to the Mast," *Ecotheology* 9 (2004).

Gibran Vita, Johan R. Lundström, Edgar G. Hertwich, Jaco Quist, Diana Ivanova, Konstantin Stadler, Richard Wood, "The Environmental Impact of Green Consumption and Sufficiency Lifestyles Scenarios in Europe: Connecting Local Sustainability Visions to Global Consequences," *Ecological Economics* 164 (2019).

Glory George-Ufot, Ying Qu, Ifeyinwa Juliet Orji, "Sustainable Lifestyle Factors Influencing Industries' Electric Consumption Patterns Using Fuzzy Logic and DEMATEL: The Nigerian Perspective," *Journal of Cleaner Production* 162 (2017).

Iain R. Black, Helene Cherrier, "Anti-Consumption as Part of Living a Sustainable Lifestyle: Daily Practices, Contextual Motivations and Subjective

Values," *Journal of Consumer Behaviour* 9（2010）.

Janet A. Lorenzen, "Going Green: The Process of Lifestyle Change," *Sociological Forum* 27（2012）.

Jenny Pickerill, "Sustainable Communities and Green Lifestyles: Consumption and Environmentalism," *Local Environment* 23（2018）.

L. J. Shrum, Nancy Wong, Farrah Arif, Sunaina K. Chugani, Alexander Gunze, Tina M. Lowrey, Agnes Nairn, Mario Pandelaere, Spencer M. Ross, Ayalla Ruvio, Kristin Scott, Jill Sundie, "Reconceptualizing Materialism as Identity Goal Pursuits: Functions, Processes, and Consequences," *Journal of Business Research* 66（2013）.

L. Whitmarsh, S. O'Neill, "Green Identity, Green Living? The Role of Pro-Environmental Self-Identity in Determining Consistency across Diverse Pro-Environmental Behaviours," *Environ Psychol* 30（2010）.

Martin Binder, Ann-Kathrin Blankenberg, "Green Lifestyles and Subjective Well-Being: More about Self-Image than Actual Behavior？" *Journal of Economic Behavior & Organization* 137（2017）.

Tendai Chitewere, Constructing a Green Lifestyle: Consumption and Environmentalism in an Ecovillage（Ph. D. diss., State University of New York at Binghamton, 2006）.

Yang Zhaojun, Kong Xiangchun, Sun Jun, Zhang Yali, "Switching to Green Lifestyles: Behavior Change of Ant Forest Users," *International Journal of Environmental Research and Public Health* 15（2018）.

图书在版编目（CIP）数据

新时代绿色生活方式建构研究/潘喜莲著.-- 北京：社会科学文献出版社，2023.7
（江淮学苑经典文库）
ISBN 978-7-5228-1999-0

Ⅰ.①新… Ⅱ.①潘… Ⅲ.①生活方式-研究 Ⅳ.①C913.3

中国国家版本馆CIP数据核字（2023）第113052号

·江淮学苑经典文库·
新时代绿色生活方式建构研究

著　　者 / 潘喜莲

出 版 人 / 王利民
责任编辑 / 吕霞云
文稿编辑 / 尚莉丽
责任印制 / 王京美

出　　版 / 社会科学文献出版社·政法传媒分社（010）59367126
　　　　　 地址：北京市北三环中路甲29号院华龙大厦　邮编：100029
　　　　　 网址：www.ssap.com.cn

发　　行 / 社会科学文献出版社（010）59367028
印　　装 / 三河市尚艺印装有限公司

规　　格 / 开　本：787mm×1092mm 1/16
　　　　　 印　张：12.75　字　数：213千字
版　　次 / 2023年7月第1版　2023年7月第1次印刷
书　　号 / ISBN 978-7-5228-1999-0
定　　价 / 89.00元

读者服务电话：4008918866

版权所有　翻印必究